Sascha Müller-Kraenner
Christiane Knospe

Klimapolitik

Handlungsstrategien zum Schutz der Erdatmosphäre

Birkhäuser Verlag
Basel · Boston · Berlin

Die Deutsche Bibliothek – CIP-Einheitsaufnahme

Müller-Kraenner, Sascha:
Klimapolitik : Handlungsstrategien zum Schutz der Erdatmosphäre / Sascha Müller Kraenner ; Christiane Knospe.
– Basel ; Boston ; Berlin : Birkhäuser, 1996
ISBN 3-7643-5419-4
NE: Knospe, Christiane:

Umschlaggestaltung: WSP Design, Heidelberg
Gedruckt auf säurefreiem Papier, hergestellt aus chlorfrei gebleichtem Zellstoff. TCF ∞
Printed in Germany
ISBN 3-7643-5419-4

9 8 7 6 5 4 3 2 1

Inhaltsverzeichnis

Einleitung

«Wer glaubt, wir können die Klimaprobleme innerhalb der nächsten zehn Jahre lösen, kann den Raum verlassen.»
Der amerikanische Klimawissenschaftler Michael Oppenheimer vor Konferenzpublikum

Im Juni 1992 fand in Rio de Janeiro die bisher größte internationale Konferenz zu Umwelt und Entwicklung statt. Die Verhandlungsdelegationen aus über 150 Staaten beschlossen neben der Deklaration von Rio mehrere internationale Verträge: so zum Schutz des Weltklimas, der biologischen Vielfalt sowie mit der Agenda 21 einen globalen Handlungskatalog für eine dauerhaft-umweltgerechte Entwicklung. In Rio hatte sich somit im internationalen Konsens das Leitbild der dauerhaft-umweltgerechten (nachhaltigen) Entwicklung herausgebildet. Dieses soll die wirtschaftliche und soziale Entfaltung der Völkergemeinschaft in Einklang mit den Erfordernissen des Umweltschutzes bringen.

Die Verabschiedung der Klimarahmenkonvention, um die es hier geht, stand nicht zufällig im Zentrum der öffentlichen Aufmerksamkeit. Das Klima auf unserer Erde ist ohne Zweifel gemeinsame Lebensgrundlage aller Menschen. Sein Schutz kann als Aufgabe nur global bewältigt werden. Wie kaum ein anderes Umweltproblem vereint die Bedrohung des Klimas andere, bereits länger bekannte Gefahren. Viele davon stehen schon lange zur Lösung an und wurden bisher nicht konsequent angegangen. Vor allem Bevölkerungsexplosion, Armut, Hunger, Unterentwicklung und die Energieproblematik stehen in einer untrennbaren Wechselwirkung mit der drohenden Klimakatastrophe.

Anders als beim «klassischen» Umweltschutz, der die Filterung von regional begrenzten Stoffen verlangt, geht es beim Klimaschutz um die Stabilisierung und Reduzierung von weltweit durch Menschen direkt oder indirekt produzierten und global wirkenden Stoffen. Ein wichtiges Beispiel, das die schwer einschätzbare Gefahr, in der wir leben, verdeutlicht, ist das langlebige und treibhauswirksame Gas Kohlendioxid (CO_2), dessen Konzentration in der Atmosphäre selbst bei einer Stabilisierung der Emissionen noch über zwei Jahrhunderte ansteigen würde. Alle Staaten dieser Welt sind, in unterschiedlichem Umfang, zugleich Opfer und Täter. Daher kann Klimapolitik nur erfolgreich vorankommen, wenn sie nicht nur auf der nationalen, sondern auch auf der internationalen Ebene behandelt wird. Somit wäre Klimapolitik gleichzeitig Umweltaußenpolitik, und Umweltaußenpolitik wäre Weltinnenpolitik. Es muß also nicht nur innenpolitisch, sondern auch innerhalb der Staatengemeinschaft ein Grundkonsens über wesentliche Ziele hergestellt werden. Um sich zu einigen, ist vor allem eines notwendig: Verständnis für die politischen Positionen, die aus Wechselwirkungen und nationalen Grundvoraussetzungen erwachsen.

Um aufzuzeigen, wie dieser Grundkonsens aussehen könnte, werden in diesem Buch neben Deutschland auch einige der anderen aktuellen und zukünftigen Verursacher aus dem internationalen «Kohlenstoffclub» porträtiert. Als Kohlenstoffclub werden diejenigen Staaten bezeichnet, die für den Großteil der Emissionen von CO_2 und anderer Treibhausgase hauptsächlich verantwortlich sind. Dazu gehören zum Beispiel die USA, Europa, Rußland sowie in zunehmendem Maße einige sich industrialisierende Entwicklungsländer wie zum Beispiel die asiatischen Wachstumsökonomien.

Da die verschiedenen Gesellschaften in der globalen Gemeinschaft unterschiedliche wirtschaftliche und soziale Entwicklungsprioritäten besitzen, kann sich die Jahrhundertaufgabe Klimaschutz nicht gegen die daraus erwachsenden verschiedenen Interessen durchsetzen. Unterschiede im Einkommen, der Kultur, den nationalen Ressourcen und in der Gerechtigkeitswahrnehmung lassen komplizierte und langwierige internationale Verhandlungen erwarten.

So ist der Energieverbrauch in Deutschland heute pro Kopf und Jahr um etwa 2,8 mal höher als im Weltdurchschnitt. Im Verhältnis zu den Entwicklungsländern verbrauchen die Industriestaaten der OECD durchschnittlich fünfzehnmal soviel Energie.

Aber es bestehen nicht nur Unterschiede zwischen Industrieländern und Entwicklungsländern. Auch innerhalb der Entwicklungsländer existiert inzwischen ein großes Gefälle. Die kleinen Tiger Südostasiens und der große Tiger China nähern sich mit Riesenschritten dem westlichen Energie- und Ressourcenverbrauch. Während der Energieverbrauch in den westlichen Industriestaaten noch um ungefähr ein Prozent jährlich steigt, wächst er in den ostasiatischen Staaten seit Anfang der 90er Jahre um über fünf Prozent.

Die asiatischen Wachstumsökonomien sind nicht mehr mit den ärmsten Staaten, beispielsweise denen Afrikas südlich der Sahara, zu vergleichen.

Wegen dieser sehr unterschiedlichen Ausgangspositionen muß Klimapolitik globale Kooperation zwischen internationalen Organisationen, Staaten, nichtstaatlichen Einrichtungen und der Wirtschaft beinhalten. Denn die zusammenwachsende Weltwirtschaft kann die paradoxe Situation entstehen lassen, daß Klimaschutzmaßnahmen in einzelnen Staaten oder Staatengruppen negative wirtschaftliche oder sogar treibhausgassteigernde Folgen in anderen Teilen der Welt haben können. Volkswirtschaftler nennen diesen Effekt «Carbon Leakages». Beispiele für negative Auswirkungen von Klimaschutzmaßnahmen sind der Absatzrückgang bei ölexportierenden Ländern und die Verlagerung umweltschädlicher Industrien in Entwicklungsländer, verursacht durch Umweltschutzauflagen in den Industrieländern. Nur durch untereinander abgestimmtes Handeln kann diesen Lecks einer Klimavorsorgepolitik begegnet werden. Beispielhaft für ein solches Handeln wäre eine koordinierte Einführung von CO_2- und/oder Energie-Steuern in allen Ländern. Wettbewerbsnachteile für Vorreiterstaaten würden dadurch vermieden. Doch schon das Beispiel Energiesteuer zeigt, daß der Hinweis auf wirtschaftlich nachteilige Auswirkungen klimapolitischer Maßnahmen bislang dazu geführt hat, daß einzelne Staaten notwendige Maßnahmen unterlassen und auf entsprechende internationale Übereinkommen warten. Da sich die Folgen der

Klimaänderung wegen der unterschiedlichen nationalen Kulturen, Gesellschaftsstrukturen und Ökosysteme in verschiedenen Teilen der Welt völlig unterschiedlich auswirken werden, ist eine schnelle internationale Zusammenarbeit geboten.

Durch eine solche internationale Umweltpolitik im Allgemeinen und eine Klimapolitik im Speziellen sollten sich die bestehenden Ungleichgewichte zwischen Ost und West oder zwischen Nord und Süd nicht verschärfen, sondern ganz im Gegenteil entsprechend dem Leitbild dauerhaft-umweltgerechter Entwicklung zu einer weiteren Harmonisierung führen.

Entsprechend dem Verursacherprinzip sind es die Industriestaaten, die heute und historisch gesehen für den Großteil der Emissionen treibhauswirksamer Gase verantwortlich sind. Und es sind auch die wohlhabenden Industrieländer, die die umwelttechnischen und finanziellen Mittel besitzen, um Klimaschutzmaßnahmen durchzuführen. Die UN-Klimakonvention sieht deshalb ausdrücklich vor, daß die Industrieländer die ersten Schritte im Klimaschutz tun. Zusätzlich sind finanzielle und technologische Hilfen für die Entwicklungsländer vorgesehen. Auf der ersten Vertragsstaaten-Konferenz der Klimarahmenkonvention in Berlin wurde diese Bringschuld der Industrieländer bekräftigt. Im sogenannten «Berliner Mandat» heißt es dazu:

«(Der Verhandlungsprozeß soll inter alia geleitet sein von:) Der Tatsache, daß der größte Anteil der historischen und aktuellen globalen Treibhausgasemissionen von Industrieländern verursacht wird, daß die Pro-Kopf-Emissionen in den Entwicklungsländern immer noch relativ gering sind und daß der Anteil an den globalen Emissionen, der in den Entwicklungsländern verursacht wird, ansteigen wird, um ihren sozialen und Entwicklungsbedürfnissen nachzukommen.»

Es wäre aber zu weitreichend, wenn erwartet würde, daß durch Klimapolitik bestehende Ungerechtigkeiten im sozialen und ökonomischen Bereich ausgeglichen werden könnten. Diesen Anspruch wird Klimapolitik alleine nicht einlösen können.

Wie entsteht und wirkt der (menschengemachte) Treibhauseffekt?

Ohne den natürlichen Treibhauseffekt könnte menschliches Leben auf dem Planeten Erde nicht existieren, denn dann würde die globale Mitteltemperatur in Bodennähe ca. –18°C betragen.

Der natürliche Treibhauseffekt kommt dadurch zustande, daß verschiedene Spurengase der natürlichen Atmosphäre den Strahlungshaushalt beeinflussen. Es besteht ein Gleichgewicht zwischen der von der Erde mit der Sonnenstrahlung aufgenommenen Energie einerseits und der durch Wärmeabstrahlung wieder an den Weltraum abgegebenen Energie anderseits. Ein weiteres Charakteristikum unseres Klimasystems besteht darin, daß die Atmosphäre für die eintreffende solare Einstrahlung weitgehend durchlässig ist, aber aufgrund einiger Spurengase einen großen Teil der von der Erdoberfläche emittierten Wärmestrahlung absorbiert. Damit sich am Außenrand der Atmosphäre ein Gleichgewicht zwischen der Absorption von Sonnenstrahlung und der Wärmestrahlung in den Weltraum einstellt, muß demnach die Temperatur an der Erdoberfläche höher sein als im Fall einer Atmosphäre ohne die Anwesenheit dieser die Wärmeabstrahlung behindernden Treibhausgase. Diese von Natur aus vorhandenen Gase Wasserdampf (H_2O), Kohlendioxid (CO_2), Ozon (O_3), Lachgas (N_2O) und Methan (CO_2) heben die mittlere Temperatur an der Erdoberfläche von –18°C auf erträgliche 15°C an. Dieser Effekt wird vielfach als natürlicher Treibhauseffekt bezeichnet.

Seit Beginn der Industrialisierung ist durch menschliche Eingriffe die ursprüngliche Konzentration dieser treibhauswirksamen Gase stark angestiegen. Verantwortlich dafür ist in erster Linie die Verbrennung großer Mengen fossiler Brennstoffe im Energie- und Verkehrssektor, die Vernichtung der Wälder und die Intensivierung der Landwirtschaft. Mit Beginn der 30er Jahre dieses Jahrhunderts hat die Emission treibhausrelevanter Spurengase eine neue Qualität erhalten. Treibhausgase wie zum Beispiel FCKW und Halone waren bis zum Datum ihrer erstmaligen technischen Produktion nicht in der Umwelt anzutreffen. Ihre zerstörende Wirkung auf die Ozonschicht der Stratosphäre einerseits und die Erwärmung der unteren

Erdatmosphäre andererseits stellen ein besonders hohes, ausschließlich von Menschen verursachtes Gefahrenpotential dar.

Die Freisetzung dieser Treibhausgase hat zur Zunahme der mittleren Temperatur in Bodennähe um 0,5°C in den letzten 100 Jahren beigetragen. Die Folgen dieser Temperaturerhöhung sind bereits heute spürbar. So ist eine Häufung der besonders warmen Jahre während der letzten 15 Jahre festzustellen. Nach Berechnungen des britischen Hadley Centre für Klimaforschung war 1995 weltweit gesehen das bisher wärmste Jahr der letzten drei Jahrzehnte.

Grundlage der Einschätzungen des Hadley Centre sind die Befunde von über eintausend meteorologischen Stationen weltweit. Hinzu kommen Daten von Schiffen und Spezialbojen. In dem Ende 1995 veröffentlichten IPCC-Bericht (Intergovernmental Panel on Climate Change, dem UN-Expertengremium zum Klimaschutz) schätzen die Klimaforscher, daß die globale Durchschnittstemperatur in Bodennähe bei Anhalten der derzeitigen Emissionstrends bis zum Jahr 2100 um ca. 1–3,5°C steigen wird. Ein Temperaturunterschied dieser Größenordnung ist vergleichbar mit der Temperaturdifferenz zwischen der Eiszeit vor 18.000 Jahren und der jetzigen Warmzeit (4–5°C) mit dem Unterschied, daß sich die durch den Menschen ausgelöste Änderung des Klimas in einem Zeitraum von 200 Jahren vollzog, während der Übergang von der letzten Eiszeit zur jetzigen Warmzeit rund 5.000 Jahre dauerte. Was wenige Grade Temperaturunterschied bewirken können, zeigt die nachfolgende Beschreibung, wie es während der letzten Eiszeit in Europa aussah: Der weltweite Meeresspiegel lag um über einhundert Meter tiefer, die südlichsten Gletscherausläufer Skandinaviens reichten ungefähr bis Hamburg und Berlin, Mitteldeutschland war von baumarmer Tundra bedeckt und die «Franzosen» hätten die «Briten» zu Fuß besuchen können, weil der Ärmelkanal zwischen Dover und Calais erst als Folge der damaligen Erwärmung in der Nacheiszeit ein paar tausend Jahre später entstand.

Die Oberflächentemperatur der tropischen Meere hat sich seit 1950 ebenfalls signifikant erhöht und den Wasserdampfgehalt in der Luft um 10 bis 20 Prozent ansteigen lassen. Zudem haben sich die Temperaturunterschiede zwischen den Tropen und den höheren

Breiten verstärkt. Als Folge dieser Veränderung hat sich die Windgeschwindigkeit um 5 bis 10 Prozent und die Windenergie um 10 bis 20 Prozent erhöht. Dies führte insbesondere in den Tropen zu einer Häufung von Stürmen mit zum Teil katastrophalen Folgen.

Die Anteile der treibhauswirksamen Gase an dem durch den Menschen verursachten Treibhauseffekt betragen weltweit: CO_2 = 50 Prozent, CH_4 = 13 Prozent, O_3 (Troposphäre) = 7 Prozent, N_2O = 5 Prozent, H_2O (Stratosphäre) = 3 Prozent.

Auf die Fluorchlorkohlenwasserstoffe (FCKW), die ausschließlich menschengemacht sind und 25 Prozent des zusätzlichen Treibhauseffektes ausmachen, wird hier nicht eingegangen, da der Ausstieg aus deren Produktion und Verwendung (in Deutschland im wesentlichen bereits Ende 1993/Anfang 1994 vollzogen) im Montrealer Protokoll «über Stoffe, die zu einem Abbau der Ozonschicht führen» bereits geregelt ist. Die treibhauswirksamen Gase CO_2, Methan, Lachgas und Ozon entstehen auf unterschiedliche Art und Weise:

Die anthropogenen Hauptquellen für CO_2 sind die Verbrennung fossiler Brennstoffe (Kohle, Öl, Gas) sowie die großflächige Zerstörung von Wäldern. Der CO_2-Gehalt hat seit der Industrialisierung in der Atmosphäre um ein Viertel von 280 auf 365 ppm (parts per million) zugenommen. Somit ist sein Gehalt in der Atmosphäre so hoch wie nie zuvor in den letzten 160.000 Jahren. CO_2 wird hauptsächlich durch Wälder (Photosynthese) und den Ozean aufgenommen. An jedem Tag wird so viel Kohlenstoff weltweit verbrannt, wie in eintausend Jahren in urhistorischen Zeiten aus «versunkenen Wäldern» als Kohle, Öl oder Erdgas abgelagert worden ist.

Methan entsteht dort, wo chemische Prozesse ohne Sauerstoff stattfinden, zum Beispiel beim Abbau von Rohstoffen (u.a. Kohle), auf Mülldeponien usw. Die größte natürliche Quelle für Methan sind Feuchtgebiete (Sumpfgebiete). Die wesentlichen durch Menschen verursachten Quellen sind Reisanbau, Viehhaltung, Erdöl-/Erdgasförderung und deren Verteilung, Bergbau und Deponien.

Lachgas wird hauptsächlich durch die mikrobielle Umsetzung von Stickstoffverbindungen in Böden freigesetzt. Dieser natürliche

Prozeß wird vom Menschen durch den Eintrag von Stickstoff, vor allem durch die Landwirtschaft, verstärkt.

Das in höherer atmosphärischer Schicht als Treibhausgas wirkende Ozon wird nicht direkt vom Menschen erzeugt, sondern entsteht durch photochemische Umsetzungen von Stickoxiden, flüchtigen organischen Verbindungen und Kohlenmonoxid.

Das Anwachsen der Gehalte natürlicher Atmosphärenbestandteile und weiterer, in der natürlichen Atmosphäre nicht enthaltener, treibhauswirksamer Gase durch menschliche Aktivitäten ist besonders problematisch durch den Umstand, daß diese Veränderung, wie schon beschrieben, in einer für erdgeschichtliche Dimensionen sehr kurzen Zeit abläuft. Hierbei ändern sich nicht nur die Temperaturen, sondern auch weitere Klimaelemente wie unter anderem der Niederschlag, die Verschiebung von Klimazonen sowie die Häufigkeit und Intensität von extremen Wetterereignissen.

Veränderung der Niederschlagsmenge

Die Niederschlagsmenge verändert sich dadurch, daß die Zunahme der Temperatur zu einer Veränderung der Verdunstung von Wasser führt und die Windzirkulation erhöht wird. Dadurch wirkt sie sich auch auf die globale Niederschlagsverteilung aus. Insgesamt nimmt die Niederschlagsmenge aufgrund höherer Temperatur und höherer Verdunstungsrate zu. Allerdings werden starke regionale Veränderungen der Niederschlagshäufigkeit und -intensität eintreten. Dies wird erhebliche Auswirkungen auf die Vegetation sowie die land- und forstwirtschaftliche Produktion haben. Diese Auswirkungen werden durch die Austrocknung der Böden als Folge der höheren Verdunstung noch verstärkt.

Anstieg des Meeresspiegels

Der Meeresspiegel ist durch die Erwärmung der Erde in den letzten 100 Jahren bisher um 10 bis 20 cm gestiegen. Bei anhaltendem Trend ist bis zum Ende des nächsten Jahrhunderts aufgrund der Wärmeausdehnung des Meerwassers und des Abschmelzens der Festlandgletscher mit einem Anstieg um 50 bis 100 cm zu rechnen. Durch diesen Anstieg werden viele küstennahe Gebiete und Inseln unter Wassermassen versinken, Millionen von Menschen aus ihrer Heimat vertrieben, Küstenstädte und fruchtbares Land überflutet und küstennahe Grundwasserspeicher versalzen. Als besonders gefährdet gelten tiefliegende Gebiete wie die in Ägypten, Bangladesh, Thailand, China, Brasilien, Indonesien oder Argentinien. Zahlreiche Inselgruppen wie zum Beispiel die Malediven oder die Delta-Gebiete des Nil, Ganges oder Amazonas werden von einem Meeresspiegelanstieg besonders bedroht.

Der Landverlust würde in Ägypten (besonders betroffen der Weizengürtel des Nildeltas) etwa 1 Prozent betragen, 6 Prozent in den Niederlanden, über 18 Prozent in Bangladesh und bis zu 80 Prozent bei kleinen Inselstaaten. Andere Folgen sind unklarer. Zum Beispiel kann niemand vorhersehen, welche Auswirkungen ein teilweises Abschmelzen der Polkappen auf die labilen Meeresströme haben wird. Westeuropa etwa würde ohne den wärmenden Golfstrom unter Umständen mit kanadischen Wintern leben müssen.

Natürliche Ökosysteme

Besonders betroffen von der Temperaturzunahme und der Veränderung von Niederschlag und Verdunstung sind die natürlichen Ökosysteme. Als Folge der Klimaveränderung werden sich die globalen Vegetationszonen polwärts verschieben. Dabei führt bereits eine Erwärmung um 1°C zu einer Verschiebung um etwa 200 km. Bei der vorhergesagten Erwärmung von 0,3°C pro Jahrzehnt werden die meisten Ökosysteme jedoch nicht in der Lage sein, sich an die verändernden Bedingungen anzupassen, und drohen zusammenzubrechen. In vielen Regionen wird dieser Effekt noch dadurch verstärkt, daß die Ausweichräume für natürliche Ökosysteme durch den hohen Anteil genutzter Flächen extrem eingeschränkt werden.

Landwirtschaft

Für die Landwirtschaft könnten Probleme von bislang nicht gekannter Größenordnung entstehen. Bedingt durch die steigende Erderwärmung wird es zu einer Verschiebung der Anbauzonen und zur Minderung der Erträge kommen. Das Pflanzenwachstum wird durch Niederschlagsumverteilung und durch eine Erhöhung der UV-B-Strahlung gefährdet. Die schon heute in vielen Teilen der Welt problematische Versorgung mit Nahrungsmitteln wird sich künftig noch schwieriger gestalten. Gefährdet sind insbesondere die Länder des Südens, deren Volkswirtschaften in hohem Maße von der Agrarproduktion abhängig sind und die nur über geringe Möglichkeiten für Anpassungsmaßnahmen verfügen. Dazu zählen unter anderen Brasilien, Peru, die Sahelzone, Südostasien und die asiatischen Regionen der GUS und China. Hier fehlt es bereits heute an geeignetem Land, Kapital, technischem Know-how und angemessenen Erzeugerpreisen.

Aus diesen Feststellungen und Prognosen geht als sicher hervor, daß als erste diejenigen Länder und Menschen in Mitleidenschaft gezogen werden, die sowieso schon starken Schwankungen der natürlichen Umweltbedingungen ausgesetzt sind. Dazu gehören die Menschen in Nordbrasilien, auf den Malediven, im Sahel oder in Bangladesh. Auch aus dem aktuellen IPCC-Bericht geht zweifelsfrei hervor, daß der Klimawandel vor allem die Entwicklungsländer bedroht. Sie werden nicht nur mit einem steigenden Meeresspiegel und stärkeren jährlichen Niederschlagsschwankungen konfrontiert, sondern vermutlich auch mit 50 bis 80 Millionen zusätzlicher Malariafälle und der Zunahme weiterer übertragbarer Krankheiten. Die armen Länder Afrikas südlich der Sahara sind bereits seit geraumer Zeit durch anhaltende Dürreperioden und Orkane sowie durch die Übernutzung landwirtschaftlicher Flächen bedroht. Bereits seit

1982 importiert diese Region Getreide. Und die Situation wird sich weiter verschärfen. In einer Studie des WWF (World Wide Fund for Nature) kam man zu dem Ergebnis, daß sich die Niederschläge bis zum Jahr 2050 weiter verringern werden und damit Trinkwasser zunehmend knapper wird. Landwirtschaftlicher Anbau wird erschwert und die Produktion verringert. Ob Überschußernten in anderen Staaten eine weitere Verknappung der Nahrungsmittel kompensieren können, ist fraglich. Die FAO (Food and Agriculture Organization) verwies auf die Zahlungsunfähigkeit von 31 getreideimportierenden Entwicklungsländern – davon 15 in Afrika. Aber die Zahlungsunfähigkeit der betroffenen Länder ist nur eine Seite des Problems. 1995 fiel die Weltgetreideernte wegen der Dürren in Rußland und China so gering aus, daß die globalen Weizenreserven auf den geringsten Stand seit 20 Jahren gesunken sind – und sich infolge dessen die Weltmarktpreise binnen achtzehn Monaten verdoppelten. Der IPCC-Bericht geht davon aus, daß in den nächsten fünfzehn Jahren bis zu 20 Millionen Menschen wegen der beschriebenen Entwicklung (zunehmende Desertifikation, Entwaldung, Dürre und Anstieg des Meeresspiegels) aus Afrika nach Europa fliehen werden. Der erwartete Temperaturanstieg ist mit 2°C zwar niedriger als zuvor angenommen (der vorangegangene IPCC-Bericht ging von einem Temperaturanstieg von 3 bis 5°C aus), aber man weiß inzwischen auch, daß schon kleinste Änderungen große Wirkungen haben können. Zum Beispiel hat eine leichte Erhöhung der Niederschläge in höheren Breiten der nördlichen Halbkugel dazu geführt, daß am Kaspischen Meer viele Tausende von Menschen umsiedeln müssen, weil dort der Meeresspiegel seit 1977 um fast drei Meter angestiegen ist. In der Schweiz ist der Lawinenschutz in Pontresina in der bisherigen Form nicht mehr gewährleistet, weil die Schutzverankerung im auftauenden Permafrostboden zu wandern beginnen. Auch die heftigen lokalen Überschwemmungen in den vergangenen Sommern wurden durch den Schwund des Permafrostbodens in Gletschermoränen ausgelöst und verstärkt. Die bislang vorausgesagten Veränderungen der rein physikalischen Größen sind zwar etwas geringer ausgefallen, aber das zivilisatorische System stellt sich in seiner Komplexität als besonders empfindlich heraus.

Wie reagiert die internationale Politik auf den anthropogenen Treibhauseffekt?

Im Gegensatz zu den meisten klassischen Luftschadstoffen beträgt die Verweildauer jedes Moleküls CO_2 in der Atmosphäre etwa 100 Jahre. CO_2 und die anderen treibhauswirksamen Gase sind nicht wie beim «klassischen» Umweltschutz regional begrenzt, sondern global wirksam. Bei den beschriebenen Auswirkungen der zu erwartenden Klimaänderung verlangt dieses globale Problem rasche international koordinierte Maßnahmen. Die 1992 in Rio de Janeiro verabschiedete Klimakonvention basiert auf drei grundlegenden Aspekten. Erstens haben die Treibhausgasemissionen Werte erreicht wie nie zuvor seit 200.000 Jahren. Zweitens war es in der Klimageschichte immer dann warm, wenn die Konzentration der Treibhausgase in der Atmosphäre hoch war, und dann kälter, wenn sie niedriger war. Und drittens soll den Klimamodellen zufolge ein Anstieg der treibhauswirksamen Gase zu einer Erwärmung von etwa 1 bis 3,5°C bis zum Ende des nächsten Jahrhunderts führen.

Das Ziel der Klimarahmenkonvention ist in Artikel 2 erläutert: *«Das Endziel dieses Übereinkommens und aller damit zusammenhängenden Rechtsinstrumente, welche die Konferenz der Vertragsparteien beschließt, ist es, in Übereinstimmung mit den einschlägigen Bestimmungen des Übereinkommens die Stabilisierung der Treibhausgaskonzentration in der Atmosphäre auf einem Niveau zu erreichen, auf dem eine gefährliche anthropogene Störung des Klimasystems verhindert wird. Ein solches Niveau sollte innerhalb eines Zeitraums erreicht werden, der ausreicht, daß sich die Ökosysteme auf natürliche Weise den Klimaänderungen anpassen können, die Nahrungsmittelerzeugung nicht bedroht wird und die wirtschaftliche Entwicklung auf nachhaltige Weise fortgeführt werden kann».*

Die Beschreibung dieses Endziels, die jedoch keine eindeutige quantitative Festlegung zum Zeitrahmen und den konkreten Stabilisierungsangaben der Treibhausgase festlegt, läßt leider zu viel Raum zur Interpretation offen. Ein klar umrissenes Ziel, das den Erfordernissen unserer Umwelt entspricht, hat die Klima-Enquete-Kommission des Deutschen Bundestages, in der sowohl Wissenschaftler als auch Politiker vertreten waren, in ihren schon 1992 herausgegebenen Handlungsempfehlungen vorgegeben: eine Verminderung des wichtigsten Treibhausgases CO_2 um 50 Prozent weltweit bis zum Jahre 2050. Für die etablierten westlichen und östlichen Industriestaaten, die als Hauptverursacher auch die Hauptlast der Reduktionen zu tragen haben, müßte das eine Senkung um 80 Prozent bedeuten, denn gerechterweise müßte den Entwicklungsländern eine weitere Wirtschaftsentwicklung mit dem damit einhergehenden Anstieg der Treibhausgasemissionen zugestanden werden. Der Sachverständigenrat der Bundesregierung legte in seinem Jahresgutachten 1995 einen Stufenplan vor, um dieses weltweite Reduktionsprogramm umzusetzen. Danach sollen bis zum Jahre 2000 die globalen CO_2-Emissionen auf den Stand von 1990 zurückgeführt werden. Von diesem Zeitpunkt an sollen dann die globalen Emissionen jährlich um je ein Prozent sinken. Ein weiterer Vorschlag, die Klimarahmenkonvention zu konkretisieren, um mit dem 50-Jahre-Reduktionsprogramm voranzukommen, wurde auf der Berliner UN-Klimakonferenz von der Allianz der Kleinen Inselstaaten (AOSIS) vorgelegt. Die kleinen Inseln haben sich zusammengetan, da sie von den prognostizierten Folgen des Treibhauseffektes, wie tropischen Wirbelstürmen und dem Ansteigen des Meeresspiegels, existentiell bedroht sind. Seit dem Erdgipfel von Rio 1992 mahnen die Inselstaaten deshalb, den Klimaschutz zu verstärken. In Berlin schlug die AOSIS vor, daß die Industriestaaten ihre CO_2-Emissionen von 1990 bis zum Jahre 2005 um 20 Prozent reduzieren sollen. Dieses Reduktionsziel war schon 1988 von der Weltklimakonferenz in Toronto vorgeschlagen worden. Je mehr Zeit vergeht, ohne daß etwas getan wird, desto unerreichbarer wird jedoch dieses Vorhaben. In seiner Studie «Zukunftsfähiges Deutschland» hat das Wuppertal-Institut den möglichen Beitrag Deutschlands zu einer global nachhaltigen Entwicklung beschrieben. Der Zukunftsfähigkeit liegen zwei Prämissen zugrunde: «Künftige Generationen sollen die gleichen Lebenschancen haben.» Und: «Jeder Mensch hat das gleiche Recht auf eine intakte Umwelt und damit umgekehrt auch das gleiche Recht, globale Ressourcen in Anspruch zu nehmen, solange die Natur dadurch nicht übernutzt wird.» Die Autoren von «Zukunftsfähiges Deutschland» kommen zu dem gleichen Schluß wie die Klima-Enquete-Kommission, nämlich daß Deutschland bis zum Jahre 2050 die CO_2-Emissionen um 80 Prozent reduzieren muß. Sollte sich die Weltbevölkerung auf 11,3 Milliarden verdoppeln (der IPCC-Bericht geht bei pessimistischer Annahme von dieser Zahl aus), dann wäre sogar eine Minderung von 90 Prozent erforderlich.

Im Jahre 2050 ständen dann jedem Deutschen knapp 1,2 Tonnen CO_2-Emissionsrecht jährlich zur Verfügung. Der aktuelle CO_2-Pro-Kopf-Ausstoß liegt in Deutschland bei etwa 10 Tonnen. Die Autoren nennen dieses Konzept «Umweltraum». In dem Umweltraum von 1,2 Tonnen CO_2-Emissionen müßte sich dann bewegt werden, wenn nachhaltige Entwicklung ernst genommen würde. Mit der Unterzeichnung und Ratifizierung der Klimarahmenkonvention haben sich die inzwischen über 130 Vertragsstaaten völkerrechtlich dazu verpflichtet, ihre Pflichten einzuhalten und dabei auch nationale Klimaschutzprogramme aufzustellen. Die nationalen Klimaschutzprogramme werden sich zwangsläufig voneinander unterscheiden. Schon Nachbarländer wie Deutschland und Frankreich werden sich kaum auf konkrete Einzelmaßnahmen einigen können. Zu unterschiedlich sind nicht nur die Energieversorgungsstrukturen, sondern auch Rechts- und Verwaltungssysteme sowie der kulturelle Hintergrund. So wird man sich im Rahmen der UN-Klimakonvention auch in Zukunft vermutlich nur auf wenige konkrete Maßnahmen einigen können. Um so größere Bedeutung kommt daher gemeinsamen Zielen und Zeitvorgaben zu. Ein Beispiel ist der Vorschlag der Kleinen Inselstaaten und der Stufenplan des Sachverständigenrates für Umweltfragen. Im Rahmen der UN-Klimaverhandlungen sollten sich die Vertragsstaaten in einem Zusatzabkommen («Protokoll») auf konkrete Ziele und einen Zeitrahmen für die Reduktion der Treibhausgasemissionen und erste verbindliche Maßnahmen einigen. Auf dem UN-Klimagipfel in Berlin wurde die Aufnahme entsprechender Verhandlungen beschlossen, mit dem Ziel, auf der 3. UN-Klimakonferenz 1997 eine Vereinbarung unterzeichnen zu können. Die Verpflichtung, nationale Programme mit konkreten politischen Maßnahmen vorzulegen, regelmäßige Berichterstattung und Überprüfungen vorzunehmen und an der jährlich stattfindenden Vertragstaatenkonferenz teilzunehmen, sollen dafür sorgen, daß das Thema Klimaschutz nicht wieder in der Versenkung verschwindet, sondern dauerhaft auf der politischen Tagesordnung bleibt und sich so schrittweise konkreten Zielen nähert. Langfristig sollte das Ziel der Klima-Enquete-Kommission des Deutschen Bundestages, nämlich eine CO_2-Reduktion von 60 Prozent weltweit und von 80 Prozent für die Industriestaaten bis zum Jahr 2050, richtungsweisend für die nationalen Klimaprogramme sein. Die Empfehlungen des Intergovernmental Panel on Climate Change bewegen sich etwa in der gleichen Größenordnung.

Die Schwierigkeit, weitreichende Ziele durchzusetzen, liegt darin begründet, daß das Treibhausgas CO_2 ganz überwiegend aus der Nutzung von Energie stammt. Und nichts kennzeichnet unseren vom Überfluß geprägten Lebensstil mehr, als der steigende Bedarf nach – vermeintlich unbegrenzter – Energie. Klimapolitik ist also zu einem großen Teil Energiepolitik. An die Energieversorgung, wie sie heute existiert, sind zahlreiche wirtschaftliche und politische Interessen gebunden. Die Energiekonzerne gehören überall auf der Welt zu den größten und mächtigsten Unternehmen. Sie sind auf vielfältige Weise mit der Politik verflochten. Die globale Ökonomie marschiert weiter in die erwärmte Welt, wenn die Politik und die dahinterstehenden Menschen die Marschroute nicht ändern. Deshalb wird die Stabilisierung der Treibhausgasemissionen in der Atmosphäre auf einem Niveau, das eine dauerhaft-umweltgerechte Entwicklung nicht gefährdet, uns noch mehrere Jahrzehnte beschäftigen. Sie wird die Kreativität und den politischen Handlungswillen von Generationen bis weit in das kommende Jahrhundert hinein erfordern. Doch sie erfordert nicht nur das. Problematisch bei der Durchsetzung dieser klimapolitischen Ziele ist neben den anderen erwähnten Gründen der Faktor Zeit. Zielsetzungen, die sich auf einen Zeitraum von über 50 Jahren beziehen, finden sich nur selten in nationalen politischen Programmen. Der Zeitraum vom Basisjahr der UN-Klimakonvention 1990 bis zum Zieljahr der Enquete-Kommission umfaßt 60 Jahre und damit 15 parlamentarische Legislaturperioden. Klimapolitik kann also nur dann Erfolg haben, wenn sich irgendwann einmal – und zwar bald – ein Konsens für die Erreichung des Zieles der Enquete-Kommission über die politischen Grenzen hinweg einstellt. Vorbilder aus der Geschichte wären zum Beispiel der Nachkriegskonsens über die Westintegration, die europäische Einigung und die soziale Marktwirtschaft. Man würde also nicht mehr über das «ob» der Klimapolitik, sondern nur noch über das «wie» streiten. Der Zeitraum bis zum Jahre 2050 könnte lang genug sein, um das Hauptziel der Klimarahmenkonvention, einen gefährlichen Klimawandel zu verhindern, zu erreichen, wenn jeder seinen Beitrag dazu leistet. So kommt auch Prof. Graßl, Vorsitzender des Welt-Klimaforschungsprogrammes der WMO, zu der Bewertung, daß bei näherer Betrachtung der Klimarahmenkonvention deutlich wird, daß dies eine Konvention zur Verlangsamung der Klimaänderungen ist, allerdings nicht vor ihnen schützt. Prof. Graßl stellt dar, daß auch bei einer erfolgreich umgesetzten Klimapolitik mit international koordinierten Schritten zur Minderung der anthropogenen Treibhausgasemissionen zum Beispiel Österreich zwar viele seiner Gletscher einige wenige Jahrzehnte länger behalten könne, die meisten jedoch längerfristig verschwinden werden. Das Klimasystem reagiert in Zeitskalen von Jahrhunderten. Schon angelaufene Veränderungen sind kaum noch aufzuhalten. Wenn der CO_2-Gehalt auf dem gegenwärtigen Niveau gehalten werden solle müßte man seiner Meinung nach rigoros die Emissionen ab sofort um zwei Drittel reduzieren.

Das Leitbild nachhaltiger Entwicklung

> *Wenn du für ein Jahr planst, dann pflanze Reis.*
> *Wenn du für zehn Jahre planst, dann pflanze Bäume.*
> *Wenn du für einhundert Jahre planst, dann erziehe die Menschheit.*
> Chinesische Redensart

Kaum ein anderer Bereich des Umweltschutzes ist so eng mit unserer Lebensweise verknüpft wie die Verstärkung des Treibhauseffektes. Fast jede menschliche Tätigkeit in unserem Bereich hat eine Freisetzung von CO_2 und anderen Treibhausgasen zur Folge: von der Wohnungsheizung über die Urlaubsreise bis zur täglichen Nahrungsaufnahme und der Fahrt zum Arbeitsplatz. Unser westlicher Lebensstil wird durch die Medien in die ganze Welt exportiert. Weltweit bestimmt er das Wunschdenken und die Ansprüche der Menschen. Unser «WAY OF LIFE» ist die grundlegende Ursache für Naturverbrauch und -zerstörung im Allgemeinen und die Bedrohung des Klimas im Besonderen.

Sowohl aus Verantwortung gegenüber nachfolgenden Generationen als auch um zukünftigen Verteilungskämpfen vorzubeugen, ist es dringend erforderlich, einen anderen Entwicklungsweg zu beschreiten. Das erkannte auch die 1984 von der Generalversammlung der Vereinten Nationen eingesetzte «World Commission on Environment and Development». In ihrem Abschlußbericht (auch Brundtland-Report genannt, nach der Vorsitzenden der Kommission, Gro Harlem Brundtland), der 1987 veröffentlicht wurde, wird der Begriff «nachhaltige Entwicklung» (auch dauerhaft-umweltgerechte Entwicklung) wie folgt definiert: «Eine Entwicklung, die die Bedürfnisse der heute lebenden Menschen befriedigt, ohne zu riskieren, daß die Lebenschancen künftiger Generationen eingeschränkt werden.» Nachhaltige Entwicklung verlangt hier zum ersten Mal eine Verknüpfung von Entwicklungs- und Umweltzielen. Der Bericht erweitert den Entwicklungsbegriff, der bisher nur auf die Entwicklungsländer angewendet wurde, um die Bedingung der dauerhaft ökologischen Tragfähigkeit wirtschaftlicher Systeme und den Schutz von Ressourcen. Damit wurde auf Defizite nicht nur bei der ökonomischen und ökologischen Entwicklung der Entwicklungsländer, sondern auch in den Industrieländern hingewiesen. «Wir erkannten, daß Entwicklung mehr ist als nur wirtschaftliches Wachstum in den Entwicklungsländern», heißt es im Brundtland-Bericht. «Es wurde uns klar, daß es einen ganz neuen Entwicklungsweg zu ebnen gilt, einen Pfad, der humanen Fortschritt nicht nur für wenige Jahre an wenigen Orten ermöglicht, sondern für den ganzen Planeten auch in einer fernen Zukunft. Nachhaltige Entwicklung wird somit für die Entwicklungs- und Industrieländer zum Entwicklungsziel.» Der Umweltgipfel in Rio de Janeiro 1992 stellte das Leitbild der nachhaltigen Entwicklung als erstrebenswertes Ziel in den Mittelpunkt wie nachfolgend verdeutlicht wird.

Im Prinzip 4 der Rio-Deklaration heißt es: «Um nachhaltige Entwicklung zu erreichen, muß Umweltschutz ein integraler Bestandteil des Entwicklungsprozesses sein und kann nicht isoliert davon betrachtet werden.»

Prinzip 15 der Deklaration legt fest: «Um Umweltschutz zu gewährleisten, sollte der vorbeugende Ansatz von den Staaten nach ihren jeweiligen Möglichkeiten eingeführt werden. Wo Bedrohungen von ernsten oder irreversiblen Schäden existieren, sollte nicht der Mangel an wissenschaftlicher Sicherheit als Grund benutzt werden, um kostenintensive Maßnahmen, die eine Umweltverschlechterung verhindern würden, zu verzögern.»

Mit der Agenda 21 ist in Rio ein potentiell anleitender Handlungskatalog für eine nachhaltige Entwicklung auf den verschiedene Handlungsebenen – national wie international, für den Einzelnen wie die Gesellschaft – als ganzes erarbeitet worden.

Um eine nachhaltige Entwicklung zu erreichen, muß geklärt sein, welche Umweltqualitätsziele man anstrebt, welche ihre Indikatoren sind und welche die Qualitätsstandards sein könnten. Nur dann kann die nachhaltige Entwicklung auch in der Praxis erfolgreich umgesetzt werden, wenn ein akzeptiertes Maßsystem zur Bewertung des Zustandes der Umwelt vorliegt, mit dem auch die Wirksamkeit entsprechender Maßnahmen möglichst quantitativ gemessen werden kann. Der Begriff der Tragfähigkeit der ökologischen Systeme muß sowohl inhaltlich als auch von den Handlungsanforderungen her weiter definiert werden. Die Erarbeitung von Indikatoren für eine nachhaltige Entwicklung, also für eine Einschätzung der Belastung gemessen an der Tragfähigkeit der Ökosysteme, ist nicht nur ein naturwissenschaftliches Problem, sondern auch eines der Bewertung und damit ein sozio-kulturelles und ein gesellschaftliches. Im Konzept der nachhaltigen Entwicklung sind zwar Ansätze für die Bewertung zu finden, es fehlt aber der konkrete Bezug zu den naturwissenschaftlichen Größen. Im Prinzip kann jedes Land seine Umweltqualitätsziele nach eigenen politischen Prioritäten aufstellen. Auf internationaler Ebene muß dann eine Verständigung auf gemeinsame Standards gefunden werden. Die Agenda 21 weist auf die Notwendigkeit von Umweltindikatoren hin, die die Abweichung der aktuellen Umweltsituation von den

Umweltqualitätsstandards ausdrücken sollen. Die Agenda 21 beschreibt: «Indikatoren der nachhaltigen Entwicklung müssen entwickelt werden, um eine solide Basis für Entscheidungen auf allen Ebenen zu bieten und um beizusteuern zu einer selbstregulierenden Nachhaltigkeit der integrativen Umwelt und des Entwicklungssystems.»

Die Erarbeitung eines Leitbilds zur globalen Entwicklung unter Berücksichtigung der Nachhaltigkeit und der dazugehörigen Umweltindikatoren setzt die Integration von wirtschaftlichen, sozialen und ökologischen Faktoren voraus. Aber es bestehen immer noch Unsicherheiten, welche der existierenden ökonomischen und sozialen Indikatoren wie z.B. das Bruttosozialprodukt, die Konsumentenpreisraten oder die Arbeitslosenrate anwendbar sind, um Fortschritte hin zur nachhaltigen Entwicklung zu messen. Die Aufgabe der in Rio 1992 eingerichteten «Commission for Sustainable Development» (CSD) ist es, ein Leitbild zur Entwicklung der Nachhaltigkeit zu entwickeln. Sie hat 1995 einen Indikatorenkatalog erstellt. Zusätzlich zu der Einigung auf international gültige Indikatoren müssen zudem noch internationale Abstimmungen der ökologischen und ökonomischen Entwicklungskriterien, -rahmenbedingungen und -maßnahmen unter Beteiligung von wichtigen politischen Institutionen wie UNO, Weltbank, OECD, GATT, WTO und EU erzielt werden.

Weitere Voraussetzung für einen veränderten Entwicklungsweg ist ein Eindringen des Leitbildes Nachhaltigkeit in den politischen Alltag durch einen Wertewandel und eine Änderung des Konsumverhaltens, eine öko-soziale Marktordnung mit Ökosteuer, eine Besteuerung des Umweltverbrauchs sowie strukturelle Änderungen in der Energie-, Bau- und Verkehrsplanung sowie in der Landwirtschaft.

Wann, wenn nicht heute, wo sich die westlichen Industriegesellschaften in einer tiefgreifenden Wirtschafts- und Strukturkrise befinden, besteht die Chance zu einem umfassenden Neuanfang - der ökologischen Modernisierung unserer Volkswirtschaften?

Vielleicht hat Nachhaltigkeit auch etwas mit Bewußtseinswandel und Werten zu tun, wie zum Beispiel individuelle Genügsamkeit und Sinn für langwährende Qualitäten. Dazu hat sich in mehreren sozialempirischen Studien herausgestellt, daß ein hoher Grad an Konsum als persönliches und nationales Ziel letztlich nicht besonders erfolgreich ist, denn in reichen Gesellschaften führte und führt der hohe Konsum nicht zur tatsächlichen Zufriedenheit. Eine Umfrage des National Opinion Research Center of the University of Chicago offenbarte, daß sich heute nicht mehr US-Amerikaner als «sehr glücklich» bezeichnen als im Jahre 1957, obwohl sich die Konsumausgaben pro Kopf seitdem verdoppelt haben. 1974 wurde eine ähnliche Studie erstellt, bei der Umfragen in Nigeria, Panama, Jugoslawien, Japan, Israel, Westdeutschland und auf den Philippinen durchgeführt wurden. Bei diesen Studien stuften sich alle Befragten in der Mitte der «Glücklich-sein-Skala» ein. Die «armen» Kubaner und die «reichen» US-Amerikaner hielten sich jeweils für etwas glücklicher als die Norm. Diesen Statistiken folgend müßte Glücklichsein, Wohlbefinden und Zufriedenheit weitgehend unabhängig sein von hohem Konsum. Aber die Konsum- und damit die Treibhauseffekt-Spirale dreht sich zunächst weiter, und die Konzepte der neuen Leitbilder befinden sich noch in der Denkfabrik.

Literatur

Bundesministerium für Umwelt, Naturschutz und Reaktorsicherheit (Hrsg.): Umweltpolitik – Klimaschutz in Deutschland, Bonn, 1994

Enquete-Kommission «Schutz der Erdatmosphäre» des Dt. Bundestages (Hrsg.): Klimaänderung gefährdet globale Entwicklung, 1992

Enquete-Kommission «Schutz der Erdatmosphäre» des Dt. Bundestages (Hrsg.): Mehr Zukunft für die Erde, S. 57-58, Bonn, 1995

Dr. Stefan Singer: Die Klimaänderung bedroht Mensch und Natur, WWF, Dezember 1995

World Commission of Environment and Development: Our Common Future, Oxford University Press, Oxford 1987

IPCC: Climate Change 1995 – The Science of Climate Change, Cambridge University Press, Cambridge 1995

I.
Deutschland

1. Klimapolitik in Deutschland

«Unsere auf ganz Deutschland bezogenen Programme haben zum Ziel, die CO_2-Emissionen trotz Wirtschaftswachstum abzusenken und damit Wirtschaftswachstum und Umweltbelastung abzukoppeln. Deutschland hält an dem Ziel fest, bis zum Jahre 2005 seinen CO_2-Ausstoß gegenüber 1990 um 25 Prozent zu verbessern.»

Bundeskanzler Dr. Helmut Kohl in seiner Rede zum Berliner UN-Klimagipfel

Im Jahr 1990, dem Jahr der UN-Klimakonvention, auf dem alle Berechnungen basieren, betrugen die energiebedingten CO_2-Emissionen in Deutschland 1.008 Millionen Tonnen. 80 Millionen Deutsche sind also für knappe 5 Prozent des weltweiten CO_2-Ausstoßes verantwortlich. Damit trägt jeder und jede Deutsche ungefähr das zehnfache (13.700 t/a) zum atmosphärischen CO_2-Gehalt bei wie ein Erdenmitbürger aus einem durchschnittlichen Entwicklungsland wie Ägypten (1.300 t/a). Im Vergleich zu den ärmsten der armen Entwicklungsländer beträgt das Ungleichgewicht den Faktor 20. Selbst wenn also 20 weitere Afrikaner geboren werden, belasten sie das Klima auf dieser Erde nicht mehr als ein zusätzliches deutsches Kind.

Vorreiter Deutschland?

Deutschland trägt durch seine historischen und seine gegenwärtigen CO_2-Emissionen überdurchschnittlich zum Treibhauseffekt bei.

Entsprechend dem Verursacherprinzip ergibt sich für uns Deutsche deshalb eine besondere Verantwortung, national und international klimapolitisch tätig zu werden. Zwei Faktoren ermöglichen und begründen eine Vorreiterrolle in der nationalen und internationalen Klimapolitik. Erstens ist Deutschland eines der wohlhabendsten und leistungsfähigsten Industrieländer mit einem enormen finanziellen und technologischen Potential für eine notwendige ökologische Reformpolitik. Zweitens wird uns Deutschen ein hohes Umweltbewußtsein zugesprochen. In einer von der Süddeutschen Zeitung beim Prognos-Institut Infratest in Auftrag gegebenen Studie wollen 54 Prozent der Deutschen dem Umweltschutz «höchste Priorität» für Umwelt und Wirtschaft einräumen (Süddeutsche Zeitung vom 17.1.96). Wo, wenn nicht hier, können demokratisch gewählte Politiker ihr Volk davon überzeugen, daß eine ökologische Modernisierung unserer Industriegesellschaft notwendig ist. Im Vordergrund der Sorgen und Ängste von Bürgerinnen und Bürgern stehen allerdings laut Infratest nicht die als eher abstrakt wahrgenommenen globalen Umweltbedrohungen wie Ozonloch und Treibhauseffekt, sondern im täglichen Leben erfahrbare Belastungen wie der Autoverkehr und der Müll. Eine erzieherische Aufgabe der nächsten Jahre liegt deshalb darin, daß Behörden, Medien und Umweltverbände den Bürgern die Zusammenhänge zwischen den alltäglich wahrgenommenen Umweltbelastungen wie Luftverschmutzung und Sommersmog sowie der globalen Bedrohung des Klimas besser erklären. Erklärt und zugegeben werden muß auch, daß für den Umweltschutz Opfer gebracht werden müssen. Dort wo sie es für notwendig erachtet, ist die Bundesregierung durchaus in der Lage, Wählerinnen und Wählern unangenehme Wahrheiten zu sagen, beispielsweise wenn es um die Kürzung von Leistungen zur Sanierung des Sozialversicherungssystems geht. Im Umweltbereich war dies bisher nicht der Fall. Heute noch lehnen laut Infratest 78 Prozent der Deutschen eine Verteuerung der Energiepreise beispielsweise durch eine Ökosteuer ab. Die Süddeutsche Zeitung schlußfolgert deshalb: «Die meisten Deutschen sind sehr für Umweltschutz, wenn er nichts kostet und nicht weh tut.»

Trotzdem hat Deutschland eher als andere Industrieländer die Voraussetzungen für eine umweltpolitische Vorreiterrolle. Es hat –

als einer der Hauptverursacher von Emissionen – ein immenses Veränderungsbedürfnis im eigenen Lande, das wirtschaftliche und technologische Potential und ein breites Umweltbewußtsein in der Bevölkerung. Aus dieser Befähigung zur Vorreiterrolle erwächst auch eine moralische Verpflichtung, diese auszufüllen. Vorreiter kann auch bedeuten, die politische Führung zu übernehmen. Beispielsweise im Rahmen der Europäischen Union und der UN-Klimaverhandlungen. Deutschland also, ironisch gesprochen, als «Grüne Weltmacht»? Noch ist es nicht so weit, denn der Koloß steht, wie ein Blick auf die heimische Klimapolitik zeigt, auf tönernen Füßen.

Anspruch und Wirklichkeit

Aus dem Jahr 1990, dem Basisjahr der Klimarahmenkonvention, stammt das international vielgelobte Klimaschutzziel der Bundesregierung. Das deutsche CO_2-Minderungsziel von 25 Prozent bis zum Jahre 2005 gegenüber 1990 ist das anspruchsvollste von allen Staaten, die die Klimakonvention unterschrieben haben. Um die Glaubwürdigkeit der deutschen Klimapolitik zu wahren, ist es essentiell, daß dieses Ziel erreicht wird. Damit würde Deutschland auch international beispielhaft demonstrieren, wie Klimaschutzmaßnahmen pragmatisch umgesetzt werden können. Die deutsche Zielvorgabe könnte bei den Verhandlungen zu einem internationalen CO_2-Minderungsabkommen zum Maßstab für andere Industriestaaten werden.

Die Selbstverpflichtung, die die Bundesregierung 1990 eingegangen ist, ist kein auf politisches Wunschdenken gebautes Ziel. Sie beruht beispielsweise auf Potentialstudien im ebenfalls 1990 vorgelegten dritten Bericht der Klima-Enquetekommission «Vorsorge zum Schutz der Erdatmosphäre» des Deutschen Bundestages. Ergänzt und erweitert wurden die Ergebnisse der Enquete-Kommission durch Berechnungen des Deutschen Institutes für Wirtschaftsforschung (DIW) für die alten und des Schweizer Prognos-Institutes für die neuen Länder. Das DIW hielt damals für den Westen Deutschlands eine CO_2-Minderung um 241 Millionen Tonnen – von

716 Millionen Tonnen im Jahre 1987 auf 475 Millionen Tonnen bis zum Jahre 2005, für realistisch. Dies entspricht einer CO_2-Reduktion um circa 34 Prozent. Für Ostdeutschland errechnete die Prognos AG ein Minderungspotential von 130 Millionen Tonnen – von 325 Millionen Tonnen auf 195 Millionen Tonnen –, also eine Reduktion von etwa 40 Prozent.

Eine neuere Studie von Prognos, die Ende 1995 für das deutsche Bundeswirtschaftsministerium angefertigt wurde, ist pessimistisch, ob Deutschland sein Potential ausschöpfen wird. Bei Fortführung der bisherigen Politik rechnen die Schweizer Forscher mit einer CO_2-Reduktion von 10 Prozent im Zeitraum von 1990 bis zum Jahre 2005 bezogen auf Gesamtdeutschland.

Das Umweltgutachten 1996 des Rates von Sachverständigen für Umweltfragen zitiert eine interne Prognose des deutschen Umweltbundesamtes, die zu noch weitaus pessimistischeren Ergebnissen kommt: Das Umweltbundesamt erwartet im Zeitraum zwischen 1990 und 2005 eine CO_2-Reduktion um 4,6 Prozent. Damit würde das nationale CO_2-Minderungsziel um über 20 Prozent verfehlt.

Prognos legte seiner Prognose ein sogenanntes «Business as Usual» Szenario zugrunde. Business as Usual heißt nicht, daß alles weitergeht wie bisher. Es wird ein «normales Tempo» politischer Reformen und technischen Fortschritts vorausgesetzt. Aber es werden keine besonderen Anstrengungen unternommen, wie sie für ein Politikziel von allererster Priorität, wie es unserer Meinung nach der Klimaschutz ist, angemessen wären. Es kommt vor allem nicht zur Einführung von Energiesteuern. Die Photovoltaik schafft den Durchbruch nicht. Der Kfz-Verkehr steigt unvermindert an.

Die Entwicklung des Endenergieverbrauches – der Energie also, die beim Kunden ankommt – wird unter diesen Voraussetzungen von zwei gegenläufigen Trends beherrscht. Die Nachfrage nach Energiedienstleistungen in Wirtschaft, Haushalten und Verkehr nimmt weiter zu, aber der spezifische Energieverbrauch nimmt durch eine rationellere Energienutzung ab. Das technische Potential für Effizienzmaßnahmen wird jedoch nicht ausgeschöpft. Der Grund: Es fehlt ein Preissignal, beispielsweise durch eine Energiesteuer. Die erneuerbaren Energien können in der Stromerzeugung ihren Anteil von gegenwärtig 4,5 Prozent bis zum Jahre 2020 auf 7

Prozent steigern. Der große Durchbruch bleibt aus, weil die Photovoltaik mit ihrem großen theoretischen Potential zur Stromerzeugung wegen mangelnder Förderung und dem niedrigen Preisniveau für die konkurrierenden fossilen Energien immer noch nicht wettbewerbsfähig ist.

Die CO_2-Emissionen sinken bis zum Jahre 2005 um 10,5 Prozent, vor allem durch die Anfang der 90er Jahre erzielten Einsparungen in Ostdeutschland. Nach 2005 gehen die CO_2-Emissionen bis zum Jahre 2020 nur noch geringfügig um weitere 3 Prozent zurück. Die Grundlage für langfristige Einsparungen, beispielsweise durch einen kontinuierlichen Ausbau der Solarenergie, wurden nicht gelegt.

Die Prognos AG hat der Bundesregierung zum Zwischenzeugnis einen Blauen Brief zugeleitet. Wird die bisherige Politik so fortgesetzt, kann das Klassenziel 25 Prozent nicht mehr erreicht werden.

Das deutsche Klimaschutzprogramm

Zum klimapolitischen Ziel der Bundesregierung wurde seit Beginn der neunziger Jahre auch ein Umsetzungsprogramm entwickelt. Mit Beschluß vom 13. Juni 1990 setzte die Bundesregierung eine Interministerielle Arbeitsgruppe (IMA) «CO_2-Reduktion» unter Federführung des Bundesumweltministeriums ein. Auftrag der Gruppe war es, quer durch die verschiedenen Bundesressorts Maßnahmen zur CO_2-Minderung zu identifizieren. In einer ersten Runde wurde die IMA dreißig Mal fündig. In ihrem dritten Bericht, der zeitgerecht im Vorfeld des Berliner UN-Klimagipfels vorgelegt worden war, finden sich bereits 109 Maßnahmen.

Der Ansatz der IMA CO_2-Reduktion ist prinzipiell richtig. «Die interdisziplinäre Aufgabenstellung», so der dritte Bericht der IMA selbst, «macht es erforderlich, daß Klimaschutz nicht nur eine Disziplin der Umweltpolitik im klassischen Sinn darstellt, sondern daß die Klimaschutzpolitik auch in die Energiepolitik, die Verkehrspolitik, die Baupolitik, die Landwirtschafts- und Forstwirtschaftspolitik, die Forschungs- und Bildungspolitik, die Finanzpolitik, die Entwicklungshilfepolitik und viele andere Bereiche integriert werden muß.» Das Bundesumweltministerium koordiniert das deutsche CO_2-Minderungsprogramm. Die meisten Maßnahmen fallen aber nicht in die fachliche Zuständigkeit des Umweltressorts, sondern müssen von anderen Bundesministerien umgesetzt werden. Die koordinierende Rolle des Bundesumweltministeriums ist dort von Vorteil, wo es darum geht, langfristige politische Programme zu entwickeln. Wenn es um die Umsetzung dieser Programme durch konkrete Gesetze, Verordnungen oder Förderprogramme geht, sind dem Umweltministerium die Hände gebunden. So ist für die Energiepolitik das Wirtschaftsministerium, für den Wärmeschutz das Bauministerium und für weitere Maßnahmen das Verkehrs-, Landwirtschafts- oder Forschungsressort zuständig. Bei allen finanzrelevanten Maßnahmen, beispielsweise Förderprogrammen, hat der Bundesfinanzminister ein Mitentscheidungsrecht. Neben dem Querschnittscharakter weist das CO_2-Minderungsprogramm der Bundesregierung ein zweites Charakteristikum auf, den Instrumentenmix. Das CO_2-Minderungsprogramm der Bundesregierung umfaßt ordnungsrechtliche Maßnahmen – also Gesetze und Verordnungen – ökonomische und steuerliche Maßnahmen sowie Förderprogramme und weitere flankierende Maßnahmen, beispielsweise im Bereich Bildung und Ausbildung. Ein solches Programm aus 109 Maßnahmen über einen Zeitraum von 15 Jahren umzusetzen, wäre eines der größten Reformprogramme in der Geschichte der Bundesrepublik – wenn es denn durchgeführt würde.

Wesentliche Maßnahmen, deren Durchführung die Bundesregierung selbst für notwendig erachtet, wurden bisher nicht umgesetzt. Die wichtigste ist die Energiesteuer. Auf die Notwendigkeit, eine ökologische Steuerreform im Zweifel auch ohne europaweite Einigung einzuführen, wird im fünften Kapitel eingegangen.

Der, neben der Energiesteuer, zweite fette schwarze Fleck auf der deutschen Klimaweste ist die immer wieder verschobene Wärmenutzungsverordnung. Die Bedeutung dieser geplanten Verordnung wird im Zusammenhang mit der Selbstverpflichtung der deutschen Wirtschaft zur CO_2-Reduktion im folgenden Kapitel diskutiert.

Betrachten wir innerhalb des CO_2-Minderungsprogrammes im folgenden die klimarelevantesten Sektoren der deutschen Volkswirtschaft. Diese sind der Verkehr, die Gebäudebeheizung, die Elektrizitätserzeugung und die erneuerbaren Energien wie Wind und Sonne.

Verkehrspolitik auf falschen Gleisen

Wie in allen anderen Industrieländern und wie zunehmend auch in den Entwicklungsländern, in denen die Industrialisierung gerade nachgeholt wird, nehmen sowohl der Personen- als auch der Güterverkehr rasant zu. In der früheren Bundesrepublik stieg die Nachfrage nach Verkehrsdienstleistungen zwischen 1970 und 1990 um etwa 50 Prozent an. Dabei kam es sowohl beim Personen- als auch beim Güterverkehr zu einer Verschiebung auf die emissionsintensiveren Verkehrsarten Luftverkehr und Straße. Verlierer waren die Schiene, Wasserwege und der Öffentliche Nahverkehr.

Der Verkehrssektor ist damit die offene Wunde der deutschen Klimapolitik. Schon 1990 war er verantwortlich für 28,2 Prozent des Energieverbrauches. Prognos kommt in seiner 1995er Studie für das Bundeswirtschaftsministerium zu dem Schluß: «Im Verkehr zeigt sich bis 2000 der markanteste Verbrauchsanstieg aller Verkehrssektoren. Erst ab 2005 ist ein marginaler Rückgang zu erwarten.» Zugrunde gelegt werden ein Ansteigen des PKW-Bestandes um weitere 30 Prozent bis zum Jahre 2020. Es werden PS-stärkere Fahrzeuge gefahren, aber durch technische Verbesserungen sinkt der sogenannte «Flottenverbrauch», also der durchschnittliche Verbrauch aller PKW, von heute 9,5l/100km bis zum Jahre 2020 auf 6,2l/km ab. Das 3-Liter-Auto, das Mitte der neunziger Jahre politisch diskutiert wurde, setzt sich nicht auf dem Markt durch.

Im Gegensatz zum spezifischen Benzinverbrauch einzelner Fahrzeuge sinkt der nationale Gesamtverbrauch aus dem Grund nicht, weil mehr Kilometer als bisher gefahren werden. So nahm die Anzahl der in Deutschland gemeldeten PKW von 1990 bis 1993 von 35,5 auf 38,8 Millionen zu. Die Mehrzahl der Neuanmeldungen erfolgte in den neuen Bundesländern, aber – symptomatisch für den Gesamttrend – auch im Westen stieg der Motorisierungsgrad weiter an. Straßengüterverkehr und Luftverkehr steigen ebenfalls stark an. Der öffentliche Verkehr wird zwar langsam ausgebaut, kann seinen Anteil gegenüber der Straße aber nicht steigern. Neue Fahrzeugantriebe oder grundlegende Änderungen in der Verkehrsinfrastruktur erwartet Prognos nicht – und trifft sich damit in der fatalistischen Zukunftssicht der Bundesregierung und der deutschen Wirtschaft.

Auch in der ehemaligen DDR, wo die Schwerpunkte vor allem im Gütertransport noch auf der Eisenbahn lagen, nahm nach der Wiedervereinigung der motorisierte Individual- und Straßengüterverkehr sprunghaft zu.

Alle Prognosen für die Entwicklung der Verkehrsleistungen sind aus klimapolitischer Sicht verheerend. Der Straßengüterverkehr, berechnet nach Milliarden Tonnenkilometer (Mrd t/km), steigt nach Schätzung des Deutschen Institutes für Wirtschaftsforschung (DIW) im Zeitraum von 1991 bis 2010 – also ebenfalls wieder über zwanzig Jahre – von 152,3 Mrd t/km um 68,7 Prozent auf 257 Mrd t/km. Die erwartete Steigerung in Ostdeutschland beträgt 359 Prozent – gegenüber 1988, dem letzten kompletten DDR-Jahr sogar um schwindelerregende 810 Prozent – und im Westen immerhin noch um 41 Prozent, auch wenn die erste Woge der Obst- und Gemüselaster in die neuen ostdeutschen Gewerbegebiete nicht eingerechnet wird.

Die Entwicklung des Automobilverkehrs zeichnet sich in der Tendenz ähnlich ab, wenn auch nicht ganz so dramatisch. Besondere Sorgen bereitet allerdings ein in der öffentlichen Debatte seit langem vernachlässigter Bereich, der Flugverkehr. Die wiederum vom Schweizer Prognos Institut stammenden Schätzwerte, die dem Bundesverkehrswegeplan zugrunde gelegt wurden, gehen von einer Steigerungsrate von 80 bis 92 Prozent im Vergleichszeitraum von 1991 bis 2010 aus. Entsprechend ist der Verkehrswegeplan ausgelegt. Anstatt den Bedarf zu steuern, soll das Luftverkehrsnetz nach ihm ausgerichtet werden. Für Straße, Bahn und Wasserwege gilt dasselbe: Nicht die Klima-, sondern die Verkehrsprognose bestimmt die zukünftige Politik. So sieht der Bundesverkehrswegeplan das größte Straßenbauprogramm der Nachkriegsgeschichte vor. Über die Hälfte der Neu- und Ausbauten sind für den Westen der Republik vorgesehen.

Das Hauptproblem einer ökologisch orientierten Verkehrspolitik ist die scheinbar unaufhaltsam steigende Mobilität. Egal wie der «Modal Split» – die Verteilung zwischen den einzelnen Verkehrsmitteln – aussieht, es wird immer mehr gefahren, geflogen und transportiert. Die Gründe dafür sind die zunehmende Vernetzung der nationalen und internationalen Wirtschaftsräume, die Flexibilisierung der Lebens- und Arbeitswelt und das steigende Bedürfnis nach privater Mobilität. Die Antwort der Politik auf diesen steigenden Verkehrsdruck war anfangs, diesen als Motor der wirtschaftlichen Entwicklung zu fördern, und ist heute, ihn durch flankierende Maßnahmen zu entschärfen. Der Anstieg der verkehrsbedingten CO_2-Emissionen wird dadurch gebremst, aber nicht aufgehalten oder umgekehrt. Fortschritte in anderen Bereichen, wie beispielsweise der häuslichen Wärmenutzung, fallen in der Gesamtbilanz dem Verkehr zum Opfer. Gegenüber der ständig steigenden Mobilität versagen die herkömmlichen Rezepte der Verkehrspolitik – jedenfalls wenn sie mit dem herkömmlichen Tempo angewendet werden. Zu langsam geht der Ausbau öffentlicher Verkehrsmittel voran, zu langsam senken technologische Innovationen den spezifischen Energieverbrauch – also beispielsweise die Zahl gefahrener Kilometer eines Mittelklassewagens pro verbranntem Liter Benzin – und zu träge wirken Preissignale, wie die periodisch zur Haushaltssanierung angehobene Mineralölsteuer.

Verkehr reduzieren

Die vom Wuppertal Institut erstellte Studie «Zukunftsfähiges Deutschland» setzt deshalb nicht nur auf planerische und ordnungsrechtliche Maßnahmen, sondern auf das Umdenken der Verkehrsteilnehmer. Verkehr wird demnach langfristig vermieden durch «Wertewandel und der damit verbundenen Veränderung des Mobilitätsverhaltens bis zu detaillierten Vorschlägen beispielsweise für die Erhöhung der Auslastung von Fahrzeugen über Mitfahrzentralen.»

Wie aber läßt sich ein Wertewandel bewirken? Und hat die Politik eine Aufgabe, an ihm mitzuwirken? Letztere Frage läßt sich eindeutig mit «Ja» beantworten. Gute und vorausschauende Politik hat schon immer Werte vermittelt. Positive Beispiele aus der deutschen Nachkriegsgeschichte sind der Eigenwert der europäischen Einigung. Schon lange gibt es an unseren Schulen Verkehrserziehung für unsere Kinder. Zur Verkehrserziehung gehört es auch, auf die negativen Folgen grenzenloser Mobilität aufmerksam zu machen. Der Wertewandel allein wird auch langfristig nicht dazu führen, daß das Gesamtverkehrsaufkommen zurückgeht.

Das einzig tatsächlich wirkungsvolle Mittel, das die Pendler vom Auto auf die S-Bahn umsteigen ließ und das vor allem die Kommunalpolitik zur Steuerung der Verkehrsmenge eingesetzt hat, waren Verbote und Fahrbeschränkungen in den Innenstädten oder die Angst vor dem Verkehrskollaps. Doch weder mit Verboten noch mit Angst läßt sich in einer Demokratie langfristig Politik machen. An Stelle der Grünen werden sonst Autofahrerparteien treten. Im rot-grün regierten München sind die ersten «Folterwerkzeuge der Moderne» (so der Münchener CSU-Vorsitzende Peter Gauweiler), nämlich Straßenschwellen zur Verkehrsverlangsamung, schon wieder entfernt worden. Bürgerproteste und die Angst vor dem Wählervotum führten zu dieser verkehrspolitischen Rolle rückwärts.

Wie aber kann Verkehr vermieden werden, ohne Autofahrer zu schikanieren? Die Klima-Enquetekommission des Bundestages schlägt in ihrem 1994 vorgelegten Bericht «Mobilität und Klima» zur Minimierung des Verkehrsbedarfes eine neue Raumordnungs- und Flächennutzungspolitik vor. «Raum- und Siedlungsstrukturen», so die Enquete, «können bereits planerisch auf Vermeidung bzw. Minimierung der Wege angelegt werden.» Vorgeschlagen werden die Mischung von Wohn-, Arbeits- und Freizeitbereichen bei der Flächennutzungs- und Bauleitplanung, eine verdichtete Bauweise in den Städten und eine bessere Erschließung der Siedlungsgebiete durch öffentliche Verkehrsmittel. Dadurch soll der Trend zur Zersiedelung der Landschaft, der die Menschen vom Auto abhängig macht, gestoppt werden. Eine stärkere Durchmischung der Nutzungsarten und eine dichtere Bebauungsweise wird zu Zielkonflikten führen. Nicht zuletzt aus Lärm- und Umweltschutzgründen dringen Anwohner darauf, mit starkem Lieferverkehr verbundenes Gewerbe aus den Wohnvierteln wegzuverlegen. Nur ein Teil der

Bevölkerung träumt vom Leben in den verkehrsberuhigten wiederbelebten Innenstädten. Genauso stark ist der Wunsch anderer Menschen nach einem «Häuschen im Grünen».

Alternativen fördern

Wer den Autoverkehr beschränken möchte, muß die umweltfreundlichen Alternativen fördern. Mit der Privatisierung der Bundesbahn wurde der erste Schritt getan, die Bahn sowohl im Personen als auch im Güterverkehr wieder wettbewerbsfähig zu machen. Doch die Bahn trägt eine Altlast mit sich herum. Im Gegensatz zum Straßennetz wurde das Schienennetz seit Ende des zweiten Weltkrieges nicht mehr grundlegend modernisiert. Wie eine moderne Bahn in der Fläche aussehen kann, beschreibt eine Studie des Wuppertal Institutes für den Dachverband der deutschen Umweltverbände, den Deutschen Naturschutzring (DNR). So läßt sich die Kapazität des Schienennetzes durch elektronische Steuerungssysteme vervielfachen. Damit können mehr Güter als bisher von der Straße auf die Schiene verlagert werden. Durch parallele Schienenstränge können der langsame Güter- und der schnelle Personenverkehr voneinander getrennt werden. Dadurch wird die Kapazität des Schienennetzes erhöht und der Personenverkehr beschleunigt. Die Beschleunigung des Personenverkehrs ist deswegen so wichtig, weil nur eine schnelle Bahn die Kunden davon überzeugen wird, das Auto stehen zu lassen und auf Kurzstreckenflüge zu verzichten.

Auf innerdeutschen Strecken kann die Eisenbahn den Flugverkehr vollständig ablösen. Dazu müssen alle internationalen Flughäfen an das Intercity-Netz angeschlossen werden, um problemloses Umsteigen zu ermöglichen. Wichtiger ist jedoch der Kostenfaktor. Die indirekte Subvention des Flugverkehrs dadurch, daß keine Flugbenzinsteuer erhoben wird, muß aufgehoben werden. Eine Flugbenzinsteuer für Binnenflüge ist auch aus Wettbewerbsgründen unproblematisch, wenn als Besteuerungsgrundlage die im Inland geflogene Strecke herangezogen wird.

Mittelfristig sollte sich die Bundesregierung für eine internationale Flugbenzinsteuer einsetzen. Aus ihr könnte der globale Umweltfonds zur Finanzierung der Klimakonvention und anderer internationaler Umweltabkommen gespeist werden.

Für eine moderne Flächenbahn ist es wichtig, daß nicht nur die Hauptverkehrsstrecken für Intercity und Intercity-Express immer moderner und schneller ausgebaut werden, sondern daß auch die für den Berufspendelverkehr so wichtigen Nebenstrecken modernisiert werden. Vor allem auf den Nebenstrecken ist das Bahnnetz in den Nachkriegsjahrzehnten vernachlässigt worden. Viele Strecken und kleinere Bahnhöfe wurden stillgelegt. Die Züge fahren langsam und unregelmäßig. Mit der Regionalisierung der Bahn wurde jetzt ein erster Schritt zu einer kundengerechteren Fahrplangestaltung gemacht. Die deutschen Bundesländer können eigene Bahngesellschaften betreiben. Sie kennen den Bedarf vor Ort besser als die Zentrale der Deutschen Bahn in Frankfurt am Main. Ein erfolgreiches Experiment ist der Allgäu-Schwaben-Takt im südlichen Bayern. Im Allgäu fahren die Regionalzüge inzwischen in einem Taktsystem ähnlich den Verkehrsverbünden der Großstädte. Der Intercityverkehr für die Fernreisenden und die Bahnbusse für Schüler und Berufspendler wurden mit dem Takt der Regionalbahn abgestimmt. Damit fallen lange Wartezeiten beim Umsteigen weg. Die Bahn wird schneller und komfortabler. Doch die Bundesländer haben nicht das Geld, in ein modernes Schienennetz und neue Fahrzeuge zu investieren. Die Verteilung der Steuermittel zwischen Bund und Ländern muß deswegen grundlegend geändert werden. So sollte die Verteilung des Mineralölsteueraufkommens zugunsten der Bundesländer geändert werden. Damit würden die Autofahrer einen Teil der langjährigen Subvention des Autobahnnetzes an die Bahnfahrer zurückerstatten. Es wird auch vorgeschlagen, einen Teil des Ertrages der Ökologischen Steuerreform für Investitionen in das öffentliche Verkehrsnetz zu verwenden. Damit würde aber die von vielen Umweltpolitikern angestrebte Aufkommensneutralität der Ökosteuern aufgegeben.

Die Kehrseite des öffentlichen Fernverkehrs ist der kommunale Personennahverkehr. Auch hier scheitern sinnvolle Ausbauvorhaben oft am Geld. Die Kommunen sind durch die hohen Sozialhilfekosten und durch das sinkende Gewerbesteueraufkommen in den letzten Jahren finanziell ausgeblutet. Die wirtschaftliche Krise hat in unserem föderalen System die Schwächsten am härtesten getroffen. Eine grundlegende Finanzreform muß die Kommunen wieder in die Lage versetzen, in die Zukunft der öffentlichen Infrastruktur zu investieren. Dazu gehören neben dem öffentlichen Nahverkehr auch eine umweltfreundliche Energieversorgung und Energiesparmaßnahmen im kommunalen Gebäudebestand.

Wärmeschutz

Im Verkehr steckt nur wenig Spielraum zur Umsetzung kurzfristiger CO_2-Reduktionsziele. Bis zum Jahre 2005, wenn die Bundesregierung 25 Prozent des deutschen CO_2-Ausstoßes verringert haben möchte, werden die grundlegenden langfristigen Maßnahmen, mit denen im Verkehrssektor umgesteuert werden muß, nicht greifen. Die Bundesregierung setzt auf einen ganz anderen Bereich, den Gebäudesektor. Die Haushalte tragen mit 25 Prozent genau ein Viertel zu Deutschlands CO_2-Emissionen bei. Dabei entfallen immerhin 78,3 Prozent auf die Heizung. Und geheizt wird in Deutschland, wie in großen Teilen der Welt, erschreckend uneffektiv.

Geheizt wird auch in der Industrie, in Geschäften und Handwerksbetrieben. Im Bereich der sogenannten Kleinverbraucher, also beispielsweise im Handel und Handwerk, entfallen auf die Raumwärme 52,7 Prozent des Gesamtenergiebedarfes, in der Industrie immerhin noch insgesamt 11,4 Prozent. Öko-Audits in Unternehmen, also freiwillige Untersuchungen auf ökologische Schwachstellen, haben ergeben, daß sogar in Betrieben, die bei ihrer Produktion und bei ihren Produkten auf geringen Energieverbrauch und Umweltfreundlichkeit achten, die Heizanlagen ökologischen Ansprüchen nicht genügen. Ingenieure sind schließlich bestrebt, ihr eigenes Produkt zu optimieren. Deswegen kommt es hier auch zu ökologischen Innovationen. Über die Heizung der Fabrikhalle machen sie sich traditionell wenig Gedanken. Deswegen fordert beispielsweise der Dachverband der dänischen Industrie seine Mitgliedsfirmen dazu auf, energetische Schwachstellen in ihren Gebäuden durch unabhängige Energieberater überprüfen zu lassen.

Das Hauptbetätigungsfeld für den Klimaschutz liegt aber nicht in der Industrie, sondern im privaten Gebäudebereich.

Wenn Experten über Wärmeschutz reden, benutzen sie die Größe Kilowattstunde pro Quadratmeter ($kWh/m^2/a$), also Wärmeverlust pro Quadratmeter Wohnfläche und Jahr. Durchschnittliche Wohnhäuser in Westdeutschland weisen einen Wärmeverlust von 160 $kWh/m^2/a$ auf. Für die Neuen Bundesländer gelten höhere Zahlen. Viele Altbauten sind noch nicht renoviert. Und Neubauten aus der DDR-Zeit wurden nach niedrigeren Wärmeschutzstandards als im Westen gebaut. Oft waren die Heizungen nicht zu regulieren. Dann wurde die Zimmertemperatur, wenn es zu heiß war, durch Öffnen der Fenster geregelt. Die Art und Weise wie in der DDR Gebäude gebaut wurden, ist ein gutes Beispiel dafür, was passiert, wenn Energie so billig ist, daß niemand sie wertschätzt. Eine Energiesteuer hätte also auch einen pädagogischen Effekt.

Was kann moderner Wärmeschutz leisten? Die neue deutsche Wärmeschutzverordnung sieht für Neubauten und für generalüberholte Altbauten einen Wärmeverlust von höchstens 90 bis 100 $kWh/m^2/a$ vor. Wenn wenige hunderttausend Wohnungen im Jahr neu gebaut werden, dann erfüllen bis zum Jahre 2005 vielleicht 10 Prozent des Gesamtbestandes den Wert der Verordnung. Die bis zum Jahre 2030 errichteten Neubauten werden erst ein Drittel des Gesamtwohnungsbestandes ausmachen. Im Trend, so die Aussage des Gesamtverbandes der Dämmstoffindustrie, sind daher nur Einsparungen von 10 bis 15 Prozent CO_2 bis 2005 zu erwarten (aus: Trockenbau 1-2/96). Eine systematische Offensive für den Wärmeschutz erfordert es also, vor allem den Altbestand einzubeziehen. Dort beträgt nach Angaben des Hessischen Ministeriums für Umwelt, Energie und Bundesangelegenheiten (1990) das technische Energiesparpotential 70 und das wirtschaftliche Potential immerhin 52 Prozent. Wirtschaftlich sind bauliche Energiesparmaßnahmen vor allem dort, wo ohnehin renoviert werden muß – in den Sanierungsgebieten unserer Großstädte und in dem Altbaubestand in Ostdeutschland. Hier können auch technologische und handwerkliche Erfahrungen gesammelt werden, die die deutsche Wirtschaft schließlich an unsere Nachbarländer, die vor ähnlichen Problemen stehen, weitergeben kann. Zeitgleich mit der wärmetechnischen

Überholung der Gebäude kann auch die restliche Anlagentechnik, beispielsweise die Gas- und Stromversorgung, überholt werden. Dabei lassen sich zusätzliche Energiespareffekte erzielen. Für Sanierungsmaßnahmen an Altbauten gibt es schon heute zinsgünstige, vom Staat unterstützte Kredite, die allerdings an keinerlei ökologische Mindeststandards, beispielsweise dem zu erreichenden Wärmeschutzstandard, geknüpft werden.

Der heute technisch und ökonomisch vertretbare Standard für Neubauten ist das sogenannte «Niedrigenergiehaus». Vorbild ist der EU-Mitgliedstaat Schweden. Schweden hat schon 1983 einen Wärmeschutzstandard von 50–60 kWh/ m^2/a festgelegt. Nach Schätzungen des Karlsruher Energieinstitutes ISI (1993) betragen die Baumehrkosten für ein Niedrigenergiehaus etwa 4 bis 6 Prozent, die aber durch den reduzierten Installationsaufwand bei Heizungsanlagen und Elektroinstallation kompensiert werden können. Dazu kommen mittel- und langfristig die eingesparten Energiekosten. Bei der letzten Novellierung der deutschen Wärmeschutzverordnung war die Einführung des Niedrigenergiehaus-Standards an den Interessen der bayerischen Ziegelindustrie gescheitert. Der Niedrigenergiehausstandard ist nun für die nächste Novellierung der Verordnung im Jahre 2000 vorgesehen. Allerdings wird seit Anfang 1996 mit dem Eigenheimzulagengesetz energiesparendes Bauen gefördert. Bei einem Heizwärmebedarf, der mindestens 25 Prozent unter den Anforderungen der geltenden Wärmeschutzverordnung liegt, erhöht sich die Eigenheimzulage für bis zu acht Jahre um jährlich 400 DM. Die Installation von Sonnenkollektoren oder Wärmepumpenheizungen wird für den gleichen Zeitraum mit bis zu 500 DM jährlich bezuschußt.

Technisch machbar, wenn auch noch recht kostspielig, sind weitere Fortschritte, die über das schwedische Modell hinausgehen. Sie heißen «Passivhaus» und «Nullenergiehaus».

Passivhäuser leben davon, daß sie ihre Wärmeversorgung zum großen Teil mit passiver Sonnenenergie, also mit der Wärme des eingestrahlten Tageslichtes, sicherstellen. Notwendig sind dazu die richtige Stellung der Fenster und eine effiziente Isolierung von Fenstern und Wänden. Das Passivhaus hat einen Wärmeverlust von 15 kWh/m^2/a. Was Passivhäuser wie das deutsche Pilothaus in

Darmstadt-Kranichstein heute so teuer macht, sind die Einzelfertigung oder die geringe Stückzahl vieler Materialien.

Die Idee des Passivhauses kann noch gesteigert werden. So ist das Rocky Mountains Institut des amerikanischen Ökologen Amory Lovins eines der wenigen Nullenergiehäuser der modernen Welt. Das Haus von Lovins liegt in der Kältezone der Rocky Mountains. Die Außentemperatur kann dort bis auf minus 44°C absinken. Nur 52 Tage im Jahr sind frostfrei. Lovins schreibt: «Und dennoch hat das Haus kein konventionelles Heizungssystem, weil keines gebraucht wird. Auch an bewölkten Tagen fangen die «Superfenster» Solarenergie ein. Die Fenster lassen (trotzdem, Anm. d. A.) drei Viertel des sichtbaren Lichtes und die Hälfte der Sonnenenergie herein, aber sie lassen praktisch keine Wärme entweichen.» Damit isolieren die Superscheiben in den Fenstern des Rocky Mountain Institutes sechs Mal so gut wie normale Doppelglasscheiben.

Lovins und andere Pioniere der Niedrigenergiehaustechnik haben alle Möglichkeiten, die der moderne Wärmeschutz heute schon bietet, kombiniert. Kommt eine Solaranlage hinzu, kann das Nullenergiehaus auch den Bedarf an Warmwasser und Elektrizität für die Haushaltsgeräte decken. Gebäude werden schließlich zum Nettoexporteur von Energie. Überschüssiger Solarstrom von Dächern und Fassaden der Wohnhäuser kann irgendwann einmal die elektrisch betriebenen Fahrzeuge der Zukunft antreiben.

Niedrig- und Passivhäuser fristen heute ein Nischendasein. Sie sind weiter die Domäne von Wissenschaftlern und Außenseitern. Welch eine Chance läge aber darin, in einer Mustersiedlung Häuser und ihre Fertigungsweise weiterzuentwickeln? So findet im Jahre 2000 unter dem Motto «Mensch, Umwelt, Technik» die Weltausstellung EXPO in Hannover statt. Ähnlich einem olympischen Dorf wird eine EXPO-Siedlung errichtet werden, die danach der wohnungssuchenden Bevölkerung zur Verfügung gestellt wird. Das EXPO-Dorf wird in Niedrigenergiebauweise errichtet. Angesichts dessen, daß die Bundesregierung vorhat, im Jahre 2000, dem Jahr der EXPO, mit einer weiteren Novellierung der Wärmeschutzverordnung das Niedrigenergiehaus zum Standard zu machen, stellt sich die Frage: Warum wird das EXPO 2000-Dorf nicht in Nullenergiebauweise errichtet?

Eine weitere historische Chance droht beim Neuaufbau der Bundeshauptstadt Berlin verspielt zu werden. So soll bis zum Jahre 2000 auf dem Potsdamer und Leipziger Platz im ehemaligen Grenzstreifen zwischen Ost und West eine vollkommen neue Bürostadt errichtet werden. Doch immer noch «greifen Bauplaner für die Büroklimatisierung zuerst nach Kühl- und Heizaggregaten» (Wirtschaftswoche vom 15.2.96), anstatt Fassaden und Belüftungssysteme zu entwickeln, die sich flexibel auf Klima- und Wetterverhältnisse einstellen lassen. Wie es gehen könnte, macht die Daimler Benz Interservices AG (Debis) mit ihrem neuen Verwaltungsbau am Potsdamer Platz vor. Kälte, die zur Klimatisierung des geplanten Gebäudes benötigt wird, entsteht in sogenannten Absorptionskältemaschinen, die ihre Energie aus der Abwärme eines Blockheizkraftwerkes beziehen. Der Kohlendioxidausstoß soll dadurch gegenüber einer konventionellen Klimaanlage um bis zu 70 Prozent reduziert werden. Der Debis-Bau ist bis heute ein Einzelfall. Andere Bauherren wie der Elektronikriese Sony planen weiter auf Kosten des Klimas.

Vor einem Grundsatzproblem steht auch der Klimaschutz im Gebäudebereich. Die Wohnfläche, die uns Deutschen zur Verfügung steht, wird immer größer. Dasselbe gilt natürlich für die Arbeitswelt, für Büros oder Geschäftsräume. Wenn mehr Fläche effizienter geheizt wird, bleiben die Emissionen gleich. Einsparungen werden wieder aufgefressen. Klimaschutz bedeutet also ebenfalls einen sorgsameren Umgang mit der Ressource Fläche.

Stromerzeugung

Neben dem Verkehrssektor wächst ein anderer Bereich, der den Klimaschützern Sorge bereitet, ständig weiter. Deutsche Elektrizitätskraftwerke sind mit 370 Millionen Tonnen CO_2 jährlich für über ein Drittel des Gesamtausstoßes verantwortlich. Der Bedarf an elektrischem Strom, einer besonders edlen, vielfältig verwendbaren Form von Energie, steigt unaufhaltsam. Das Prognos-Gutachten von 1995 schätzt den Anstieg des Bruttostromverbrauches von 1992 bis zum Jahr 2020 auf 23 Prozent. Ein überproportionales

Ansteigen erwartet Prognos bei der Industrie und den Kleinverbrauchern, also beispielsweise bei Handel und Handwerk. Der Stromverbrauch in den Haushalten geht zurück. Nach einem «Business as Usual»-Verhalten erfordert der steigende Stromverbrauch, daß bald neue Kraftwerke errichtet werden müssen. Die bestehenden Kraftwerke müssen außerdem nach Ablauf ihrer Lebensdauer bis zum Jahre 2020 komplett ersetzt werden. Doch statt Kraftwerke neu zu bauen, kann Energie eingespart werden. Wenn durch Einsparungen neue Kraftwerkskapazitäten überflüssig werden, nennt dies der amerikanische Ökologe Amory Lovins das «Minus-Kraftwerke». Sie erzeugen «Nega-Watt» statt Mega-Watt.

Das Zauberwort, um vorhandene Energieeffizienzpotentiale zu nutzen, heißt Integrierte Ressourcenplanung (IRP). Kunden fragen nicht Energie nach, sondern eine Dienstleistung, wie beispielsweise brennende Lampen oder eine Maschine, die läuft. Wenn die Energiepreisstrukturen von den staatlichen Aufsichtsbehörden anders gestaltet werden, kann es für die Energieversorger rentabel werden, in Energiesparmaßnahmen bei ihren Privat- und Wirtschaftskunden zu investieren. Viele amerikanische Strom- und Gasversorger haben diese neue Masche, Geld zu verdienen, entdeckt. Die Gesetzgebung der US-Bundesstaaten unterstützt sie dabei. Seit 1992 gibt es in den USA auch ein Bundesgesetz, in dem von allen Bundesstaaten die Anwendung der Integrierten Ressourcenplanung verlangt wird.

Integrierte Ressourcenplanung kann beispielsweise heißen, daß Energieversorgungsunternehmen private Haushalte dabei unterstützen, sparsame Haushaltsgeräte anzuschaffen, konventionelle Glühbirnen durch Energiesparglühlampen zu ersetzen oder die Wärmedämmung zu verbessern. Für die Kunden lohnt sich langfristig die Energieeinsparung. Oft scheuen sie aber die Anschaffungskosten der teureren energiesparenden Geräte. Für ein großes Stromunternehmen ist das kein Problem. Das Unternehmen selbst legt die Kosten über die Zeit verteilt auf den Strompreis um.

Das immense Energiesparpotential bei der Wärmedämmung von Gebäuden wird oft nicht erschlossen, weil die Vermieter, die die Investitionen vornehmen müßten, von der niedrigen Energierechnung nicht profitieren. Mit der Methode des «Contracting» werden private Unternehmen damit beauftragt, die energetische Sanierung der Gebäude vorzunehmen. Der Contracter schießt die Investitionskosten vor, läßt sich im Gegenzug die gesparten Energiekosten ausbezahlen und macht dadurch sein Geschäft. Ein kleiner Teil der gesparten Energiekosten bleibt bei Mieter und Vermieter.

Bisher wagen sich die Energieversorgungsunternehmen nur in Pilotprojekten an die Integrierte Ressourcenplanung heran. Dabei hat eine von der Europäischen Union geförderte Studie der Umweltforschungseinrichtungen Öko-Institut und Wuppertal-Institut für die Stadt Hannover errechnet, daß bei einem durchschnittlichen Strompreis von niedrigen 7 Pfennig pro eingesparte Kilowattstunde die Ausschöpfung vorhandener Energiesparmöglichkeiten deutlich billiger käme als ein Kraftwerksneubau. Auf der anderen Seite des Atlantik liegen praktische Erfahrungen bereits vor. Die kalifornische Hauptstadt Sacramento hat ein solches Programm zur Integrierten Ressourcenplanung 1990 beschlossen. Als Ziel setzte sich die Stadtverwaltung, 10 Prozent des Gesamtenergieverbrauches im Stadtgebiet einzusparen. Unter anderem wurden Geräteprämien an diejenigen Bürger gezahlt, die Wärmepumpen und Klimaanlagen im Haushalt modernisieren ließen. Im Stadtgebiet ansässige Unternehmen wurden von Beratern der Stadtwerke bei der Erstellung von Energiesparkonzepten betreut.

Der Grund für die deutsche Zurückhaltung beim Sparen – vor allem dann, wenn es um Energie geht – liegt in der herrschenden Art der staatlichen Strompreisaufsicht. Die Strompreise werden auf Grundlage von Energiebedarfsprognosen und den voraussichtlichen Bereitstellungskosten genehmigt. Dabei wird automatisch davon ausgegangen, daß zur Deckung des Energiebedarfs ständig neue Kraftwerkskapazitäten zugebaut werden müssen. Vorhandene Effizienzpotentiale werden nicht betrachtet. Integrierte Ressourcenplanung heißt in diesem Falle, daß die Kosten der Ressource Effizienz sorgfältig mit den Kosten eines neuen Kraftwerkes verglichen werden, bevor eine Investitionsentscheidung gefällt wird. Bei objektiver Betrachtung wird die Entscheidung in absehbarer Zeit immer dahingehend fallen, den prognostizierten Strombedarf einfach wegzusparen. In einigen US-Bundesstaaten, in denen Integrierte Ressourcenplanung praktiziert wird, wurden seit Jahren keine Kraftwerksneubauten mehr genehmigt.

Aus Energieversorgungsunternehmen (EVU) müssen schleunigst Energiedienstleistungsunternehmen (EDU) werden. Der Kunde muß auch dann König werden, wenn er will, daß sein Licht brennt. Nach der Verantwortung der Wirtschaft wird deswegen auch im nächsten Kapitel gefragt.

Integrierte Ressourcenplanung hat in den USA auch in der Gas- und Wasserwirtschaft sowie bei der Planung von Verkehrswegen Einzug gehalten. Das 1991 verabschiedete Gesetz zur effizienten Verkehrsplanung (Intermodal Surface Transportation Efficiency Act, ISTEA) sieht vor, daß bei der Straßenplanung weitere Alternativen wie beispielsweise die Reduzierung des Verkehrsaufkommens einbezogen werden müssen. Ob dieses Gesetz im Land der achtspurigen Superhighways zu einer anderen Verkehrspolitik führt, die der Bahn in Amerika eine neue Chance gibt, bleibt abzuwarten.

Zur Stromerzeugung gehört auch ein besonders heikles Kapitel der deutschen Energiepolitik. Eines der Haupthindernisse auf dem Weg zur CO_2-Reduktion sind die deutschen Kohlesubventionen. Aus regional- und sozialpolitischen Gründen wird in Deutschland der Steinkohleabbau an Ruhr und Saar und der Abbau der Braunkohle im westrheinischen Revier und in den ostdeutschen Fördergebieten in Sachsen und der brandenburgischen Lausitz weiterbetrieben.

Die Kohlesubventionen sind für den Klimaschutz eine besondere Gefahr. Egal wie effizient Kohle verbrannt wird, so bleibt es doch eine Gesetzmäßigkeit der Chemie, daß bei diesem Verbrennungsprozeß immer gleich viel CO_2 aus ihr entsteht. Und wenn Kohle einmal gefördert ist, so wird sie auch verbrannt. Das Wuppertal Institut folgert deshalb, daß die CO_2-Minderungsszenarien der Klima-Enquetekommission des Bundestages eine Reduzierung sowohl des Steinkohle- als auch des Braunkohleabbaus um mindestens 20 Prozent bis zum Jahre 2005 voraussetzen (Loske, Hennicke, 1993). Das Geld, das zur Subvention von Arbeitsplätzen einer sterbenden Branche ausgegeben wird, fehlt dort, wo in Zukunftstechnologien wie die erneuerbaren Energien investiert werden müßte. International schimpft die Bundesregierung auf Saudi-Arabien und Kuwait. Die arabischen Ölstaaten versuchen, in den UN-Klimaverhandlungen konkrete Vereinbarungen zu verhindern. Sie fürchten offenbar um ihre Öleinkünfte, wenn die Industrieländer anfangen, Energie einzusparen. Dieses Verhalten wird von unseren Politikern und der Öffentlichkeit als selbstsüchtig und kurzsichtig gebrandmarkt. Aber die Kohlekoalition in Bonn, in Nordrhein-Westfalen oder Brandenburg verhält sich nicht besser. Langfristiges Denken ist nicht angesagt. Kurzfristiges Kalkül regiert, wenn den Kohlekumpeln vorgemacht wird, es ginge weiter wie bisher. Doch für die Zukunft der Kohle gilt: Wenn wir nichts ändern, bleibt nichts wie es ist. Die Zukunft der Kohle heißt geringere Fördermengen, saubere Verbrennungstechnologien und vermehrter Einsatz als chemischer Grundstoff.

Im Schatten der öffentlichen Debatte über die Steinkohlesubventionen steht die Mineralölsteuerbefreiung einiger Industriesparten. Das Münchener IFO-Institut für Wirtschaftsforschung hat ausgerechnet, daß die von der Steuer befreite Verwendung von Öl für die Energieerzeugung in Kraftwerken den Fiskus jährlich 24 Milliarden DM kostet. Auch beim steuerfreien Eigenverbrauch der Ölkonzerne in Raffinerien verzichtet der Finanzminister jährlich auf 6 Milliarden DM (die tageszeitung vom 16.6.95). Ebenfalls von der Mineralölsteuer befreit sind weite Teile der Chemie- und Grundstoffindustrie.

Das deutsche CO_2-Minderungsziel ist eine sinnvolle und anspruchsvolle Vorgabe. Das Programm zu seiner Umsetzung wird zu zögernd vollzogen und weist eklatante Schwächen auf.

Der Wissenschaftliche Beirat der Bundesregierung Globale Umweltveränderung (WBGU) schlußfolgert: «Wenn die Konjunkturentwicklung positiv verlaufen sollte, werden die Reduktionsmaßnahmen, die bisher von der IMA ‹CO_2-Reduktion› zusammengestellt wurden, dafür nicht ausreichen. Der Beirat empfiehlt daher, daß die IMA ihren Maßnahmenkatalog entsprechend überarbeitet ...».

Erneuerbare Energien

Das CO_2-Minderungsprogramm der Bundesregierung ist im wesentlichen ein Programm zur Förderung der Energieeffizienz. In der Energiequelle «Sparen» liegt auch das kurzfristig erschließbare Potential zur CO_2-Reduktion. Langfristig müssen die CO_2-erzeugenden fossilen Energieträger durch die CO_2-freien erneuerbaren Energien ersetzt werden. Die ebenfalls CO_2-freie Kernenergie ist keine Alternative. Sie ist zu teuer und die Entsorgung radioaktiver Abfälle ist wegen der langen Strahlungsdauer prinzipiell unlösbar.

Die Prognos-Studie 1995 für das Bundeswirtschaftsministerium rechnet bei einer «Weiter So»-Politik mit einem Anteil der Erneuerbaren Energien am Primärenergieeinsatz von 3,6 Prozent im Jahre 2020 gegenüber 2,3 Prozent heute. Bei der Stromerzeugung steigt der Anteil von 4,5 auf 7,1 Prozent. Die Wasserkraft macht weiterhin den größten Anteil der Erneuerbaren Energiequellen aus. Dazu kommt ein steigender Anteil der Windenergie. Zu den Erneuerbaren Energien wird in der Statistik des Bundeswirtschaftsministeriums auch die Müllverbrennung gerechnet. Abgesehen davon, daß Müll aus ökologischer Sicht besser vermieden als verbrannt werden sollte, wird zur Herstellung der Produkte, die schließlich im Abfall landen, in der Regel mehr Energie aufgewendet, als durch die Verbrennung zurückgewonnen werden kann.

Das realisierbare Potential der Erneuerbaren Energiequellen liegt nach Ansicht von Prognos beim Zweifachen des aktuellen Weltenergieverbrauches. Die Klimaenquetekommission des Deutschen Bundestages hat das Szenario einer Solar-Wasserstoff-Wirtschaft errechnet, die im Jahre 2050 zu über zwei Dritteln auf erneuerbaren Energien basiert. Das Wuppertal Institut ermittelte ein technisches Stromerzeugungspotential für Wind, Wasser und Photovoltaik von rund 250 Milliarden Kilowattstunden pro Jahr, das ist die Hälfte der aktuellen Nettostromproduktion für Deutschland. Ein Greenpeace Szenario weist nach, daß bis zur Mitte des nächsten Jahrhunderts mit Hilfe von Energieeinsparung und Erneuerbaren Energiequellen ganz auf fossile Brennstoffe und die Kernenergie verzichtet werden kann.

Prognos stellt jedoch fest: «Bei einer Reihe von erneuerbaren Energien ist die Wirtschaftlichkeit unter den gegebenen Rahmenbedingungen und der moderaten Energiepreisentwicklung nicht gegeben, so daß die technisch denkbaren Potentiale bei weitem nicht ausgeschöpft werden können.» Das Magazin DER SPIEGEL schreibt im Dezember 1995: «Kläglich ist besonders der Stand der

Photovoltaik, also der direkten Umwandlung des Sonnenlichtes in Strom. Im ganzen Jahr 1994 speisten die bläulich schimmernden Siliziumzellen vier Millionen Kilowattstunden Sonnenenergie ins Netz. Das Atomkraftwerk Brokdorf schafft diese Energiemenge in drei Stunden.»

Zukunftsorientierte Politik muß die Rahmenbedingungen der Energiemärkte zugunsten der erneuerbaren Energien ändern. Oder sie scheitert.

Die Solarenergieorganisation EUROSOLAR schlägt ein staatlich initiiertes Sonnenenergie-Crashprogramm vor. Der Vorsitzende von EUROSOLAR, der SPD-Bundestagsabgeordnete Hermann Scheer, nennt es die «Sonnenstrategie» und schreibt: «Die Sonnenstrategie muß langfristig angelegt sein, was keineswegs bedeutet, daß kurzfristige Untätigkeit erlaubt wäre.»

Die Bundestagsfraktion von Bündnis 90/Die Grünen schlug deshalb im Vorfeld der Berliner UN-Klimakonferenz als ersten Schritt einer Sonnenstrategie die Förderung der Markteinführung erneuerbarer Energien und der Kraft-Wärme-Kopplung vor: «Der Bund stellt Finanzhilfen in Form eines Investitionszuschusses für private Investoren zur Verfügung und erhöht die Einspeisevergütung nach dem Stromeinspeisegesetz für alle erneuerbaren Energien und Anlagen der Kraft-Wärme-Kopplung auf generell 95 Prozent der Tarifstrompreise. Darüber hinaus wird die kostendeckende Vergütung für Binnenmarkt-Windstrom und Photovoltaik sichergestellt und die überwiegende Übernahme der Netzanschlußkosten für neue Anlagen durch das zuständige Elektrizitätsversorgungsunternehmen geregelt.»

Das wäre ein erster praktischer Schritt, um mittelständische Unternehmen in den Bereichen erneuerbare Energien und Kraft-Wärme-Kopplung zu unterstützen. Die Kraft-Wärme-Kopplung, also die Nutzung der Wärme, die bei der Stromproduktion automatisch anfällt, bietet sich vor allem für kleinere Anlagen, wie sie bei den erneuerbaren Energien zu erwarten sind, an.

Ein weiterer Antrag der Grünen für die Haushaltsberatungen im November 1994 sah die Förderung der großtechnischen Herstellung der Photovoltaik in Ostdeutschland vor. Kostenpunkt 450 Millionen DM. Nachdem der Bundestag diesen Vorschlag abgelehnt hat, hat die Umweltorganisation Greenpeace zusammen mit der Ludwig-Bölkow-System-Technik begonnen, eine private Solarfabrik zu planen. Mit einem Investitionsaufwand von 13,5 Millionen DM sollen jährlich Solarmodule mit einer Gesamtleistung von etwa fünf Megawatt vom Band laufen. Zum Vergleich: Im gesamten Bundesgebiet wurden 1995 staatlich geförderte Anlagen von etwa einem Megawatt Gesamtleistung installiert. Nachdem Greenpeace in knappen drei Monaten 2.500 Kauferklärungen für die eigens entwickelte Dachphotovoltaikanlage «Cyrus» sammeln konnte, ist die Auslastung der fünf Megawattfabrik für das erste Jahr gesichert. Allerdings gerät Greenpeace in Konflikt mit den zahlreichen kleinen und mittelständischen Unternehmen, die sich heute auf dem Photovoltaikmarkt durchsetzen wollen. So behauptet die Vertretung der Branche, der Deutsche Fachverband Solarenergie (DFS), daß Greenpeace mit seinem Versuch, die «Photovoltaik mit der Brechstange zu etablieren» bei fast allen Händlern für Verkaufseinbrüche sorge (Süddeutsche Zeitung vom 1.2.96).

Genauso wie Greenpeace setzt auch EUROSOLAR mit seinen Vorschlägen nicht nur auf die – sanft gestützten – Kräfte des Marktes. Der Sprung der Photovoltaik, der Leittechnologie des Solarzeitalters, in die Massen- und Serienproduktion soll durch einen öffentlichen Markt für Sonnentechnik unterstützt werden. EUROSOLAR-Chef Scheer schreibt: «Durch gesetzliche Selbstverpflichtung der politischen Institutionen muß vorgeschrieben werden, daß alle öffentlichen Neubauten und zu renovierenden öffentlichen Gebäude mit Solardächern und Solarfassaden ausgestattet werden ...» Die Folgen eines solchen «solaren Beschaffungsprogrammes» der öffentlichen Hand wären sinkende Preise für die Solartechnik, ein neuer Markt für das Bauhandwerk und ein unübersehbares Signal für private Bauherren.

Ein öffentliches Solarbeschaffungsprogramm wäre anfangs mit hohen Kosten verbunden. Die Kosten kämen jedoch durch die Energieeinsparung mit der Zeit wieder herein.

Japan hat im Dezember 1994 einen Förderplan verabschiedet, der zu einer Vervielfachung der Solarstrom-Erzeugung durch Photovoltaik führen soll. Auf Grundlage von Investitionskostenzuschüssen an private Bauherren sollen bis zum Jahr 2000 zunächst

30.000 Dächer mit Photovoltaik-Anlagen ausgestattet werden. Ziel des japanischen Programmes ist es, die Kosten für Solaranlagen auf ein Fünftel des heutigen Niveaus zu senken. Damit wäre Solarstrom wettbewerbsfähig.

Einen vergleichbaren Förderplan hat unter dem Titel «100.000 Dächer Programm» die SPD-Bundestagsfraktion für Deutschland vorgeschlagen. Die geschätzten Kosten wären über die nächsten Jahre verteilt ungefähr 1,5 Milliarden DM. Der Bedarf für ein solches Programm ist offensichtlich. Für das vierjährige Förderprogramm Regenerative Energien des Bundeswirtschaftsministeriums waren bereits nach dem ersten Programmjahr die gesamten Mittel in Höhe von 100 Millionen DM ausgeschöpft (Süddeutsche Zeitung, 8. Januar 1996). Insgesamt waren 19.000 Anträge auf Förderung eingegangen, ohne daß die Bundesregierung übermäßig für das Programm geworben hätte. Eine Aufstockung des Programmes war Anfang 1996 nicht geplant. Bis 1998 brauchen also keine Anträge zur Förderung von Wind-, Sonnen- oder Biogasanlagen mehr gestellt zu werden. Die Entwicklung des Marktes wird durch diese Art kurzatmiger Förderprogramme eher behindert als unterstützt. Jedes Förderprogramm des Bundes oder der Länder führt zu einem kurzen Boom, der zusammenbricht, sobald die Töpfe leer sind.

Vielleicht entsteht der selbsttragende Markt für die Photovoltaik in Deutschland von unten. In Aachen vergüten die öffentlichen Stromversorger den privaten Betreibern von Photovoltaikanlagen kostendeckend jede ins Netz gespeiste Kilowattstunde. Anschließend werden die geringfügigen Mehrkosten, die dadurch für das Energieversorgungsunternehmen entstehen, auf den Strompreis umgelegt. Für Investoren in Solaranlagen wird damit Planungssicherheit geschaffen. Weitere Gemeinden haben das Aachener Modell inzwischen kopiert. Die Stromkonzerne bekämpfen dieses Modell jedoch erbittert. Sie fürchten um ihr Gebietsmonopol, wenn private Kleinerzeuger auf den Markt drängen. Nachdem die brandenburgische Stadt Spremberg sich an einem Windenergiepark auf einer ehemaligen Abraumhalde des Braunkohlebergbaus beteiligen wollte, intervenierte der örtliche Bergbaumonopolist Lausitzer Braunkohle AG (LAUBAG). Ende November erhielt die Stadt von der LAUBAG einen besonders günstigen Zwanzig-Jahres-Vertrag zur Lieferung von Strom. Vorbedingung: Die Stadtwerke Spremberg müssen für diesen Zeitraum auf eine eigenständige Energieversorgung verzichten (die tageszeitung, 6./7. Januar 1996).

Ganz anders in den USA. Dort verabschiedete der amerikanische Kongreß schon 1978 eine Gesetz, das die Stromerzeugung für den allgemeinen Wettbewerb aller Anbieter öffnet. Den großen Stromkonzernen hat die Konkurrenz nicht geschadet. Die amerikanischen Stromversorger werden verpflichtet, privat erzeugten Strom zu einem Festpreis in ihr Netz einzuspeisen. Darauf beruhte der Windenergieboom in Kalifornien. Auch in Dänemark gilt eine ähnliche Regelung. Das deutsche Stromeinspeisegesetz, das eine sehr viel bescheidenere Vergütung vorsieht, bewirkte immerhin bei uns den Durchbruch der Windenergie.

Andere Maßnahmen eines solaren Crashprogrammes sind kostenlos. Die Bauvorschriften und die Flächennutzungsplanung müssen so geändert werden, daß Photovoltaik, passive Solarnutzung und andere erneuerbare Energien – wo vertretbar – gesetzlich vorgeschrieben und administrative Hindernisse aus dem Weg geräumt werden. Die Ausbreitung der Windenergie, die sich wirtschaftlich durchgesetzt hat, wird durch unflexible Genehmigungsvorschriften behindert. Windanlagen müssen im Baugesetzbuch privilegiert behandelt werden, so wie heute beispielsweise Fernmeldemasten, für die auch kein langfristiges Genehmigungsverfahren notwendig ist. Mit Interessen des Natur- und Vogelschutzes muß ein Ausgleich gefunden werden. Wie alle anderen Anlagen, müssen auch Windmasten auf Natur- und Landschaftsbild Rücksicht nehmen. Wo Windanlagen das Landschaftsbild oder den Vogelflug nicht nachgewiesenermaßen stören, müssen sie unbürokratisch genehmigt werden.

Gegen Photovoltaikanlagen wird oft ins Feld geführt, daß sie das traditionelle Bild der Städte stören. Die Installation von Solaranlagen soll deshalb dort beschränkt werden, wo historische Gebäude optisch beeinträchtigt werden. Dasselbe gilt jedoch auch für Satellitenschüsseln und Fernsehantennen. Neue Gebäude sollen so geplant werden, daß Photovoltaikanlagen integrierter Bestandteil von Dach und Fassade sind. Ästhetische Fragen werden häufig von denen vorgeschoben, die in Wirklichkeit den Durchbruch dieser neuen Technologie verhindern möchten. Wer findet etwa ein Atomkraftwerk schön?

Auch der Bau von Wasserkraftanlagen kann zu Konflikten mit anderen Natur- und Umweltschutzbelangen führen. Sicherlich ist die Zeit der großen Staudämme bei uns in Deutschland vorbei. Pilotanlagen in Sachsen und in Mittelfranken haben jedoch gezeigt, wie hintereinander geschaltete kleinere Wasserkraftanlagen in Einklang mit dem freien Lauf der Flüsse und dem Fischzug gebracht werden können.

Generell gilt: Auch Anlagen der erneuerbaren Energien sind technologische Anlagen und unterliegen einem Genehmigungsvorbehalt. Doch die Genehmigung muß nach gerechten und nachvollziehbaren Kriterien erfolgen.

Ganz neue Perspektiven eröffnen die erneuerbaren Energien der Landwirtschaft. Dänemark hat damit begonnen, fossile Brennstoffe durch Biomasse zu ersetzen. Biomassekraftwerke müssen nicht auf Grundlage von Lebensmitteln wie Raps und Getreide betrieben werden. Landwirtschaftliche Überschüsse werden bei uns nur deswegen produziert, weil mit zuviel Dünger und Pestiziden gewirtschaftet wird. Der ökologische Landbau wird die ganze zur Verfügung stehende Fläche benötigen. Auch aus Klimaschutzgründen muß die Stickstoffdüngung zurückgefahren werden. Aus Stickstoff entsteht das klimaschädliche Lachgas (N_2O). In der Land- und Forstwirtschaft fallen zahlreiche «Abfälle» wie Stroh und Holzschnitt an. Sie können, wenn sie nicht für die natürliche Düngung benötigt werden, verbrannt werden. Für Sondernutzungen, beispielsweise in der Waldarbeit und der Schiffahrt, kann Mineralöl durch Biosprit aus Getreidealkohol oder durch den dieselähnlichen Rapsmethyläther ersetzt werden. Diese Ersatztreibstoffe gefährden, wenn sie einmal auslaufen, nicht das Oberflächen- und Grundwasser. Biomasse hat eine Nischenfunktion. Langfristig kann sie nicht soviel Energie liefern, daß beispielsweise Mineralöle durch Biosprit abgelöst werden. Biomasse ist zwar im Prinzip eine CO_2-freie Energiequelle, da nur soviel Kohlenstoff bei der Verbrennung freigesetzt wird, wie von der Pflanze zuvor durch Photosynthese der Luft entzogen wird. Allerdings werden bei der landwirtschaftlichen Produktion, bei Transport und Verarbeitung in der Regel fossile Brennstoffe, vor allem Öl, verbraucht. Kurzfristig liegt die Zukunft der erneuerbaren Energien in der Windenergie und langfristig in der Photovoltaik.

Deutschland braucht nicht nur die Anwendung der Solartechnik, sondern auch eine Solarindustrie. Deswegen war es ein sträfliches Versäumnis, daß es die Bundesregierung zugelassen hat, daß die gesamte deutsche Photovoltaikindustrie in die USA abgewandert ist. Angefangen hatte es damit, daß der weltweit größte Photovoltaikhersteller, Siemens Solar, eine gemeinsame Tochter des Elektronikkonzernes Siemens und des Stromversorgers Bayernwerke, 1993 seine gesamte Modulproduktion in die USA verlagert hatte. Ende 1995 folgte die bis dahin in Wedel bei Hamburg ansässige Firma Angewandte Solartechnik (ASE), eine Tochter des Luft- und Raumfahrtunternehmens DASA und des Energieversorgers RWE. Bei einer anderen Schlüsselindustrie wie dem Flugzeug- oder Automobilbau wäre das nie zugelassen worden. Ausreichende Forschungsmittel und ein Markteinführungsprogramm für die Photovoltaik, wie oben beschrieben, hätten diese industriepolitische Katastrophe verhindern können. Bündnis 90/Die Grünen im Bundestag haben deshalb den Bau einer staatlichen Solarfabrik diskutiert. Die europäische Solarproduktion könnte, ähnlich Projekten wie dem Airbus oder der europäischen Raumfahrt, in Zusammenarbeit mit anderen EU-Mitgliedstaaten aufgebaut werden. Die Solartechnik braucht Forschungs- und Technologiemittel, wie sie seit Jahrzehnten für die längst auf dem Markt etablierte Kernenergie ausgegeben werden. Doch das alte Ungleichgewicht besteht fort. So förderte der Bund im Jahre 1993 die erneuerbaren Energien mit 140 Millionen DM, die Kernforschung mit 521 Millionen DM und die Beseitigung nuklearer Anlagen mit 194 Millionen DM (Quelle: Klimabericht der Bundesregierung). Sogar eine Sackgassentechnologie wie die Kernfusion wird weiterhin stärker gefördert als die Erneuerbaren Energiequellen. Dabei liefern Sonne und Wind schon heute ihren Anteil zur klimafreundlichen Energieversorgung, während der Zeitpunkt der praktischen Anwendbarkeit der Fusionstechnik noch in den Sternen steht. Viele Wissenschaftler bezweifeln, daß jemals ein kommerzieller Fusionsreaktor gebaut werden kann, der Strom liefert.

Das Beispiel Forschungsförderung zeigt: Die erneuerbaren Energien brauchen den starken Staat. Sonst verpaßt Deutschland, so EUROSOLAR-Chef Scheer, «den Start in das vielleicht größte Technologiegeschäft des kommenden Jahrhunderts ...». Wer den Durchbruch dieser neuen Technologien der Wirtschaft überlassen will, will sie in Wirklichkeit nicht.

Literatur

Rede von Bundeskanzler Dr. Helmut Kohl zur Eröffnung des Ministerteils der 1. Vertragsstaatenkonferenz der Klimarahmenkonvention der Vereinten Nationen am 5. April 1995 in Berlin

Wissenschaftlicher Beirat der Bundesregierung «Globale Umweltveränderungen» (WBGU): Jahresgutachten 1995

von Weizsäcker E. U. , Lovins A., Lovins H.: Faktor 4, Droemer Knaur, München 1995.

Enquete-Kommission «Schutz der Erdatmosphäre» des Deutschen Bundestages (Hrsg.): Mobilität und Klima – Wege zu einer klimaverträglichen Verkehrspolitik, Economica Verlag, Bonn 1994.

Bundesumweltministerium: Klimaschutz in Deutschland, Nationalbericht der Bundesregierung, 1994.

Projektstelle Umwelt & Entwicklung: Stellungnahme zum Nationalbericht der Bundesregierung Klimaschutz in Deutschland, Bonn 1993

Loske R., Hennicke P.: Klimaschutz in Deutschland, Überlegungen zu einem strukturellen Dilemma deutscher Energiepolitik, in: Energiewirtschaftliche Tagesfragen 12/1993

Bundesumweltministerium: Beschluß der Bundesregierung vom 29. September 1994 zur Verminderung der CO_2-Emissionen und anderer Treibhausgasemissionen in der Bundesrepublik Deutschland, BMU 1994.

PROGNOS: Die Energiemärkte Deutschlands im zusammenwachsenden Europa – Perspektiven bis zum Jahr 2020.

Hermann Scheer: Sonnenstrategie, Politik ohne Alternative, Piper, München 1993.

Harry Lehmann/Torsten Reetz: Zukunftsenergien – Strategien einer neuen Energiepolitik, Birkhäuser, Berlin 1995.

Der Rat von Sachverständigen für Umweltfragen: Umweltgutachten 1996, Stuttgart 1996.

2. Der grüne und der graue Weg – die Wirtschaft und der Klimaschutz

«Der Triumph des Kapitalismus über den Kommunismus sollte uns nicht dazu verführen, uns selbst auf die Schulter zu klopfen. Wir sollten statt dessen erkennen, daß der Sieg des Westens uns eine neue und größere Verantwortung als bisher auflädt, Antworten auf die Fehler der kapitalistischen Wirtschaftsweise, so wie sie heute angewandt wird, zu finden.»
Al Gore, Vize-Präsident der USA, in seinem Buch «Wege zum Gleichgewicht»

Die Wirtschaft der industrialisierten Welt steht am Scheideweg. Sie kann den grünen oder den grauen Weg gehen. Der grüne Weg bedeutet: Ökologisierung unserer Volkswirtschaften. Der graue Weg heißt: Weiter so wie bisher. Welchen Weg die westlichen Industrieländer letztendlich wählen, bedeutet auch für die im wirtschaftlichen Wiederaufbau befindlichen Reformstaaten Osteuropas und die Wachstumsökonomien der Dritten Welt eine wichtige Vorentscheidung. Immer noch besitzt das westliche Entwicklungsmodell erheblichen Glanz und teilweise Vorbildfunktion für die restliche Welt.

Wir wollen im Folgenden den Grünen Weg beschreiben. Denn Klimaschutz birgt für die Wirtschaft nicht nur Risiken und Kosten, sondern auch Chancen und neue Gewinnmöglichkeiten. Damit schafft Klimaschutz auch neue Arbeitsplätze. Die Umweltforscher Ernst-Ulrich von Weizsäcker und Amory Lovins appellieren in ihrem Buch «Faktor 4», in dem sie das ungeheure Effizienzpotential, das in unserer heutigen Art des Wirtschaftens steckt, beschreiben, deshalb nicht an das umweltpolitische Gewissen, sondern an das nackte Überlebensinteresse der westlichen Wirtschaft: «Wenn die rasch wachsenden Entwicklungsländer Asiens einmal loslegen mit ihrer Effizienzrevolution, dann kann es für die alten und teuren Industrieländer bald zu spät sein. Wenn wir frühzeitig anfangen, dann geht der Strukturwandel verlustfrei und mit erheblichen Gewinnen einher. Wenn wir dagegen warten, kann es leicht zu gigantischen Strukturbrüchen und Kapitalvernichtungen kommen.»

Weil die Wirtschaft das erkannt hat – oder einfach, weil sie erkannt hat, daß sie ihrer klimapolitischen Verantwortung nicht entkommen kann – bieten ihre Spitzenverbände in der letzten Zeit immer öfter umweltpolitische Selbstverpflichtungen an. Sie erklären sich freiwillig bereit, in ihren Branchen CO_2 zu reduzieren, wenn die Regierungen im Gegenzug auf neue Gesetze und Ökosteuern verzichten. Doch nicht alle Unternehmen und Wirtschaftswissenschaftler halten diesen Selbstverzicht der Regierungen für richtig. Sie argumentieren, daß freiwillige Maßnahmen nur greifen können, wenn Ökosteuern die Preissignale richtig setzen und die gesetzlichen Rahmenbedingungen stimmen.

Das neue Interesse der Wirtschaft für den Klimaschutz hat dazu geführt, daß nicht nur Umweltverbände, sondern auch die Spitzenverbände der Wirtschaft eine aktive klimapolitische Lobbyarbeit auf nationaler, europäischer und internationaler Ebene entwickelt haben, um für ihre Konzepte zu werben. Darunter finden sich schwarze Schafe, die mit trickreichen Argumenten und versteckt zugeschobenen Kuverts Politiker und Diplomaten auf ihre Seite zu bringen verstehen, aber auch solche Wirtschaftsverbände und Unternehmen, die ernsthaft bemüht sind, ihren Beitrag zur Menschheitsaufgabe Klimaschutz zu leisten. Die Wirtschaft muß ihre endgültige Rolle noch finden. Sie hat sich noch nicht eindeutig von denjenigen distanziert, die Umweltschützer als «Ökonazis» (so Eric F. Siedler, Autor des Wall Street Journal, über die Befürworter der Ökosteuer) bezeichnen und Klimapolitik als Last für die Wirtschaft diskreditieren. Doch auch die Umweltpolitik und die Umweltverbände müssen auf die Wirtschaft zugehen und ihre Bedürfnisse ernst nehmen. Umweltpolitische Forderungen sind leicht gestellt. Viele Ökologen träumen von doppeltem Wohlstand bei halbem Naturverbrauch, von Vollbeschäftigung und einem gleichzeitigen Interessenausgleich mit der Dritten Welt. So etwas nennen die Amerikaner ein «Free Lunch», ein freies Mittagessen – und weisen darauf hin, wie selten man eine solche Einladung erhält. Genauso wie andere politische Ziele bekommen wir den Klimaschutz nicht frei Haus und umsonst geliefert, nur weil wir eine Energiesteuer einführen und andere Wundermaßnahmen zur Anwendung bringen. Als der amerikanische Präsident Ronald Reagan versprach, die Steuern zu senken, die Rüstungsausgaben zu erhöhen und gleichzeitig Arbeitsplätze zu schaffen sowie das Defizit zu verringern, nannte die Wirtschaftswissenschaft seine Vorstellungen «Voodoo Ökonomie». Was manche Umweltschützer vorschlagen, ist Voodoo Ökologie. Doch so manche der Lösungen, die die Umweltpolitik vorschlägt, sind kein fauler Zauber. Die Effizienzrevolution ist keine Schwarze Magie. Und ein neues Wohlstandsmodell, wie es im folgenden skizziert wird, gehört nicht ins Reich der Fabel, sondern in die Sphäre der politischen Realität, vorausgesetzt es wird entschlossen gehandelt.

Ein neues Wohlstandsmodell

Ende 1993 legte die Europäische Kommission den Staats- und Regierungschefs der Europäischen Union ihr Weißbuch «Wachstum, Wettbewerbsfähigkeit und Beschäftigung» vor. Die Lage der europäischen Wirtschaft war zu diesem Zeitpunkt besorgniserregend. Das jährliche Wirtschaftswachstum war seit 20 Jahren stetig gesunken, die Arbeitslosigkeit von einem Konjunkturzyklus zum anderen auf knappe 20 Millionen gestiegen und die Investitionsrate zurückgegangen. Als Gründe für diese Fehlentwicklungen konstatierte die Kommission die zu hohe Kostenbelastung des Faktors Arbeit und Rückstände bei der Forschung sowie der Entwicklung von neuen Produkten. Ein Lösungsvorschlag der Brüsseler Vordenker hieß überraschenderweise: «Umweltschutz». Die Kommission schlug eine ökologische Steuerreform vor, um die Kosten natürlicher Ressourcen zu erhöhen und im Gegenzug die Belastung des Faktors Arbeit zu senken. Dieser Vorschlag wird in einem der folgenden Kapitel beschrieben. Ein weiterer Vorschlag hieß: «Saubere Technologie als Schlüsselfaktor.» Vorgeschlagen wurde eine «verbesserte Naturproduktivität der Erzeugnisse», also ein geringerer Energie- und Rohstoffverbrauch sowohl bei der Produktion als auch beim Gebrauch von Gütern. Außerdem sollen Schadstoffe von Anfang an vermieden werden. Als Beispiel nennt das Weißbuch der Kommission leichtere Autos, die neue Werkstoffe, vor allem Kunststoffe, benötigen, bei der Produktion weniger Material und beim Fahren weniger Treibstoff verbrauchen. Das in den USA diskutierte Konzept eines umweltfreundlichen Hyper Car wird in einem der folgenden Kapitel diskutiert. Die Kommission verspricht sich von den neuen sauberen Technologien nicht nur bessere Umweltbedingungen, sondern auch eine Kräftigung der europäischen Wettbewerbsfähigkeit auf dem Weltmarkt, «da die neue Technologie nicht nur in den hochindustrialisierten Ländern, sondern auch in den neuen Industrieländern (Osteuropas und Asiens, Anm. d. A.) und Entwicklungsländern eine Notwendigkeit darstellt». Von neuen Produkten und neuen Märkten erhofft sich Brüssel deshalb auch neue Arbeitsplätze – vor allem dann, wenn die Kosten der Arbeit im Rahmen einer ökologischen Steuerreform sinken würden. Als Beispiel erwähnt das Weißbuch Energieeffizienzinvestitionen im Wohnungsbau als eine Möglichkeit, um zahlreiche neue Arbeitsplätze entstehen zu lassen. Das Weißbuch der EU-Kommission ist ein Plädoyer für eine ökologische Industriepolitik.

Klimaschutz schafft Arbeitsplätze

Vielfach wird behauptet, daß zwischen Umweltschutzmaßnahmen auf der einen Seite und Wirtschaftswachstum sowie der Schaffung von Arbeitsplätzen auf der anderen Seite ein Widerspruch besteht. Eine 1993 veröffentlichte Studie des Umweltbundesamtes scheint dem zu widersprechen. Schon 1990 waren demnach in Deutschland 680.000 Menschen unmittelbar im Umweltschutz oder bei der

Herstellung von Umweltschutzgütern beschäftigt. Eine weitere halbe Million grüner Jobs wird bis zum Jahr 2000 erwartet. Ist Umweltschutz also im Gegensatz zur landläufigen Meinung nicht Wachstumsbremser, sondern Wachstumsmotor?

Vielfach wird argumentiert, daß weiteres wirtschaftliches Wachstum und damit ein steigender Energieverbrauch notwendig sein werden, um teure Umweltschutzmaßnahmen erst zu finanzieren. In einer für die Welthandelsorganisation WTO verfaßten Studie wird behauptet, daß zwischen Wachstum und Umweltschutz ein unmittelbarer Zusammenhang besteht. So wird die hohe Luftverschmutzung in den Metropolen der Dritten Welt, wie Mexico City oder Kairo, verglichen mit der Situation in europäischen oder amerikanischen Großstädten, wo moderne Filtertechnologien für Fabrikanlagen und die technische Überwachung der Automobile in den vergangenen Jahrzehnten zu einer erheblichen Verbesserung der Luftqualität geführt haben. Tatsächlich können sich nur die reichsten Länder die teuersten nachsorgenden Reinigungstechnologien, beispielsweise bei Filter- und Kläranlagen und bei der Abfallentsorgung, leisten. Durch diese nachsorgenden Umweltschutztechnologien entstehen schließlich die meisten Arbeitsplätze. Aus dieser Argumentationskette wird oftmals der Schluß gezogen, daß allzu strenge Umweltauflagen dadurch, daß sie das wirtschaftliche Wachstum abbremsen, für die Umweltqualität kontraproduktiv seien.

Trifft für den Klimaschutz diese Logik ebenfalls zu? Wenn es auch in den westlichen Industrieländern in den vergangenen Jahren gelungen ist, die meisten klassischen Luftschadstoffe wie Schwefel und Stickoxide zu reduzieren, so gilt das nicht für den weiterhin steigenden Energieverbrauch und die daran gekoppelten CO_2-Emissionen. Ist eine drastische Reduktion der CO_2-Emissionen unter wirtschaftlich vertretbaren Bedingungen überhaupt möglich? Die Spitzenverbände der deutschen Wirtschaft argumentieren dagegen: Ein anspruchsvolles Klimaschutzziel ließe sich nur mit höheren Energiekosten und einer Einschränkung zahlreicher wirtschaftlicher Tätigkeiten, vor allem des Personen- und Gütertransportes, erreichen. Damit werde der Wachstumsmotor gedrosselt. Die Folge: Arbeitsplatzverluste. Weil für den Klimaschutz außerdem hohe Investitionen notwendig seien, könne das Geld nicht anderweitig ausgegeben werden. Produktivere Investitionen und damit Arbeitsplätze blieben auf der Strecke.

Auch die Umweltorganisation World Wide Fund for Nature (WWF) hat die Beschäftigungseffekte von Klimaschutzmaßnahmen für Deutschland untersucht – und ist dabei zu einem gänzlich anderen Ergebnis gekommen. Unterstellt wird eine Reduktion des CO_2-Ausstoßes um 40 Prozent von 1990 bis 2020. Zugrunde gelegt werden wirtschaftliche Szenarien so anerkannter Forschungsinstitute wie des Fraunhofer Institutes für Systemtechnik und des Deutschen Institutes für Wirtschaft (DIW). Die Autoren schreiben: «Das herausragende Ergebnis ist, daß die Beschäftigung in praktisch allen Szenarien während des gesamten Untersuchungszeitraumes zunimmt» – je nach Szenario um 60.000 bis 600.000 Arbeitsplätze.

Um zu verstehen, wie so unterschiedliche Einschätzungen zustande kommen, soll an dieser Stelle ein kurzer Ausflug in die volkswirtschaftliche Theorie erfolgen. Diejenigen Volkswirtschaftler, die den wirtschaftlichen Auswirkungen von Klimaschutzmaßnahmen skeptisch gegenüber stehen, gehen bei ihrer Analyse normalerweise von sogenannten «Top Down» (von oben nach unten) Modellen aus. Die zugrundeliegende Idee ist, daß die Wirtschaft bereits auf die für sie optimale Weise funktioniert. Alle möglichen Effizienzgewinne, die rentabel wären, haben sich demnach schon von selbst eingestellt. Zusätzliche Maßnahmen, beispielsweise um die Umwelt zu schützen, kosten Geld und gehen auf Kosten anderer Investitionen. Top Down Modelle setzen einen perfekten Markt voraus, in dem alle sinnvollen Effizienzverbesserungen sofort vorgenommen werden. Weil der Markt nicht perfekt ist, sondern auf vielfältige Weise, beispielsweise durch mangelnde Information der Marktteilnehmer über technische oder organisatorische Innovationen oder durch Monopolstrukturen in einigen Bereichen, wie zum Beispiel der Energiewirtschaft, gehemmt wird, bilden Top Down Modelle die Wirklichkeit immer nur unvollständig ab.

Dem gegenüber stehen die sogenannten «Bottom Up»- (Von unten nach oben) Modelle, die mit der Analyse von Teilbereichen der Wirtschaft beginnen und die Ergebnisse zum volkswirtschaftlichen Gesamtbild aufsummieren. Klimapolitische Bottom Up-Modelle entstehen wie folgt: Das technisch und kostenneutral erreichbare CO_2-Minderungspotential einzelner Sektoren, beispielsweise im Kraftwerksbau oder in der Wärmedämmung, wird analysiert und zu einem gesamtwirtschaftlichen CO_2-Minderungspotential zusammengerechnet. Die meisten Bottom Up-Modelle gehen von der Vermutung aus, daß zahlreiche rentable CO_2-Minderungspotentiale vorhanden sind. Bottom Up-Modelle tendieren dazu, gesamtwirtschaftliche Wechselwirkungen – und damit die realen Kosten von Klimaschutzmaßnahmen – zu unterschätzen. Technisch realisierbare Energiesparpotentiale in einem Unternehmensbereich können in der Praxis nicht immer sofort wahrgenommen werden. Einige der möglichen Hemmnisse sind der Mangel an verfügbarem Investitionskapital, langfristige Verträge mit Zulieferbetrieben und Kunden, die keine unmittelbaren Veränderungen in der Produktion zulassen, oder einfach eingefahrene Organisationsabläufe. Inzwischen wird versucht, Top Down- und Bottom Up-Analysen in komplexen Modellen miteinander zu verbinden. Auf einer Reihe solcher Mischmodelle basiert die oben zitierte Studie des Umweltverbandes WWF.

Für einige Wirtschaftsbereiche liegen nicht nur arbeitsmarktpolitische Szenarien sondern erste konkrete Erfahrungen vor. So hat die rasante Entwicklung der Windkraft in Deutschland seit Anfang der neunziger Jahre rund 5.000 Arbeitsplätze geschaffen. Rund 1.400 Arbeitsplätze entstanden nach Angaben der Forschungsgruppe Windenergie der Universität München direkt bei der Produktion von Windkraftanlagen, der Rest bei der Zulieferindustrie, bei Planungsbüros und im technischen Wartungsdienst (Süddeutsche Zeitung vom 5.2.96). Der Leiter der Münsteraner Forschungsgruppe, Norbert Allnoch, beklagt deshalb: «Es ist außerordentlich bedauerlich, daß die Windkraft in Deutschland fast ausschließlich unter energiepolitischen Aspekten diskutiert, der industriepolitische Aspekt aber weitgehend vernachlässigt wird.»

Wenn die Beschäftigungseffekte einer konsequenten Klimapolitik zwar positiv, aber nur schwach positiv sind, rechtfertigt dann das Argument Klimaschutz die hohen notwendigen Investitionen? Sind nicht andere wirtschaftliche Rezepte notwendig, um die Arbeitslosigkeit zu bekämpfen? Sicherlich werden Umwelt- und Klimaschutz die Standort- und Arbeitsplatzprobleme Deutschlands und der EU nicht von alleine lösen. Klimapolitik muß um des Klimas willen betrieben werden und ist kein Mittel zum Zweck. Doch existieren für kaum einen Wirtschaftszweig so berechtigte Hoffnungen, daß mit neuen Produkten neue Märkte gewonnen werden können, wie für Energieeffizienz und erneuerbare Energien. Und derjenige, der als erster in diese neuen Märkte investiert, hat einen Startvorteil, der sich dann, wenn die Märkte voll ausgebildet sind, auszahlen wird. In bezug auf die Arbeitsplatzerwartungen liegen belastbare Zahlen vor, die – wie gerade dargestellt – nach oben weisen. Doch niemand weiß, was passiert, wenn wir diese Märkte verlieren und Umwelttechnik im Ausland werden kaufen müssen.

Reichen Selbstverpflichtungen aus?

Die deutsche Wirtschaft hat sich schon frühzeitig gegen die Einführung einer Energiesteuer und weiterer gesetzlicher Maßnahmen zum Klimaschutz ausgesprochen. Statt dessen bot der Bundesverband der Deutschen Industrie (BDI) schon im Vorfeld des Erdgipfels von Rio eine freiwillige Selbstverpflichtung der Wirtschaft zur Senkung des Energieverbrauches und die Durchführung kostengünstiger klimapolitischer Maßnahmen im Ausland, das an anderer Stelle beschriebene «Joint Implementation», an. Nachdem das Bundesumweltministerium vor der Berliner Klimakonferenz den Druck auf die Wirtschaftsspitzenverbände erhöht hatte, erklärte der BDI am 10. März 1995: «Auf freiwilliger Basis ist die deutsche Wirtschaft bereit, besondere Anstrengungen zu unternehmen, ihre spezifischen CO_2-Emissionen bzw. den spezifischen Energieverbrauch bis zum Jahre 2005 (Basis 1987) um bis zu 20 Prozent zu verringern.» Ähnliche Versprechungen haben die Wirtschaftsverbände in anderen Ländern, beispielsweise den USA und den Niederlanden, abgegeben.

Der politische Preis in Deutschland war die Zurückstellung der lange geplanten Wärmeschutzverordnung durch die Bundesregierung. Die 1992 im Entwurf vorgestellte Verordnung sieht Mindestwirkungsgrade für Kraftwerke, die Aufstellung von Wärmenutzungskonzepten für industrielle Anlagen und daraus folgernd die Ausschöpfung aller kosteneffizienten Energiesparmaßnahmen im Wärmebereich vor. Die Wärmenutzungsverordnung galt neben der CO_2-/Energie-Steuer als Kernstück des deutschen CO_2-Minderungsprogrammes.

Für den Fall, daß Deutschland im Alleingang oder in der Europäischen Union eine CO_2-/Energie-Steuer einführen sollte, kündigt die Bundesregierung an, daß die einmal erbrachten «Eigenanstrengungen der Wirtschaft bei der Ausgestaltung der angesprochenen Regelung voll berücksichtigt werden.» Das könnte bedeuten, daß diejenigen Branchen, die freiwillig ihren CO_2-Ausstoß reduziert haben, von der Steuer ganz oder teilweise freigestellt werden.

Vor allem zwei Tatsachen machen die Selbsterklärung der Wirtschaft klimapolitisch problematisch. Statt einer absoluten Senkung der CO_2-Emissionen wurde lediglich eine spezifische Reduktion pro Produktionseinheit versprochen. Im Falle eines Wirtschaftswachstums wird die spezifische Effizienzverbesserung durch den Produktionsanstieg ganz oder teilweise wieder aufgehoben. Besonders augenfällig ist dieser Sachverhalt für die Automobilindustrie. Die Autobranche verspricht eine Senkung des spezifischen Benzinverbrauchs um 25 Prozent bis zum Jahre 2005, erhofft sich allerdings noch höhere Absatzsteigerungen. Der CO_2-Ausstoß aus deutschen Auspuffrohren darf weiter ansteigen. Selbst wenn die Wirtschaft es unter dem Strich schafft, ihren CO_2-Ausstoß bis zum Jahre 2005 zu senken, bleibt sie weit hinter dem 25 Prozent Ziel der Bundesregierung zurück.

Das Deutsche Institut für Wirtschaftsforschung (DIW) und das Wuppertal Institut für Klima, Umwelt, Energie haben die Selbstverpflichtungserklärung der deutschen Wirtschaft zur Klimavorsorge und die Einzelerklärungen der Branchen analysiert. Beide Forschungsinstitute stellten fest, daß die Versprechungen der Wirtschaft hinter den möglichen Einsparpotentialen zurückbleiben. Teilweise wurden sogenannte Trendeinsparungen, also der normale technische Fortschritt, der unabhängig von besonderen klimapolitischen Maßnahmen eintreten würde, den Selbstverpflichtungen der Einzelbranchen zugrunde gelegt. Viele Branchen haben die versprochenen Reduktionen bereits alleine durch den wirtschaftlichen Zusammenbruch der Industrie Ostdeutschlands erreicht. Manche Industriezweige mahnen einen Verbesserung der staatlichen Rahmenbedingungen an, um ihre Selbstverpflichtung erfüllen zu können. Die Einführung einer CO_2/Energiesteuer wird von allen Branchen abgelehnt. Beispielhaft ist die Argumentation des Verbandes der Chemischen Industrie Deutschlands (VCI): «Fiskalische Instrumente, wie die vorgeschlagenen Ökosteuern, lehnt die chemische Industrie als ungeeignet ab. Sie sind ökologisch und ökonomisch kontraproduktiv und entziehen den Unternehmen Investitions- und Forschungsmittel. Sie führen zu Standortnachteilen, weil sie international nicht einheitlich durchsetzbar sind.» (Presseerklärung des VCI zum Berliner Klimagipfel vom 23.2.1995)

Bleiben wir bei der Chemieindustrie. Die CO_2-Emissionen der Branche sollen vom Bezugsjahr 1987 bis zum Jahre 2000 um 43 Prozent sinken. Davon waren 37 Prozent im Jahre 1993 schon erreicht. Die Chemieindustrie der ehemaligen DDR war fast vollständig stillgelegt worden. Übrig bleiben weitere 6 Prozent in 7 Jahren und damit eine durchschnittliche Einsparung von 0,9 Prozent jährlich. Angesichts dessen, daß im vorhergehenden Siebenjahreszeitraum 1985–1992 in Westdeutschland eine jährliche Einsparquote von 2,3 Prozent erreicht werden konnte, wird ersichtlich, daß die Chemieindustrie weniger verspricht, als sie ohnehin halten wird. Das Wuppertal Institut folgert: «Eine derartige Verlangsamung der Innovations- und Investitionstätigkeit in der Chemischen Industrie erscheint wenig plausibel.» Diese Schlußfolgerung bleibt auch dann erlaubt, wenn in einzelnen Produktionsbereichen schon ein Sättigungsgrad für Energieeffizienzmaßnahmen erreicht sein sollte. Dabei nennt die Selbstverpflichtungserklärung der Chemiebranche selbst mögliche Betätigungsfelder für den klimapolitischen Ehrgeiz. Neuinvestitionen oder der Ersatz bestehender Anlagen führen genauso wie Produkt- oder Verfahrenswechsel in der Regel zu mehr Energieeffizienz. Innerhalb der Branche findet ein steter Strukturwandel weg von der energieintensiven Grundstoffindustrie hin zu hochwertigen Gütern der Pharmaindustrie oder Biotechnologie statt. Dadurch wird die Grundstoffproduktion allerdings in der Regel nicht abgeschafft, sondern ins Ausland verlagert. Auch die

Wiederverwertung von Kunststoffen, wie sie ohnehin zur Abfallverminderung angestrebt wird, ist in der Regel weniger energieintensiv als deren Neuproduktion. Durch Kraft-Wärme-Kopplung und eine bessere Wärmenutzung kann die Prozeßwärme weiter gesenkt werden.

Die Presseerklärung der Chemie-Industrie zum Berliner Klimagipfel bekennt sich auch zu den Klimaauswirkungen ihrer Produkte. Beispielsweise leisten «Wärmedämmstoffe und Werkstoffe mit hoher Lebensdauer und Gewichtsersparnis bei Transport und Transportmitteln» – «einen wesentlichen Beitrag zur Minimierung des Energieverbrauches». Schließlich bekennt sich die deutsche Chemieindustrie zu ihrer internationalen Vorreiterrolle: «Der Export energieeffizienter Anlagen und Technologien ermöglicht weltweite zusätzliche Beiträge zur Verminderung treibhauswirksamer Emissionen.» Angesichts dieses selbsterkannten hohen Potentials mutet die magere Selbstverpflichtungserklärung der deutschen Chemiebranche allzu bescheiden an. Wer soviel kann, der muß auch mehr leisten.

Die Selbstverpflichtungserklärung der deutschen Stromerzeuger, organisiert in der Vereinigung Deutscher Elektrizitätswerke (VDEW), hat weniger den Charakter eines Angebotes, als eines Forderungskataloges an die deutsche Politik. Der VDEW setzt sich das Ziel, die CO_2-Emissionen bei der Stromerzeugung von 1987 bis 2015 um 25 Prozent zu vermindern. Dafür wird verlangt, daß alle bestehenden Kernkraftwerke bei erhöhter Leistung weiterbetrieben werden und ein weiteres AKW im rheinland-pfälzischen Mühlheim-Kärlich in Betrieb gehen wird. Erneuerbare Energien sollen in den kommenden drei Jahrzehnten nur in Pilot- und Demonstrationsvorhaben eine Rolle spielen. Die Elektrizitätswirtschaft geht außerdem von einem Anstieg des Stromverbrauches um 1 Prozent jährlich, also um insgesamt 28 Prozent bis zum Zieljahr 2015 aus. Die Festlegung gesetzlicher Rahmenbedingungen für eine Integrierte Ressourcenplanung (IRP), mit der der Stromverbrauch begrenzt werden könnte, lehnt der VDEW ab. Statt dessen will der Verband einen Leitfaden erstellen, falls einzelne Unternehmen sich doch für IRP-Programme entscheiden sollten. Die Klima-Enquetekommission des Deutschen Bundestages hatte in ihrem Klimaschutzszenario der Elektrizitätswirtschaft mehr zugetraut. Bei einem konstanten Beitrag der Kernenergie zur Stromeinsparung stellte die Enquete-Kommission bis 2015 ein CO_2-Reduktionspotential von 45,8 Prozent fest, beim Ausstieg aus der Kernenergie immerhin noch mögliche 32,1 Prozent. Voraussetzung dafür sind allerdings die konsequente Durchführung von Integrierter Ressourcenplanung und der Einstieg in die erneuerbaren Energien.

Einer der potentiellen Gewinner einer fortschrittlichen Klimapolitik ist die Gaswirtschaft. Sowohl bei der Strom- als auch bei der Wärmeerzeugung geht der Trend aus Umwelt- und Kostengründen weg von Kohle und Öl hin zum Erdgas. Der Branchenvertreter Bundesverband für Gas- und Wasserwirtschaft (BGW) verspricht deshalb zwar eine Minderung des spezifischen Verbrauches bei der Wärmeerzeugung durch Erdgas durch technische Verbesserungen bei Erdgasbrennern und Brennwertkesseln sowie durch Kraft-Wärme-Kopplung in Gaskraftwerken, möchte sich aber nicht auf ein absolutes CO_2-Minderungsziel für die Branche festlegen. Die Gaswirtschaft möchte wachsen und hat das Gefühl, damit schon ausreichend für den Umweltschutz zu tun. Die Erdgasanbieter sind damit zwar die Einäugigen unter den Blinden, könnten aber mehr tun, wenn sie nicht nur den Brennstoff Gas, sondern als Energieserviceunternehmen ganze Nutzwärmekonzepte anbieten würden. Ein hohes Effizienzpotential besteht bei gasbetriebenen Haushaltsgeräten und selbstverständlich im Gebäudebereich bei der Wärmedämmung. Das Zauberwort heißt auch hier wieder Integrierte Ressourcenplanung. Doch staatliche Reglementierung lehnt der BGW ab.

Wie sind die Selbstverpflichtung der deutschen Wirtschaft und der daran gekoppelte Verzicht der Bundesregierung auf zwei Kernmaßnahmen ihres Klimaprogrammes zu bewerten?

Selbstverpflichtungen sind nichts an sich Schlechtes. Auch wenn der Leitsatz des liberalen Wirtschaftsministers Rexrodt «Wirtschaft findet in der Wirtschaft statt» die Wirklichkeit holzschnittartig vereinfacht, so trifft es doch zu, daß Ingenieure ihre Anlagen besser kennen als Wissenschaftler und Beamte. Doch mit ihrer Selbstverpflichtungserklärung hat sich die deutsche Wirtschaft nicht übernommen. Auf Grundlage einer ehrlichen Analyse der branchenspezifischen Einsparpotentiale muß nachgebessert werden. Aus klimapolitischer Sicht interessieren dabei die absoluten CO_2-Emissionsminderungen und keine spezifischen Werte, die durch mehr Produktion wieder aufgefressen werden. Eine pauschale Selbstverpflichtung der Gesamtwirtschaft, wie sie im Vorfeld des Berliner Klimagipfels abgegeben wurde, ist kaum zu überwachen und für die Bundesregierung nicht einklagbar. Deshalb sind detaillierte Branchenvereinbarungen notwendig, die durchaus auf branchenspezifische Unterschiede wie «industriespezifische physikalische Grenzen von Reduktionspotentialen oder unterschiedlichen strukturellen Wandel», wie es in der Erklärung des Bundesverbandes der Deutschen Industrie (BDI) heißt, Rücksicht nehmen können. Das vom amerikanischen Energieministerium initiierte Climate Challenge Programm geht darüber noch hinaus. Die US-Regierung hat nicht nur eine Rahmenvereinbarung mit der Elektrizitätswirtschaft geschlossen, sondern Hunderte von Einzelvereinbarungen mit den Unternehmen der Branche. Manche Stromerzeuger verpflichten sich zu einer pauschalen CO_2-Reduzierung, andere Unternehmen zu speziellen Maßnahmen, wie beispielsweise der Förderung erneuerbarer Energien, und wieder andere wollen durch Investitionen im Ausland ihren Beitrag zur CO_2-Reduktion leisten. Auf das Climate Challenge Programm und andere freiwillige Vereinbarungen, die die US-Regierung mit ihrer Wirtschaft zum Klimaschutz geschlossen hat, geht eines der folgenden Kapitel ein.

Das DIW und das Wuppertal Institut bezweifeln, daß der Verzicht auf gesetzliche Maßnahmen wie die CO_2-/Energie-Steuer und die Wärmenutzungsverordnung als Gegenleistung für die Selbstverpflichtungserklärung der Wirtschaft klug ist. Eine Änderung der gesetzlichen und steuerlichen Rahmenbedingungen, so wird argumentiert, stehe der Eigeninitiative der Wirtschaft nicht zwangsläufig entgegen, sondern könne sogar unterstützend wirken. Das Kernstück der Wärmenutzungsverordnung, die Erstellung betrieblicher Wärmenutzungskonzepte, bringt die Vielfalt der vermuteten kosteneffizienten Energiesparmaßnahmen im Betrieb erst zutage. Weitere Effizienzpotentiale werden durch das von einer Klimaschutzsteuer ausgelöste Preissignal rentabel. Das Wuppertaler Klimainstitut schlägt statt dessen folgenden Kompromiß vor. Die Maßnahmen «durchlaufen zwar das Gesetzgebungsverfahren, werden aber mit einer Aussetzungsklausel versehen, die im Detail die Bedingungen festlegt, unter denen eine Untererfüllung der Ziele der Selbstverpflichtungserklärung zu einem – gestaffelten – Inkrafttreten des Gesetzes führt.» Auf diese Weise wird die Selbstverpflichtung der Wirtschaft nicht zum Selbstverzicht der Bundesregierung.

Die Grünen ...

Nicht die gesamte Wirtschaft steht umwelt- und klimapolitischen Reformen skeptisch gegenüber. In drei unterschiedlichen Organisationen haben sich umweltbewußte Unternehmen in Deutschland inzwischen zusammengeschlossen. Der Bundesarbeitskreis Umweltbewußtes Management (BAUM) wurde 1984 als überparteiliche Umweltinitiative der Wirtschaft gegründet. Ziel von BAUM ist es, Unternehmen und staatliche Institutionen für die Probleme des Umweltschutzes weiter zu sensibilisieren und darzustellen, daß es auch aus unternehmerischer Sicht sinnvoll ist, freiwillig und über die gesetzlichen Anforderungen hinaus Umweltschutzmaßnahmen umzusetzen. So berät BAUM seine Mitgliedsunternehmen bei der Durchführung ökologischer Modernisierungsmaßnahmen, beispielsweise bei der Durchführung betrieblicher Umweltprüfungen, sogenannter Öko-Audits. BAUM ist inzwischen Mitglied des von der Organisation initiierten weltweiten Netzwerkes «International Network for Environmental Management (INEM)» mit Mitgliedsorganisationen in inzwischen 30 Ländern (Stand 1995).

Während im Verein BAUM vor allem kleine und mittelständische Unternehmen derjenigen Branchen, die inzwischen am Umweltschutz mitverdienen, organisiert sind, finden sich in einem weiteren Zusammenschluß, dem Umweltförderkreis «Future», deutsche Großunternehmen, die nicht nur in der Umweltbranche tätig sind, wieder. In Ergänzung zu Umweltbildungsprogrammen, wie sie auch BAUM anbietet, stellt Future die Präsentation der Umweltschutzanstrengungen seiner Mitgliedsorganisationen in den Mittelpunkt seiner Aktivitäten.

Während BAUM sich als Serviceeinrichtung und Future als Präsentationsforum für ihre Mitglieder verstehen, begreift sich der neue Wirtschaftsverband «Unternehmensgrün» als politische Interessengruppe für ökologische Reformen. Unternehmensgrün wurde aus den Reihen der baden-württembergischen Grünen gegründet, ist aber parteipolitisch nicht gebunden. Inzwischen ist die Organisation bundesweit aktiv. Ähnlich wie die etablierten Spitzenverbände der deutschen Wirtschaft, der Bundesverband der Deutsche Industrie (BDI) oder der Deutsche Industrie und Handelstag (DIHT), nimmt Unternehmensgrün zu tagespolitischen Themen Stellung.

Auch innerhalb der klassischen Wirtschaftsverbände tut sich etwas. Seit einigen Jahren arbeiten der Umweltverband BUND und der Bundesverband Junger Unternehmer (BJU) zusammen. Die Kooperation BUND/BJU forderte im Herbst 1994 die Einführung einer nationalen Energie/CO_2-Steuer. Dem Aufruf schlossen sich auch einige deutsche Großunternehmen, wie der Haushaltsgerätehersteller AEG und das Versandhaus Otto an.

Auch das Handwerk erkennt in einer konsequenten Klimapolitik Zukunftschancen. Handwerkliche Berufe könnten in besonderem Maße von Energieeffizienzmaßnahmen, von der Installation von Anlagen der erneuerbaren Energien und von neuen Wartungs- und Beratungsdienstleistungen profitieren. Die Hamburger Handwerkskammer unterstützte deshalb als erste ständische Vertretung die Ökologische Steuerreform.

Schon 1992 gründete sich in Amerika unter dem Namen «Business Council for a Sustainable Energy Future» eine Lobbyorganisation von Wirtschaftsunternehmen für fortschrittliche Klimapolitik. Mit dabei sind Unternehmen aus den Branchen Strom, Gas, erneuerbare Energien und Energieeffizienz sowie Umweltorganisationen und Forschungsinstitute. Im Februar 1996 wurde unter der Bezeichnung «E5» das europäische Pendant gegründet. Der fünffache Buchstabe E steht für Energie, Umwelt (Environment), Wirtschaft (Economy), Beschäftigung (Employment) und Effizienz. Mitglieder von E5 sind Unternehmer und Unternehmen, die ihr Geschäft ganz oder teilweise mit effizienten Energietechnologien oder erneuerbaren Energien machen. Die Gründungserklärung der Organisation stellt fest, daß Klimaschutzanforderungen von den Unternehmen mit den modernsten, international wettbewerbsfähigen Technologien beantwortet werden können, «so daß durch Klimaschutz gleichzeitig der wirtschaftliche Erfolg verbessert werden kann». Je frühzeitiger Unternehmen den Trend zu umweltschonenden und ressourcensparenden Technologien erkennen, desto besser sind sie internationalen Trends gewachsen. Interessant: Die neugegründete Organisation setzt sich für die Liberalisierung des europäischen Energiebinnenmarktes, die Abschaffung umweltschädlicher Subventionen und die Integrierte Ressourcenplanung ein. Auch bei den UN-Klimaverhandlungen wollen die Unternehmen von E5 zukünftig präsent sein – und begeben sich damit auf Konfrontationskurs mit den traditionellen Industriedachverbänden. Abzuwarten bleibt, welche Taten den radikalen Worten folgen. Der amerikanische Business Council gehörte auf dem Berliner Klimagipfel zu denjenigen Industriegruppen, die sich gegen ein CO_2-Reduktionsabkommen aussprachen.

... und die Grauen

Den grünen Wirtschaftsverbänden, deren Mitglieder ihr Geld mit der ökologische Modernisierung verdienen, stehen die unendlich größeren und mächtigeren traditionellen Wirtschaftsdachverbände wie der Bundesverband der Deutschen Industrie (BDI) und der Deutsche Industrie und Handelstag (DIHT) gegenüber. In ihren Reihen finden sich auch die vermeintlichen und wirklichen Verlierer der Modernisierung. Dazu gehören vor allem der Kohlebergbau, die Energiewirtschaft, sowie die Stahl- und Chemieindustrie. Gerade diese Branchen sind durch den wirtschaftlichen Strukturwandel schon heute bedroht. Den Umweltschutz empfinden sie als zusätzliche Belastung. Innerhalb der Wirtschaftsspitzenverbände haben diese alten und traditionsreichen Branchen erhebliches Gewicht. Auch die Gewerkschaften in diesen Branchen sind besonders konservativ und Umweltschutzmaßnahmen gegenüber wenig aufgeschlossen. Die IG Chemie und die IG Bergbau sind die einzigen Einzelgewerkschaften im DGB, die eine nationale CO_2-/Energie-Steuer ablehnen. Sowohl Arbeitgeber als auch Arbeitnehmer zeichnen sich in diesen traditionellen Branchen durch einen besonders hohen Organisationsgrad aus. Das verstärkt ihren politischen Einfluß. Auf die Rolle der Gewerkschaften wird in einem der folgenden Kapitel gesondert eingegangen.

Andere Branchen wie der Maschinenbau könnten potentiell von einem Boom energieeffizienter Technologien profitieren. Doch aus der homogenen Meinungsfront der Wirtschaftsspitzenverbände brechen auch die Gewinner des Klimaschutzes ungern aus. Die langjährigen Auseinandersetzungen mit den Gewerkschaften in der Tarifpolitik und mit der Regierung in der Sozialpolitik haben innerhalb der Wirtschaft einen falsch verstandenen Korpsgeist und die Illusion, daß es auch im Umweltschutz ein gemeinsames Interesse der Wirtschaft gibt, entstehen lassen. Ohne diesen Korpsgeist aufzubrechen und der Mehrheit der Wirtschaft zu vermitteln, daß es keine Zukunft jenseits der umweltpolitischen Notwendigkeiten, aber zahlreiche Zukunftschancen mit ökologischen Innovationen gibt, ist Klimaschutz nicht durchsetzbar.

Schmutziges Dreieck auf diplomatischem Parkett

Die Wirtschaft übt nicht nur, wenn national über klimapolitische Maßnahmen entschieden wird, ihren Einfluß aus, sondern ist auch bei den internationalen Klimaverhandlungen seit Jahren präsent. Die Verhandlungen zur UN-Klimakonvention sind ein besonders trauriges Beispiel dafür, wie das Erscheinungsbild der Wirtschaft von Vertretern des alten Denkens bestimmt wird. Das Erscheinungsbild der sogenannten «grauen Nichtregierungsorganisationen (NRO)» – im Gegensatz zu den grünen NRO, den Umweltverbänden, – bei den UN-Klimaverhandlungen wird von einer kleinen, aber entschlossenen Gruppe dominiert. Dies ist die amerikanische Öl- und Kohlelobby, die jeden Fortschritt in den internationalen Klimaverhandlungen als Schlag gegen ihre wirtschaftlichen Interessen versteht. Deswegen hat sie sich mit anderen Gegnern eines internationalen Klimaschutzabkommens, der Organisation der ölexportierenden Staaten (OPEC) und der amerikanischen Rechten, verbündet. Die OPEC hat, ähnlich wie die Öl- und Kohleindustrie,

Angst um ihre Märkte. Wenn Energie gespart und auf den CO_2-ärmeren Brennstoff Gas umgestiegen wird, wird langfristig tatsächlich weniger Kohle und Öl verkauft. Kurzfristig wird der Energieverbrauch weltweit weiter wachsen, selbst wenn die Industrieländer damit beginnen zu sparen. Dafür sorgt schon das rasante Wirtschaftswachstum in den ostasiatischen Staaten. Außerdem geht langfristig zumindest das Öl, irgendwann auch die Kohle, zur Neige. Den Industriezweigen, die ihr Geld mit fossilen Energien verdienen, müßte also langfristig daran gelegen sein, die Vorräte zu strecken. Doch in den Königshäusern Arabiens und den Vorstandsetagen von Exxon regiert kurzfristiges Denken. Ein völkerrechtlich verbindliches CO_2-Minderungsabkommen wollen diese Interessenvertreter in jedem Falle verhindern, auch wenn sie kurzfristig keine Verluste zu befürchten haben. Ihr Motto heißt: Wehret den Anfängen. Der Dritte im Bunde dieser klimapolitischen Verhinderungskoalition war oft die amerikanische Regierung. Sie vertritt nur einen Teil der amerikanischen Wirtschaft, wenn sie sich zum Fürsprecher der Kohle- und Ölinteressen macht. Ihre Vorbehalte sind nicht nur wirtschaftlicher, sondern auch ideologischer Art. Sie bestehen aus grundsätzlicher Skepsis gegenüber internationalen Abkommen.

Die amerikanischen Umweltverbände nennen diese Konstellation das «schmutzige Dreieck». Den Protagonisten des schmutzigen Dreiecks war es zu verdanken, daß auf dem Erdgipfel von Rio nur eine unverbindliche Klimarahmenkonvention verabschiedet wurde. Und seit der Klimakonferenz von Berlin verhindern sie, daß dieser Rahmen mit konkreten Vereinbarungen zur CO_2-Reduktion gefüllt wird.

Klimapolitische Maßnahmen, vor allem wenn sie international harmonisiert eingeführt werden, können hohe Kosten mit sich bringen. Insofern ist es verständlich, daß die Wirtschaft mit Vorsicht agiert. Doch der ökologische Strukturwandel birgt nicht nur Risiken, sondern auch Chancen. Neue Produkte werden benötigt und neue Märkte entstehen. Manche Branchen werden verlieren, einige gewinnen und für die meisten wird sich die Art und Weise zu produzieren ändern. Diesen Strukturwandel zu einer ressourcen- und energieeffizienteren Wirtschaftsweise kann die Wirtschaft mitgestalten, wenn sie sich zu einer konstruktiven Haltung durchringt.

Eine Voraussetzung dafür ist es, daß nicht nur die Lobby der Kohle- und Ölindustrie eines einzigen Landes, der USA, am internationalen Verhandlungstisch sitzt, sondern andere Branchen aus anderen Ländern sich ebenso engagieren. Europäische Wirtschaftsverbände werden auf internationalem Umweltparkett bisher selten gesichtet. Damit vergibt die deutsche und europäische Wirtschaft ihre Chance, mitzugestalten und sich auf die kommenden internationalen Klimavereinbarungen einzustellen.

Literatur

Europäische Kommission: Weißbuch zu Wachstum, Wettbewerbsfähigkeit, Beschäftigung, Luxemburg 1993

Ernst Ulrich von Weizsäcker: Umweltstandort Deutschland. Argumente gegen die ökologische Phantasielosigkeit, Birkhäuser, Berlin 1994.

Umweltbundesamt (Hrsg.): Beschäftigungswirkungen des Umweltschutzes. Stand und Perspektiven. UBA Berichte 5/93, Berlin 1993.

Katrin Ostertag & Kai Schlegelmilch: Beschäftigungseffekte von Klimaschutzmaßnahmen. Literaturstudie: Deutschland. WWF, 1996.

Peter Hennicke (Hrsg.): Klimaschutz – Die Bedeutung von Kosten-Nutzen-Analysen, Birkhäuser, Berlin 1995.

Deutsches Institut für Wirtschaftsforschung: Selbstverpflichtung der Industrie zur CO_2-Reduktion, DIW Sonderheft 152, Berlin 1994.

Fischedick M., Kristof K., Ramesohl S., Thomas S.: Erklärung der deutschen Wirtschaft zur Klimavorsorge – Königsweg oder Mogelpackung?, Wuppertal Papers Nr. 39, Juli 1995

Bundesverband der Deutschen Industrie: Erklärung der deutschen Wirtschaft zur Klimavorsorge, 10.3.1995

3. Neue Koalitionen in der Gesellschaft

«Nichtregierungsorganisationen haben den Ablauf und das Ergebnis des Erdgipfels von Rio beeinflußt. Sie haben den Sprachlosen eine Stimme gegeben. Sie haben Stellung bezogen für die Armen und Besitzlosen – und für die Ökosysteme und Lebewesen, die den Reichtum unseres Planeten ausmachen.»
Jonathan Lash, Präsident des amerikanischen World Ressource Institutes

Auf dem Erdgipfel von Rio 1992 wurde mit den Konventionen zum Klimaschutz, zur Artenvielfalt und dem globalen Aktionsprogramm Agenda 21 der Grundstein für die Umweltpolitik des 21. Jahrhunderts gelegt. Die Verwirklichung dieser Verträge wurde nicht alleine den Regierungen und internationalen Organisationen, wie dem Umweltprogramm der Vereinten Nationen (UNEP), übertragen. Seit Rio spielen nichtstaatliche Umwelt- und Entwicklungsorganisationen, die sogenannten Nichtregierungsorganisationen (NRO), eine entscheidende Rolle in der internationalen Umweltpolitik. In Rio waren 1.418 Nichtregierungsorganisationen aus den Bereichen Umwelt, Entwicklung, Soziales und Menschenrechte offiziell akkreditiert, also bei der UN angemeldet. Weitere 25.000 Menschen, darunter zahlreiche brasilianische Bürger und Organisationen, nahmen am parallel zum Erdgipfel stattfindenden Globalen Forum, einer Art Gegengipfel der NRO, teil. Auf dem UN-Klimagipfel von Berlin waren gut 200 Organisationen als offizielle Beobachter angemeldet. In der Stadt und im Land Brandenburg fanden knapp

100 Bildungsveranstaltungen zum Gipfel statt, vor allem ausgerichtet von den Umweltverbänden. Auf der zentralen Fahrraddemonstration der Umweltschützer radelten 100.000 Berlinerinnen und Berliner für eine konsequentere Klimapolitik zum Brandenburger Tor.

Zu den NRO gehören in der Sprachregelung der Vereinten Nationen auch die Wirtschaft, der das vorherige Kapitel gewidmet war und andere nichtstaatliche Organisationen wie Städte, Kirchen oder Gewerkschaften. Im engeren Sinne werden darunter oft nur umwelt-, entwicklungs- und sozialpolitisch engagierte Bürgergruppen und Verbände zusammengefaßt. Im folgenden soll der Begriff NRO im weiteren, umfassenden Sinn verwendet werden.

Die Rolle der NRO wird in der Agenda 21, dem umfangreichen Aktionsplan der Vereinten Nationen für das 21. Jahrhundert, anerkannt. Hier heißt es: «Die Vereinten Nationen wie auch die einzelnen Regierungen sollten Nichtregierungsorganisationen dazu einladen, sich an der Politik und den Entscheidungen über eine nachhaltige Entwicklung zu beteiligen.»

Der ehemalige Weltbankangestellte Bruce Rich, der heute für eine amerikanische Umweltorganisation arbeitet, gehört zu denen, die generell skeptisch geworden sind, ob internationale Institutionen und Verhandlungen zwischen Nationalstaaten noch zeitgemäß sind: «Die globalen ökologischen, sozialen und ökonomischen Probleme nehmen zu. Das Ergebnis ist ein zunehmender Legitimitätsverlust des Nationalstaates als einzigen oder doch zumindest wichtigsten Akteurs bei der Lösung globaler Probleme. Die Lösungen müssen lokal gefunden und durchgeführt werden.» Die Lösungskompetenz spricht Rich den auf vielfältige Weise vernetzten nichtstaatlichen Akteuren zu.

Nicht alle NRO gehen so weit, sich an die Rolle der Staaten setzen zu wollen. Doch fest steht: Seit Rio sind die NRO aus den internationalen Verhandlungen im Umwelt-, Entwicklungs- und Menschenrechtsbereich nicht mehr wegzudenken.

Die südamerikanische Umweltschützerin Yolanda Kakabadse, die während des Erdgipfels von Rio im Konferenzbüro der UNO mitgearbeitet hat, nennt folgende Aufgaben der NRO: Sowohl Regierungen und Delegationen, als auch Medien und Öffentlichkeit werden durch die NRO kontinuierlich mit Nachrichten, Daten, Einschätzungen und Meinungen über den Verlauf internationaler Konferenzen informiert. NRO machen das undurchsichtige diplomatische Prozedere damit transparent und demokratischer Einflußnahme zugänglich. Des weiteren beraten und beeinflussen NRO ihre nationalen Regierungen, liefern Formulierungsvorschläge und warnen vor Fehlentscheidungen, die das Publikum zuhause nicht verstehen würde. Letztlich bereiten NRO den gesellschaftlichen Boden für internationale Abmachungen, indem sie öffentliches Bewußtsein wecken und kontinuierlich die Umsetzung der getroffenen Beschlüsse anmahnen.

Die Umweltverbände

NRO im engeren Sinne, also beispielsweise die Umweltverbände, haben die UN-Klimaverhandlungen, die schließlich in der Klimarahmenkonvention von Rio mündeten, von Anfang an begleitet. Ihr offizieller Status ist der von Beobachtern. Einige Verhandlungsdelegationen haben Umweltvertreter in ihre Reihen aufgenommen. In der EU praktiziert nur Dänemark dieses Verfahren zur stärkeren Beteiligung der Umweltverbände. Die Bundesregierung lehnte einen entsprechenden Wunsch der deutschen Umwelt- und Entwicklungsverbände ab. Doch der Einfluß der Umweltverbände reicht weiter, als den Verhandlungen nur zuzusehen. Umweltverbände sind das Gewissen der Umweltpolitik. Sie geben der Natur eine Stimme und sagen, was langfristig für den Erhalt unserer natürlichen Lebensgrundlagen getan werden muß. Im Gegensatz zu Regierungen und Diplomaten müssen sie dabei nicht ständig Kompromisse schließen. Die Position der Umweltverbände ist wichtig, damit am Ende Regierungen und Öffentlichkeit wissen, ob und wie weit sie mit ihren politischen Kompromißentscheidungen dem langfristigen Ziel des Umweltschutzes nähergekommen sind. Umweltverbände denken anders als Regierungen. Ihre Aufgabe ist es, nach kreativen Lösungen abseits der üblichen politischen Prozeduren zu suchen. Umweltverbände informieren und mobilisieren die

Öffentlichkeit. Sie bilden ein Gegengewicht zu den mächtigen Wirtschaftsinteressen.

Die weltweit größten Umweltorganistionen, die klimapolitisch aktiv sind, sind Greenpeace und der World Wide Fund for Nature (WWF) – die Organisation mit dem Panda. Beide Organisationen sind weltweit tätig. Beide richten sich mit Kampagnen an die Öffentlichkeit und versuchen aufzuklären, leisten aber auch viel Lobbyarbeit im stillen. Dazu gehört die kontinuierliche Teilnahme an internationalen Verhandlungen, an technischen und wissenschaftlichen Expertengremien und Gespräche mit Regierungen und anderen gesellschaftlichen Interessengruppen, wie beispielsweise der Wirtschaft.

Die meisten anderen klimapolitisch arbeitenden Umweltverbände sind im weltweiten Netz «Climate Action Network (CAN)» organisiert. Das CAN hat Büros in allen Erdteilen und versorgt die nationalen Umweltorganisationen mit Informationen über die internationale Klimapolitik und den wissenschaftlichen Fortschritt. Innerhalb des CAN unterstützen die Mitgliedsorganisationen aus den wohlhabenden Industriestaaten ihre Mitstreiter aus der Dritten Welt und aus Osteuropa finanziell. So konnten 50 NRO-Vertreter aus dem Süden und Osten am Berliner UN-Klimagipfel teilnehmen. Vor allem die deutschen Umweltverbände hatten bei staatlichen Stellen und privaten Stiftungen Mittel akquiriert, um eine geografisch ausgewogene Teilnahme von NRO-Repräsentanten an der Konferenz zu ermöglichen. Das Büro für Westeuropa sitzt in Brüssel und leistet gleichzeitig wertvolle Lobbyarbeit beim Europäischen Parlament und der EU-Kommission. Mehrere deutsche Umweltverbände arbeiten im CAN mit. Der Bund für Umwelt und Naturschutz Deutschland, die deutsche Sektion des WWF und die zur Beobachtung der Umsetzung der Rio-Konventionen gegründete Lobbyorganisation Germanwatch beobachten regelmäßig die UN-Klimaverhandlungen. Die Umweltforscher des Öko-Instituts und des Wuppertal-Instituts arbeiten wissenschaftlich über die rechtlichen und politischen Bedingungen einer fortschrittlichen Klimapolitik. Koordiniert werden die Aktivitäten der deutschen Umweltverbände von ihrem Dachverband Deutscher Naturschutzring (DNR) und von einem extra für die Umsetzung der Konventionen von Rio eingerichteten Servicebüro, der «Projektstelle Umwelt und Entwicklung».

Eine der entscheidenden Aufgaben der Umweltverbände ist es, die Umsetzung der nationalen Klimaschutzprogramme zu überwachen. Zum Berliner UN-Klimagipfel legte das Klimaaktionsnetzwerk CAN einen Bericht von 25 Umweltverbänden über die Klimapolitik ihrer Länder vor. Fazit: Alle Staaten sind bisher von der Erfüllung ihrer in Rio unterschriebenen und selbst eingegangenen Verpflichtungen weit entfernt. Die Umweltverbände identifizierten die nationalen Defizite als eine der Hauptursachen dafür, daß es bei den internationalen Klimaverhandlungen bisher so schleppend voranging. Denn wer Angst hat, seine nationalen Klimaschutzziele nicht zu schaffen, wird schwerlich dazu zu bewegen sein, völkerrechtlich verbindliche Zusagen abzugeben.

Nicht immer sprechen die Umweltverbände mit einer Stimme. Wie bei der Partei Die Grünen in den 80er Jahren, gibt es Fundi-Realo-Konflikte. Als das Climate Action Network anläßlich des Berliner UN-Klimagipfels eine CO_2-Reduktion für die Industriestaaten um 20 Prozent im Zeitraum von 1990 bis zum Jahre 2005 verlangte, war das den einen zu radikal und den anderen zu angepaßt. Die amerikanischen Umweltverbände beispielsweise kritisierten, ein solch anspruchsvolles Ziel sei unter realpolitischen Bedingungen nicht zu erreichen. Die Umweltverbände machten sich damit in der Öffentlichkeit lächerlich. Viele deutsche Organisationen lehnten die 20-Prozent-Marke als zu niedrig ab. Schließlich gilt für Deutschland ein nationales CO_2-Reduktionsziel von 25 Prozent. Den Umweltschützern fiel es deswegen schwer, hinter der eigenen Regierung zurückzustecken. Schließlich einigte man sich doch auf die Forderung von CAN – allerdings unter der Voraussetzung, daß manche Länder mehr und andere weniger zu dem Gesamtziel 20 Prozent beizutragen hätten. Nach dem Berliner Gipfel ist die Diskussion erneut entflammt.

Zu keiner Einigung kam es bei dem ideologisch belasteten Thema Gemeinsame Umsetzung (Joint Implementation). Während die europäischen Umweltverbände Joint Implementation prinzipiell ablehnten und nur eine Pilotphase unter strengen Prüfkriterien zulassen wollten, setzten und setzen die amerikanischen NRO große Hoffnungen in dieses Instrument. Viele Umweltvertreter aus der Dritten Welt gehen über die europäische Position noch hinaus und bezeichnen Joint Implementation schlichtweg als Ökokolonialismus. Das Konzept von Joint Implementation und erste Erfahrungen werden in weiteren Kapiteln beschrieben. Die Gegensätze zwischen Amerikanern und Europäern, zwischen Nord und Süd sowie zwischen Umwelt- und Entwicklungspolitikern sind typische Konflikte zwischen NRO.

Die Verbraucher

Seit einigen Jahren haben sich neben den Umweltverbänden auch die Verbraucherorganisationen dem praktischen Umweltschutz verschrieben. Verbraucherorganisationen und die von ihnen betriebenen Verbraucherzentralen erreichen potentiell alle Bürgerinnen und Bürger. Zahlreiche Umweltbelastungen führen dazu, daß die Gesundheit von Verbrauchern gefährdet wird. Traditionelle Themen, bei denen sich Verbraucherschutz und Gesundheit überschneiden, sind daher die Qualität von Lebensmitteln und chemische Zusatzstoffe in Kosmetika. Die Verbraucherorganisationen haben sich aber inzwischen auch anderen umweltpolitischen Themen angenommen. In Deutschland und einigen anderen europäischen Ländern gehört dazu auch der Klimaschutz.

Das Risiko der prognostizierten Klimaveränderungen ist im Alltag schlecht nachvollziehbar. «Um so wichtiger ist deshalb», so schreibt die Verbraucherzentrale Nordrhein-Westfalen, «daß die direkten Verknüpfungen mit dem Lebensalltag bewußt gemacht werden und die Informationen klar und einleuchtend aufbereitet sind.» Bei der Anschaffung von Haushaltsgeräten, der Wahl des Verkehrsmittels oder beim Kauf von Verbrauchsprodukten wie Lebensmitteln treffen Verbraucher Tag für Tag Entscheidungen, die auf den privaten oder gesellschaftlichen Energieverbrauch und damit das Klima rückwirken. Durch ihre Entscheidung für energiesparend hergestellte und zu betreibende Produkte, für öffentliche Verkehrsmittel anstelle des Autos oder gegen von weit her transportierte Konsumgüter können die Bürger in ihrer Funktion als Verbraucher einen kleinen aber persönlichen Beitrag zum Klimaschutz liefern. Rolle der Verbraucherorganisationen dabei ist es, Problembewußtsein zu schaffen, Lösungen aufzuzeigen, die im Alltag praktikabel sind, und Handlungsanreize zu bieten. Die in der Arbeitsgemeinschaft für Verbraucherfragen bundesweit organisierten Verbraucherberatungen tun das auf vielfache Weise. Grundsätzlich sind sehr viele Bürgerinnen und Bürger am Umweltschutz interessiert. Doch wer möchte schon ständig mit Katastrophenszenarien konfrontiert werden und von den miesepetrigen Umweltschützern dazu aufgefordert werden, Verzicht zu üben, anstatt das Leben zu genießen. Die Verbraucherberatung kann Handlungsalternativen im täglichen Leben aufzeigen, die nicht nur auf bloße Einsicht setzen, sondern zeigen, daß sich Umweltschutz lohnt – beispielsweise dadurch, daß die Stromrechnung niedriger ausfällt. Die Verbraucherzentrale Nordrhein-Westfalen schreibt: «Durch praktische Demonstrationen und öffentlichkeitswirksame Aktionen kann es zu so manchem Aha-Effekt kommen.» Klimaschutz erhält dadurch ein positives Image in Kommunikation und Öffentlichkeitsarbeit. Energiesparen, so heißt die Botschaft, liegt im Trend. Und weiter: «Gesetzte Ziele müssen erreichbar sein – so trivial das klingen mag. Nur so läßt sich unnötiger Frust vermeiden.» Ein Nebeneffekt der umweltpolitischen Verbrauchererziehung ist es auch, die verbreitete Ohnmacht gegenüber den als unabwendbar wahrgenommenen Umweltgefahren durch konkrete Erfolge im eigenen Handeln zu bekämpfen. Typische Aktionsformen der Verbraucherzentralen bauen auf das Prinzip des «Learning by Doing» und auf individuelle Selbstverpflichtungserklärungen. Eine individuelle Selbstverpflichtung könnte lauten, den privaten Energieverbrauch oder CO_2-Ausstoß entsprechend dem Ziel der Bundesregierung um 25 Prozent zu senken. Um sein privates Klimaschutzprogramm umzusetzen, muß der Einzelne als erstes das vorhandene Energiesparpotential im Haushalt oder in anderen Lebensbereichen, wie bei der Benutzung des Autos, erkunden. Bei vielen Anwendungen ist die klimafreundlichere Alternative nicht einmal teuerer und unbequemer als der Status quo: Learning by Doing. Ein besonders wichtiges Zielpublikum sind natürlich die Verbraucher von morgen, die Kinder und Jugendlichen.

Verbraucherschutz und Klimaschutz gehen nicht zwangsläufig Hand in Hand. Die deutschen Verbraucherverbände wandten sich lange Jahre gegen eine Verteuerung des Autofahrens. Bei jeder Mineralölsteuer werde den Bürgern unter dem Mantel des Umweltschutzes tiefer in die Tasche gegriffen. Einige nationale Verbraucherorganisationen in Europa sträubten sich lange gegen den Vorschlag der EU-Kommission, eine CO_2/Energiesteuer einzuführen, und die damit einhergehende Erhöhung der Energiepreise. Schließlich rang sich der europäische Dachverband der Verbraucher dazu durch, die Steuer zu befürworten, wenn sie aufkommensneutral und für die Verbraucher kostenneutral gestaltet werden wird.

Die Städte

Im Schatten der Klima- und Artenschutzdebatten hob der Erdgipfel von Rio einen neuen Akteur auf die internationale Bühne: die Städte. Die Agenda 21, das in Rio verabschiedete Aktionsprogramm für das 21. Jahrhundert, schreibt: «Viele der aufgeführten Probleme und Lösungen beruhen auf lokalen Maßnahmen. Deshalb kommt den lokalen Behörden bei der Durchsetzung einer nachhaltigen Entwicklung eine Schlüsselrolle zu.»

Peter Heller, der Umweltbürgermeister der Stadt Freiburg, einer der Vorreiter im kommunalen Klimaschutz, nennt dafür vier Gründe. So wird im Jahre 2000 mehr als die Hälfte der Erdbevölkerung in städtischen Ballungsräumen leben. Das politische Gewicht der Kommunen wächst dadurch. Zweitens sind die Kommunen schon heute bedeutende Investoren von Umweltschutzmaßnahmen. Nach Angabe des Deutschen Institutes für Urbanistik (DIU) liegt der Anteil der Kommunen an den gesamten Umweltschutzausgaben in Deutschland bei über 75 Prozent. Drittens sind die Kommunen gerade im Klimaschutz als Schrittmacher aufgetreten, wenn es um die Verwirklichung fortschrittlicher öffentlicher Verkehrssysteme, die Förderung erneuerbarer Energien oder energiesparende Bauweisen geht. Letztlich verfügen Stadt- und Gemeinderäte zumindest in Deutschland über eine hohe demokratische Legitimität. Das unterscheidet sie von gesellschaftlichen Interessengruppen, wie beispielsweise den Umweltverbänden, die nur von ihren Mitgliedern und nicht der gesamten Bevölkerung kontrolliert werden.

Viele Städte und Gemeinden haben ihre Verpflichtung erkannt, zum weltweiten Klimaschutz beizutragen. Sie haben eigene CO_2-Minderungsziele aufgestellt oder führen zumindest klimapolitische Einzelmaßnahmen durch. So plant die Stadt Aachen zusammen mit einer niederländischen Nachbargemeinde ein grenzüberschreitendes CO_2-freies Gewerbegebiet (Frankfurter Rundschau vom 16.1.96). In der Nähe der Technischen Universität Aachen sollen in einer ersten Ausbaustufe bis zum Jahre 2002 auf 45 Hektar des sogenannten «Euro Energy Park» High-Tech Firmen angesiedelt und die Voraussetzungen für 5.600 neue Arbeitsplätze geschaffen werden. Der Strom- und Wärmebedarf der Siedlung soll durch Niedrigenergiebauweise und andere Energiesparmaßnahmen gering gehalten werden. Die trotzdem zusätzlich benötigte Energie soll aus erneuerbaren Quellen gedeckt werden. Dazu möchte die Stadt Aachen die bei der Müllentsorgung und in den städtischen Grünanlagen entstehenden organischen Abfälle zu Heizzwecken und zur Herstellung von Biogas verwenden, einen eigenen Windpark errichten und einen Teil des Strombedarfes mit Photovoltaik decken.

Ein anderer Vorreiter kommunaler Klimaschutzpolitik ist die Stadt Saarbrücken. Schon 1980 wurde das «Saarbrücker Zukunftskonzept Energie» verabschiedet. Seitdem setzt die Stadt auf Energieeinsparung, erneuerbare Energien, die rationelle Energieverwendung durch Kraft-Wärme-Kopplung und die Nutzung der Fernwärme. Eine Zeitungsanzeige der Saarbrücker Stadtwerke stellt fest: «Wenn in Saarbrücken etwas raucht, dann sind es die Köpfe. Ansonsten konzentrieren wir uns lieber darauf, möglichst wenig auszustoßen.» Saarbrücken möchte seinen CO_2-Ausstoß im Zeitraum von 1990 bis 2005 um 25 Prozent verringern. Das größte Potential zur CO_2-Minderung haben die Saarbrücker Stadtwerke bei den vielfältigen Einsparmöglichkeiten auf der Seite der Energieverbraucher entdeckt. Es wurde beschlossen, die Saarbrücker Stadtwerke von einem Energieversorgungsunternehmen (EVU) zu einem Energiedienstleistungsunternehmen (EDU), das die Kunden nicht nur mit Strom und Gas versorgt, sondern sie umfassend berät und bei Modernisierungsmaßnahmen unterstützt, umzugestalten.

Beispielsweise wurde ein Direktinstallationsprogramm für Energiesparlampen in Saarbrücker Haushalten gestartet.

Die erneuerbaren Energien wurden mit mehreren Pilotanlagen gefördert. Die Stadt beteiligt sich an einem regionalen Windpark und fördert mit Hilfe der EU private Photovoltaikanlagen. Am Autobahndreieck Saarbrücken wurde eine Lärmschutzwand mit Photovoltaikzellen bestückt. Damit wurde demonstriert, wie Photovoltaik flächensparend in andere Bauvorhaben integriert werden kann. Wie in anderen Kommunen bleibt die Förderung der erneuerbaren Energien ein Tropfen auf den heißen Stein. Den Marktdurchbruch können die Erneuerbaren Energiequellen nur bei bundesweit geänderten Rahmenbedingungen schaffen. Bis dahin haben die Saarbrücker Beispiele Vorbildcharakter. Sie zeigen, wie es gehen könnte. Doch auch das Klimaprogramm der Vorbildkommune Saarbrücken ist nicht widerspruchsfrei. Kernstück der Saarbrücker Energieversorgung ist weiterhin die Kohleverstromung. Obwohl die Stadtwerke mit relativ effizienter und schadstoffarmer Technologie arbeiten, bleibt die Verbrennung des fossilen Energieträgers Kohle die CO_2-Quelle Nummer eins für Saarbrücken. Hier stößt die kommunale Klimapolitik an die Grenzen der landespolitischen Interessen des Kohlestandortes Saarland.

Trotzdem sind die eigenen Stadtwerke der klimapolitische Trumpf der Städte und Gemeinden. Mit ihnen hat es der demokratisch gewählte Stadt- oder Gemeinderat in der Hand, kostengünstige Energiespar- und Klimaschutzmaßnahmen durchzuführen, ohne sich der Geschäftspolitik der großen Energieversorgungsunternehmen fügen zu müssen. Die Kommunen wehren sich deswegen auch dagegen, daß im Rahmen des EU-Energiebinnenmarktes ihre Versorgungsgebiete den großen Energieunternehmen geöffnet werden. Sie befürchten, daß Großkunden mit Dumpingangeboten von den Stadtwerken weggelockt werden und dadurch Geld für umweltpolitische Maßnahmen fehlt. Je nach Größe und Infrastruktur der Kommunen bieten sich Kraft-Wärme-Kopplung, der Ausbau des Nah- und Fernwärmenetzes, kleine Blockheizkraftwerke für einzelne städtische Einrichtungen, Betriebe oder Wohnsiedlungen, die Nutzung von Biogas aus Kläranlagen und Methan aus Mülldeponien oder Anlagen der Erneuerbaren Energien als umweltfreundliche und gleichzeitig kosteneffiziente Energieversorgungsmöglichkeiten an. Eine Integrierte Ressourcenplanung, die alle kostengünstigen Energieeffizienzpotentiale aufspürt, sollte Grundlage jedes kommunalen Energiekonzeptes sein. Städte und Gemeinden, die nicht über eigene Stadtwerke verfügen, sollten wenigstens in den regelmäßig auszuhandelnden Konzessionsverträgen mit ihrem regionalen Energieversorgungsunternehmen ihre Handlungsfreiheit sichern. So müssen sich die Kommunen das Recht vorbehalten, Erzeugern von Strom aus erneuerbaren Energiequellen kostendeckende Einspeisevergütungen zu zahlen und bei Investitionsmaßnahmen im Gemeindebereich mitzureden. Die von den Kommunen erhobene Konzessionsabgabe sollte zweckgebunden für Klimaschutzinvestitionen verwendet werden.

Das drängendste Umweltproblem in fast allen deutschen Kommunen ist der Verkehr. Der Deutsche Städtetag empfiehlt in seinem bereits im September 1989 vorgelegten Programm zur Verbesserung des Stadtverkehrs, eine umweltfreundliche Verkehrsplanung auf vier Säulen zu stellen. Als Grundlage der Verkehrsvermeidung wird eine integrierte Stadt- und Verkehrsplanung gefordert. So soll bei der Flächennutzungs- und Bauleitplanung auf eine gemischte Nutzung durch Wohnen, Gewerbe und Freizeiteinrichtungen sowie auf kurze Wege, die im Zweifel zu Fuß oder mit dem Fahrrad zurückgelegt werden können, geachtet werden. Auch Bundesbauminister Klaus Töpfer fordert inzwischen, das Baugesetzbuch dahingehend zu ändern, daß Mischnutzungen vor reinen Wohngebieten privilegiert werden (Süddeutsche Zeitung vom 30.1.96). Die Bundestagsfraktion der Partei Bündnis 90/Die Grünen geht einen Schritt weiter. Sie schlägt vor, daß die Neuausweisung von Bauland an die Pflicht gekoppelt wird, zuerst Baulücken zu nutzen. Die städtische Nachverdichtung und die Modernisierung von Altbauten sollen nach dem Willen der Grünen steuerlich unterstützt werden (Ökologische Briefe 6/96). Zweite tragende Säule des Städtetagkonzeptes ist der Ausbau des Öffentlichen Personennahverkehrs. Damit wird die Wende weg von der in den sechziger Jahren favorisierten Idee der autogerechten Stadt vollzogen. Mit sogenannten «Job-Tickets», verbilligten Jahreskarten für den öffentlichen Nahverkehr, die gegen einen geringfügigen Lohnabzug an alle Mitarbeiter ausgegeben werden, kann für die Angestellten der öffentlichen Verwaltung und anderer Betriebe ein Preissignal zugunsten öffentlicher Verkehrsmittel gesetzt werden. Der Städtetag betont, daß die knappen finanziellen Mittel es nicht erlauben, den Ausbau der Straßen und des ÖPNV gleichzeitig zu fördern. Damit ist in der Kommunalpolitik ein offener Konflikt zwischen Autolobby und Umweltlobby vorprogrammiert. Drittens plädierte der Deutsche Städtetag noch 1989 für restriktive Maßnahmen gegenüber dem Auto. Wohnbezirke sollten verkehrsberuhigt, das Parkplatzangebot begrenzt und mit Tempobeschränkungen der Verkehr verlangsamt werden. Inzwischen ist der Enthusiasmus dieser einst breit getragenen Verkehrsberuhigungspolitik Skepsis gewichen. Mit einer Welle von Wahlniederlagen und teilweise durch Bürgerentscheidungen hat in zahlreichen Kommunen die Mehrheit der Autofahrer der Anti-Autopolitik eine Absage erteilt. Ein Modellversuch der Stadt Bremen, einen autofreien Stadtteil zu errichten, scheiterte. Keiner der potentiellen Mieter wollte vertraglich ganz auf sein Recht, ein Auto zu besitzen, verzichten. Verkehrsberuhigung ohne Alternative wird nicht angenommen. Weitgehend machtlos stehen die Städte dem Anwachsen des Güterverkehrs gegenüber. So schreibt der Städtetag: «Da die prognostizierten Zunahmen im Güterverkehr von 50 bis 70 Prozent angesichts der bereits vorhandenen Belastungen und Flächenknappheit in den Ballungsräumen auf der Straße allein nicht bewältigt werden können, ist aus der Interessenlage der Städte insbesondere der Ausbau einer leistungsfähigen Transportkette auf Schienenbasis dringend geboten. »An den Knotenpunkten zwischen Schienen und Straße könnten Güterverkehrszentren für einen schnellen und effektiven Umschlag des Transportgutes sorgen und die Schienen im Gesamtverkehrssystem wieder konkurrenzfähiger machen. Doch beim Ausbau des Schienennetzes sind den Kommunalpolitikern die Hände gebunden. Für die Bahn sind der Bund und für Regionalstrecken die Länder zuständig. Den Kommunen bleibt nichts anderes übrig, als vor dem drohenden Verkehrskollaps zu warnen. Den Güterverkehr aus ihren Städten aussperren können sie nicht, um finanzkräftige Gewerbesteuerzahler nicht zu verlieren. Um die Innenstädte zu entlasten, setzt die Kommunalpolitik deshalb auf Umgehungsstraßen und Gewerbegebiete vor den Toren der Stadt. Dadurch wird immer mehr PKW- und LKW-Verkehr erzeugt. Ein Teufelskreis, aus dem die Städte alleine nicht herauskommen.

Das größte kurzfristig erreichbare CO_2-Minderungspotential liegt im Gebäudebereich. Nach Aussage der Klima-Enquetekommission des Deutschen Bundestages beträgt das technisch mögliche CO_2-Einsparungspotential bei Neubauten 60 bis 80 und bei Altbauten bis zu 90 Prozent. Auch wenn die Hauptverantwortung für den Wärmeschutz beim Bundes- und Landesgesetzgeber liegt, haben die Kommunen Handlungsmöglichkeiten. Im eigenen Gebäudebestand kann die Kommune exemplarisch Energiesparmaßnahmen durchführen. Dadurch wirkt sie nicht nur als Vorbild, sondern weckt auch bei der örtlichen Bauwirtschaft und dem Handwerk Interesse für energieeffiziente Gebäudetechnik. Die Kommune kann bei der Bauleitplanung den Niedrigenergiehausstandard vorschreiben. Auch können bestimmte Baustoffe vorgeschrieben werden, zum Beispiel Holz statt dem chlorhaltigen und energieintensiv herzustellenden Kunststoff PVC oder Bau- und Dämmstoffe, die frei sind von den ozonschädigenden Chemikaliengruppen FCKW und FKW. Durch Beratungseinrichtungen können Berührungsängste privater Bauherren vor neuen, scheinbar unerprobten Technologien und Bauweisen, überwunden werden. Kleinere Kommunen können ihre Beratungseinrichtungen zusammen mit Nachbargemeinden oder anderen Organisationen, beispielsweise den Umweltverbänden, betreiben. Den Kommunen fällt auch die schwierige Aufgabe zu, die Förderung von Energiesparmaßnahmen in einkommensschwachen Haushalten sozialverträglich zu gestalten. So fordern die SPD-Kommunalpolitiker, daß Sanierungsprogramme im Mietwohnungsbau warmmietenneutral sind. Bei großflächigen Sanierungsmaßnahmen, beispielsweise im Gebäudebestand der Neuen Bundesländer, brauchen die Kommunen dazu die finanzielle Unterstützung des Bundes.

In Deutschland und international haben sich Städte und Gemeinden, die ihren lokalen Beitrag zum globalen Klimaschutz leisten möchten, in Netzen zusammengeschlossen. Der «International Council of Local Environmental Initiatives (ICLEI)» umfaßt Städte und Gemeinden aus der gesamten Welt, die sich dem städtischen

Umweltschutz verschrieben haben. Ein Schwerpunktthema der vergangenen Jahre war die CO_2-Reduktion. ICLEI bringt Kommunalpolitiker aus aller Welt zum Erfahrungsaustausch zusammen, erstellt Leitfäden für klimapolitische Maßnahmen und sorgt auf internationaler Ebene für ein wirkungsvolles Auftreten der Kommunen gegenüber den Nationalstaaten. Anläßlich des Berliner UN-Klimagipfels 1995 appellierte eine parallel stattfindende Konferenz von 159 Bürgermeistern und Kommunalverwaltungen aus 65 Ländern an den Gipfel, ein CO_2-Reduktionsabkommen zu unterzeichnen. Die anwesenden Städte verpflichteten sich selbst dazu, das von den Regierungen geforderte Ziel einer CO_2-Reduktion um 20 Prozent von 1990 bis zum Jahre 2005 im eigenen Verantwortungsbereich zu verwirklichen.

Das «Klimabündnis der europäischen Städte mit den Völkern Amazoniens», kurz Klimabündnis genannt, hat es sich zur Aufgabe gemacht, europäische Stadtverwaltungen mit den Eingeborenenvölkern des brasilianischen Amazonasgebietes zusammenzubringen. Die Zusammenarbeit funktioniert ähnlich wie eine Städtepartnerschaft. Die Bürgerinnen und Bürger der zwei unterschiedlichen Gesellschaften sollen sich und ihre Probleme gegenseitig kennenlernen. Dadurch soll das Verständnis für die Zusammenhänge des weltweiten Umweltschutzes geweckt werden. Die Mitglieder im Klimabündnis – vor allem Städte aus Deutschland und den Niederlanden – bemühen sich, kommunale Energiesparmaßnahmen durchzuführen und damit ihren CO_2-Ausstoß bis 2010 um 50 Prozent zu verringern. Die bei der Stadtverwaltung von Frankfurt am Main angesiedelte Geschäftsstelle der Organisation gibt Hilfestellung bei der Erstellung der kommunalen Klimaprogramme. Auch die Abholzung der tropischen Edelhölzer und die damit einhergehende Zerstörung der Regenwälder sind ein Thema. Viele Städte, die dem Klimabündnis angehören, verwenden in ihren kommunalen Bauwerken deshalb kein Tropenholz mehr.

Zumindest in Deutschland haben sich die kommunalen Spitzenverbände längst dem Klimaschutz zugewandt. So gibt der Deutsche Städte- und Gemeindebund in einem umfangreichen Leitfaden Hinweise für die kommunale Praxis bei der Umsetzung einer lokalen Agenda 21 in seinen Mitgliedsgemeinden. Schwerpunkt dabei ist der kommunale Klimaschutz. Gleiches gilt für den Deutschen Städtetag und den Deutschen Landkreistag. Hauptstoßrichtung der kommunalen Spitzenverbände ist eine finanzielle Besserstellung der Kommunen, um ihrer Aufgabe, eine umweltgerechte Infrastruktur aufzubauen und zu erhalten, gerecht werden zu können. So fordert der Deutsche Städtetag, daß «der Bund den Ländern für die Mitfinanzierung der Infrastrukturkosten des Öffentlichen Nahverkehrs einen zweckgebundenen Anteil aus einer über mehrere Jahre gestuften, kontinuierlichen und für alle Betroffenen berechenbaren Mineralölsteuererhöhung zur Verfügung stellt.» In der Diskussion um die Einführung einer CO_2-/Energie-Steuer wurde vorgeschlagen, mit dem Steueraufkommen die Kommunen von den in der Vergangenheit drastisch gestiegenen Sozialhilfekosten zu entlasten.

Obwohl die Kommunen mehr Geld benötigen, um ihrer Pflichtaufgabe zur Daseinsvorsorge der Bevölkerung auf umweltverträgliche Weise nachzukommen, bezahlen sich viele Klimaschutzmaßnahmen, gerade im Energiesparbereich, langfristig selbst. So schreibt die SPD-Bundestagsfraktion in ihrem Wegweiser zum kommunalen Klimaschutz: «Klimaschutzmaßnahmen rechnen sich. Daher finanzieren viele Kommunen trotz schwieriger Finanzlage nicht nur kommunale Klimaschutzmaßnahmen, sie fördern mit Zuschüssen aus Haushaltsmitteln auch entsprechende Vorhaben Dritter.» Daneben bieten sich verschiedene Modelle zur Drittfinanzierung klimapolitischer Maßnahmen selbst bei knapper Haushaltslage an. Bei der Drittfinanzierung werden kommunale Investitionen durch privates Kapital vorfinanziert und durch die erreichte Energiekosteneinsparung getilgt. Dadurch wird kurzfristig Kapital für notwendige Investitionsmaßnahmen zur Verfügung gestellt und der Vermögenshaushalt der Kommunen entlastet. Drittfinanzierung kann über Betreibermodelle unter Einbeziehung kommunaler Unternehmen als Betriebsführer, über Leasing von Anlagen durch private Investoren, durch Beteiligungsmodelle mit privaten Kapitalgebern für kommunale Anlagen oder durch das sogenannte «Einspar-Contracting» organisiert werden. Die aus Amerika kommende Idee des Contracting, der Einschaltung eines privaten Energieserviceunternehmens, ist vor allem zur Realisierung von Energiesparinvestitionen in Kommunen, bei privaten Haushalten und bei Kleinverbrauchern geeignet. Der sogenannte «Contracter» plant, koordiniert, finanziert und realisiert alle kosteneffizient erreichbaren Energiespar- und Energieservicemaßnahmen. Aus den gesparten Energiekosten kann die Kommune anschließend die Dienstleistungen des Contracters bezahlen.

Die Kirchen

Die Kirchen stellen in der Umweltpolitik wie in anderen Politikbereichen für viele Menschen eine moralische Instanz dar. Daraus ergibt sich eine große Verantwortung für die Amtskirche und ihre Institutionen. Das umweltpolitische Leitbild zumindest der christlichen Kirchen ist der biblische Auftrag zur Bewahrung der Schöpfung. Die Kirchen haben die offizielle Politik im Vorfeld des Erdgipfels von Rio 1992 und der Berliner UN-Klimakonferenz 1995 deshalb wiederholt zur Verminderung des CO_2-Ausstoßes und zu spezifischen klimapolitischen Maßnahmen aufgefordert. So unterstützte der Weltkirchenrat im Vorfeld des Berliner Klimagipfels die Forderung der Assoziation Kleiner Inselstaaten (AOSIS) nach einen CO_2-Reduktionsabkommen für alle Industriestaaten. Die Arbeitsgemeinschaft der Umweltbeauftragten der Evangelischen Kirche Deutschlands forderte die deutsche Verhandlungsdelegation auf der Berliner Konferenz in einem Offenen Brief zu konkreten innenpolitischen Klimaschutzmaßnahmen auf. So wurde die Durchführung einer ökologischen Steuerreform gefordert. In den USA sind es vor allem die katholischen Bischöfe, die an das umweltpolitische Gewissen ihres Landes appellieren.

Die Kirchen brauchen sich nicht auf politische Aufrufe zu beschränken, sondern können ihre zahlreichen Mitglieder zur umweltverträglichen Umkehr und einem – wie es eine im Rahmen des Konziliaren Prozesses für Frieden, Gerechtigkeit und Bewahrung der Schöpfung veröffentlichte Schrift ausdrückt – «schöpfungsverträglichen Lebensstil» aufrufen. Der Zentralausschuß des Ökumenischen Rates der Kirchen stellte deswegen in einer Stellungnahme zur Klimapolitik fest, daß «ein radikaler Kurswechsel nur dann erzielt werden kann, wenn die Reichen ihren Lebensstil bereuen und verändern, indem sie nicht mehr ausschließlich nach ständiger Konsumsteigerung streben.»

Im eigenen Verantwortungsbereich der Kirchen können Klimaschutzmaßnahmen praktiziert und vorgelebt werden. So liegt im Gebäudebestand der Kirchen dasselbe Energiesparpotential brach, wie in anderen Nutz- und Wohnräumen. Die Kirchen besitzen einen eigenen Fuhrpark und ihre Angestellten besteigen das Flugzeug, um zu kirchlichen Großveranstaltungen anzureisen. Die Teilnehmer der katholischen und evangelischen Kirchentage werden deswegen seit mehreren Jahren dazu aufgerufen, Sonderzüge der Bahn und Tagungstickets der öffentlichen Nahverkehrsmittel für die Anreise in Anspruch zu nehmen.

Die Gewerkschaften

«Die Arbeiter gehören zu den am meisten Betroffenen, wenn es um Änderungen zugunsten einer nachhaltigen Entwicklung geht.» Deshalb, so schlußfolgert die Agenda 21, das auf dem Erdgipfel von Rio verabschiedete globale Aktionsprogramm für das 21. Jahrhundert, müssen Arbeitnehmer und Gewerkschaften an der «Ausarbeitung und Umsetzung von Umwelt- und Entwicklungsstrategien auf nationaler und internationaler Ebene» beteiligt werden. Der Deutsche Gewerkschaftsbund (DGB) schreibt in seinem Aufruf zum Berliner UN-Klimagipfel: «Obschon bezüglich ökonomischer und gesellschaftlicher Auswirkungen von Klimaänderungen erhebliche Unsicherheiten bestehen, sind Arbeitnehmerinnen und Arbeitnehmer durch Änderungen der Lebensqualität bzw. der Lebensbedingungen in besonderer Weise betroffen, die sich sowohl direkt aus der Wirkung des Klimas selbst, als auch aus den ökonomischen Folgen von Klimaänderungen ergeben.» Die deutschen Gewerkschaften haben sich deswegen im Vorfeld der Berliner Klimakonferenz genauso wie die Umweltorganisationen für die Verabschiedung eines Protokolls zur Klimarahmenkonvention mit verbindlichen CO_2-Reduktionszielen und konkreten Zeitvorgaben für die Industrieländer eingesetzt. Der DGB forderte in gemeinsamen Presseerklärungen mit dem Umweltbundesamt (UBA) und dem Dachverband der deutschen Umweltverbände, dem Deutschen Naturschutzring (DNR), die Einführung einer europäischen Energiesteuer. In der DGB/DNR-Presseerklärung vom 22. August 1994 heißt es: «Die Einführung einer Energiesteuer wird dazu beitragen, neue Arbeitsplätze zu schaffen und gleichzeitig die Umwelt zu schützen.» Auf dem Symposium der Umwelt- und Entwicklungsgruppen «100 Tage bis Berlin», verlangte der DGB eine schrittweise Erhöhung der Mineralölsteuer (DGB Nachrichtendienst vom 16.12.94). DGB-Vorstandsmitglied Michael Geuenich ergänzte: «Voraussetzung ist jedoch, daß ein Großteil des Aufkommens dazu verwendet wird, um den öffentlichen Personennahverkehr zu verbessern und benzinsparende und emissionsarme Kraftfahrzeuge auf dem Markt einzuführen.»

Die Vereinbarkeit mit sozial- und arbeitsmarktpolitischen Zielen ist das Hauptkriterium für die umweltpolitische Linie der deutschen Gewerkschaften. Innerhalb des DGB sind es vor allem zwei Einzelgewerkschaften, die Nachteile für ihre Mitglieder befürchten, wenn es zu bestimmten klimapolitischen Maßnahmen kommt. Die Industriegewerkschaft Chemie befürchtet bei einer Erhöhung der Energiepreise eine Abwanderung energieintensiver chemischer Betriebe ins Ausland. Die Industriegewerkschaft Bergbau fürchtet um den Erhalt der Steinkohlesubventionen, die alleine den deutschen Steinkohlebergbau und die mit ihm verbundenen Arbeitsplätze erhalten. Die IG Metall, in der die Arbeitnehmer der Automobilindustrie organisiert sind, wendet sich gegen einseitige Belastungen der Autofahrer. Um so erstaunlicher sind die weitreichenden Forderungen, auf die der DGB als Dachverband der deutschen Einzelgewerkschaften sich anläßlich des Berliner UN-Klimagipfels hat einigen können. Die Industriestaaten sollen ihren CO_2-Ausstoß von 1990 bis 2005 um mindestens 20 Prozent verringern. In allen Industriestaaten soll eine Energiesteuer eingeführt werden. Allerdings wurde auf Druck von IG Bergbau und IG Chemie die Forderung nach einem nationalen Alleingang bei der Energiesteuer fallengelassen. Die Erneuerbaren Energien sollen gefördert werden. Dahinter steht die Einsicht, daß die Arbeitsplätze der Zukunft nur durch eine ökologische Modernisierung der Volkswirtschaft geschaffen werden können. Anliegen der Gewerkschaften ist es, den unvermeidbaren Strukturwandel weg von unrentablen und ökologisch fragwürdigen Branchen wie dem Kohlebergbau oder manchen chemischen Produktgruppen wie der Chlorchemie gleitend und sozialverträglich zu gestalten. In einer gesellschaftlichen Koalition für die ökologische Modernisierung der Volkswirtschaft ist ein Mindestkonsens mit den Gewerkschaften notwendig, um den sozialen Frieden und die politische Mehrheitsfähigkeit zu sichern.

Der unerfüllte Eros

Umweltverbände, Verbraucher, Städte, Kirchen und Gewerkschaften sind wichtige, aber nicht die einzigen Partner einer Koalition für den Klimaschutz. Ein eigenes Kapitel in diesem Buch wurde der besonderen Rolle der Wirtschaft bei der ökologischen Modernisierung unserer Gesellschaft und bei der Suche nach energie- und ressourcensparenden Alternativen zur jetzigen Verschwendungswirtschaft gewidmet. So finden in der Agenda 21 außerdem die Wissenschaft, die Landwirte, der Handel, Frauen sowie Kinder und Jugendliche Erwähnung. Sie alle haben eine besondere Rolle bei der Gestaltung einer zukunftsfähigen Entwicklung.

Gesellschaftliche Leitbilder werden von den Medien und Künsten mitgeprägt. Der Umweltaktivist als Held hat inzwischen die Filmfabriken Hollywoods erobert. 1995 schilderte der Spielfilm «Waterworld» eine Welt nach Eintritt der Klimakatastrophe und dem Anstieg des Meeresspiegels. In der amerikanischen Produktion «Mr. President» spinnt eine Umweltaktivistin Liebesbande mit dem höchsten Mann im Staat. Ihre Forderung: 20 Prozent Energieeinsparung, um das Klima zu schützen.

Sowohl auf dem Erdgipfel von Rio als auch auf der Berliner UN-Klimakonferenz hatten zahlreiche Künstlerinnen und Künstler ihren Auftritt. Für mehrere Monate irritierte eine vom Berliner Aktionskünstler Ben Wargin auf der Prachtstraße Unter den Linden plazierte untergehende Arche die vorbeirauschenden Autofahrer. Rockgruppen, Tänzer und Schauspieler umrahmten das Veranstaltungsprogramm der Umweltverbände.

Zahlreiche Einzelpersonen wollen sich nicht den großen gesellschaftlichen Organisationen anschließen, sondern individuell oder in kleinen Gruppen eine nachhaltige Alternative zu unserer heutigen Lebens- und Wirtschaftsweise vorleben.

Schon 1981 wurde das Energie- und Umweltzentrum am Deister (EUZ) als «Lebens- und Arbeitsprojekt» gegründet. Der gemeinnützige Verein betreibt in einem ökologisch beispielhaft sanierten Altbau eine Bildungsstätte, ein Gästehaus in moderner Niedrigenergiebauweise und ein 18.000 Quadratmeter großes Demonstrationsgelände für Umwelttechnologien. Neben dem Tagungsbetrieb finanziert sich das EUZ im norddeutschen Deister durch betriebliche Aktivitäten wie den Bau von Solaranlagen und energiesparenden Heizungsanlagen sowie dem Handel mit Baustoffen.

Ein weiteres sogenanntes Lebensstilprojekt, die Kommune Niederkaufungen, möchte linkes Politikverständnis mit einer «ökologisch und sozial verträglichen» Alltagspolitik verbinden. Die 65 Mitglieder der Kommune haben auf ihrem Gelände die Gebäude in Eigenarbeit wärmetechnisch saniert und die bisherige Heizungsanlage durch ein Blockheizkraftwerk ersetzt. Die Kommune unterhält sechs Gemeinschaftsautos und zwei gemeinschaftlich genutzte Waschmaschinen. Ökologisch verträglich leben heißt nach Selbstdarstellung der Kommune auch: «Weil wir der Meinung sind, daß unser hiesiger Wohlstand zum großen Teil auf der Ausbeutung der sogenannten Dritten Welt beruht, unterstützen wir dort regelmäßig Projekte durch Geld und Solidaritätsarbeit.»

Das Zentrum für experimentelle Lebensgestaltung (ZEGG) im brandenburgischen Belzig möchte die Frage nach dem «unerfüllten Eros» beantworten: «Wie läßt sich ein erfülltes Leben aufbauen, in dem der Konsum und andere Ersatzbefriedigungen nicht mehr interessant sind?» Sie haben sich deshalb vorgenommen, «Formen des Zusammenlebens» zu entwickeln, «in denen natürliche Werte wie Wahrheit, Vertrauen, Solidarität und verantwortliche Teilnahme» verwirklicht werden. Fragen der Gemeinschaftsordnung sind für die Initiatoren des ZEGG von übergeordneter, auch politischer Bedeutung. Von ihnen lasse sich letztendlich ableiten, welche Technologien und welche sozialen Formen zu entwickeln seien.

Die Rolle der Regierungen

In der Agenda 21 werden die unterzeichnenden Regierungen dazu aufgerufen, im Interesse der nachhaltigen Entwicklung mehr mit den gesellschaftlichen Interessengruppen zusammenzuarbeiten. «Eine breite Beteiligung der Öffentlichkeit an der politischen Entwicklung», so der Aufruf von Rio, ist «von entscheidender Bedeutung für eine nachhaltige Entwicklung.»

Die Agenda 21 nennt drei Voraussetzungen, die die Regierungen erfüllen müssen, um eine angemessene Beteiligung der Öffentlichkeit zu ermöglichen: Informationsrechte, Beteiligungsrechte und finanzielle Unterstützung. Für alle drei sollen Beispiele der heutigen Praxis mit dem Anspruch der Agenda verglichen werden.

Einzelpersonen und Organisationen, die umweltpolitisch mitdiskutieren wollen, brauchen den freien Zugang zu korrekten Informationen. In den Vereinigten Staaten wird mit dem «Freedom of Information Act» seit langem der Zugang zu öffentlichen Dokumenten, ein sogenanntes Akteneinsichtsrecht, gewährt. Ähnliche Regelungen gelten in den skandinavischen Staaten. Auch die Industrie muß einen Teil ihrer Umweltdaten offenlegen. In einem öffentlich einsehbaren Emissionsverzeichnis, dem «Toxic Release Inventory», müssen regelmäßig Daten über eingesetzte Chemikalien und den betrieblichen Schadstoffausstoß publiziert werden.

In Europa kämpfen Umweltorganisationen und Bürgerrechtsgruppen noch um den Zugang zu Informationen, die für ihre Arbeit unentbehrlich sind. Für den Zugang zu Industriedaten plant die EU-Kommission seit langem ein europäisches Emissionsregister, genannt «Pollution Emission Register». Mehrere Mitgliedstaaten, darunter Deutschland und Großbritannien, lehnen das Vorhaben als unzumutbare Schikane für die Industrie ab. Im Rahmen der betrieblichen Umweltprüfung auf Grundlage der EU-Ökoaudit-Verordnung müssen Betriebe einige stoff- und emissionsbezogene Daten offenlegen. Doch die Teilnahme am Ökoaudit ist freiwillig. Es liefert deswegen unvollständige Daten.

Seit 1994 ist die EU-Umweltinformationsrichtlinie in Kraft. Doch der Zugang zu relevanten Informationen ist je nach Mitgliedstaat eingeschränkt. So verweigern die deutschen Behörden oftmals den Zugang zu Informationen, weil es sich angeblich nicht um Umweltinformationen handelt. Oft fallen umweltrelevante Daten bei der Verkehrs- oder Wirtschaftsbehörde an. In den USA erstreckt sich die Informationspflicht der Behörden nicht nur auf Umweltdaten, sondern auf alle Daten, die nicht unter Geheimnisschutz fallen. Daten werden verspätet weitergegeben, wenn die innerbehördlichen Entscheidungsprozesse schon abgeschlossen sind. Teilweise werden exorbitante Gebühren für einfache Fotokopien erhoben. Finanzschwachen Organisationen und Einzelpersonen wird damit der Zugang zu den erfragten Informationen praktisch verwehrt. Die Umsetzung der europäischen Umweltinformationsrichtlinie atmet den Ungeist preußischer Beamtenstuben statt des Geistes von Rio. Deutsche Behörden begreifen sich als Teil einer feudalen Obrigkeit und nicht als Serviceeinrichtung für den Steuerzahler.

Genauso wichtig wie der Informationszugang sind einklagbare Beteiligungsrechte. Sowohl bei Gesetzgebungs-, als auch bei Planungs- und Genehmigungsverfahren, beispielsweise im Verkehrswegebau oder bei der Errichtung eines Großkraftwerkes, haben gesellschaftliche Gruppen sowohl Sachverstand als auch legitime Interessen einzubringen. In der deutschen Umweltverträglichkeitsprüfung (UVP) werden die Klimaauswirkungen der zu genehmigenden Projekte nicht untersucht. Politische Planungen wie der deutsche Bundesverkehrswegeplan, die langfristige Auswirkungen auf das Verkehrsaufkommen und die CO_2-Emissionen haben, werden ohne Bürgerbeteiligung beschlossen.

In der Dritten Welt kommen zahlreiche Großprojekte, gerade im Energiesektor, ohne Beteiligung der Bevölkerung zustande. Meist sind westliche Regierungen und internationale Organisationen wie die Weltbank an den Projekten beteiligt.

In der internationalen Umweltdiplomatie sitzen bis heute nur Regierungen am Verhandlungstisch. Dabei sind es nicht nur die Regierungen, sondern genauso die Wirtschaft, die Gewerkschaften, die Kommunen oder die Umweltverbände, die die einmal getroffenen Vereinbarungen zuhause umsetzen müssen. Die auf dem Erdgipfel von Rio ins Leben gerufene Kommission für nachhaltige Entwicklung (Commission on Sustainable Development, CSD) hat deshalb die Regierungen dazu aufgerufen, Nichtregierungsvertreter in ihre Verhandlungsdelegationen aufzunehmen und regelmäßig zu konsultieren. In den UN-Klimaverhandlungen sind diesem Aufruf bisher nur wenige Regierungen gefolgt. Unter den Industriestaaten sind es die USA, Australien und – als einziges EU-Land – Dänemark. Regelmäßige Konsultationen zwischen Regierungen und der Nichtregierungsseite sind ohne Zweifel sinnvoll. Beide Seiten lernen die gegenseitigen Positionen kennen und können sich im positiven Falle über eine sinnvolle Arbeitsteilung verständigen. Die Beteiligung von Nichtregierungsorganisationen am Verhandlungstisch ist eine zweischneidige Sache. Die Pflicht, sich an diplomatische Spielregeln anzupassen und sich der Delegationsdisziplin zu fügen, gefährdet die Unabhängigkeit der Nichtregierungsvertreter. Ihre unabhängige Meinung macht diese Organisationen aber so wertvoll. Selbst wo Beteiligungsrechte eingeräumt werden, scheitern sie formal oft am Geld. In den internationalen Umweltverhandlungen sind NRO aus den reichen Industriestaaten überrepräsentiert. Während die Umweltverbände sich traditionell um eine interne Mittelverteilung bemühen, um eine Mindestvertretung von Organisationen des Südens und Ostens zu gewährleisten, ist die Wirtschaftslobby fast nur durch Europäer und Amerikaner repräsentiert. Hier könnte die Einrichtung eines Reisemittelfonds Abhilfe schaffen.

Welches Eigeninteresse sollten Regierungen daran haben, gesellschaftliche Interessengruppen günstige Rahmenbedingungen dafür zu schaffen, sich zu artikulieren? In der modernen pluralistischen Gesellschaft sind es Regierungen und Parlamente, die Abkommen treffen und Gesetze beschließen. Doch schließlich sind es die Medien, die Meinungen bilden, die Wirtschaft, die Investitionen durchführt und die Bürgerinnen und Bürger, die im Haushalt Energie sparen und umweltbewußt einkaufen. Sie alle entscheiden mehr über den Erfolg der UN-Klimakonvention und des nationalen CO_2-Minderungszieles, als die Unterschrift des Bundespräsidenten unter ein neues Gesetz. Nichtstaatliche Organisationen, Verbände, Wirtschaft, Gewerkschaften und Kirchen geben den Wünschen der Zivilgesellschaft und ihrer verschiedenen Interessengruppen Ausdruck und tragen dadurch zu einer mehrheitsfähigen und auf Interessenausgleich gerichteten Entscheidungsfindung bei. Diejenigen Interessengruppen, die vor der Entscheidungsfindung gehört wurden, werden anschließend mit größerer Wahrscheinlichkeit bei ihrer Klientel für die Umsetzung des erzielten Kompromisses werben. Ist der Staat klug, stärkt er in diesem Prozeß der Information, Konsultation und Beteiligung die Schwachen. Ein Beispiel: Durch ihre finanzielle Kraft ist die Wirtschaftslobby im politischen Entscheidungsprozeß überrepräsentiert gegenüber der Umweltseite. Die Alternative zum Politikmonopol der Regierungen ist also nicht die ungeregelte Zulassung zu Verhandlungen und Entscheidungen, sondern ein finanzieller und organisatorischer Rahmen, der es allen gesellschaftlichen Interessengruppen ermöglicht, gleichberechtigt die Stimme für ihre Sache zu erheben und dabei gehört zu werden.

Literatur

Michael Keating: Agenda für eine nachhaltige Entwicklung – Eine allgemeinverständliche Fassung der Agenda 21 und der anderen Abkommen von Rio, Centre for Our Common Future, Genf 1993.

Jens Martens: Nichtregierungsorganisationen im UN-System, UNCED-Projektstelle 1992.

Yolanda Kakabadse: Movers and Shapers – NGOs in International Affairs, World Resources Institute, Washington 1994.

Bundesumweltministerium: Kommunaler Klimaschutz in der Bundesrepublik Deutschland, BMU, Bonn 1995

DGB-Bundesvorstand: Forderungen des DGB zum Klimagipfel '95 in Berlin, DGB, Düsseldorf 1995

Eurotopia 10/95: Anders leben, anders wirtschaften

II. Europa

4. Die Klimapolitik der Europäischen Union

«Die Klimapolitik der EU ist seit Rio die hohe Schule der Heuchelei.»
Der ehemalige EU-Umweltkommissar Carlo Ripa di Meana auf dem Berliner UN-Klimagipfel

Mit einem Anteil von 14 Prozent am Weltenergieverbrauch gehört die Europäische Union zu den ganz Großen im Kohlenstoffclub. Die Pro-Kopf-Emissionen an CO_2 betrugen im Jahre 1990 7,3 Tonnen. Sie weisen innerhalb der Union selbst starke Unterschiede auf. Aufgrund ihres wirtschaftlichen Rückstandes ist der pro Kopf Ausstoß der südlichen Mitgliedstaaten heute noch relativ niedriger als der der Mittel- und Nordeuropäer. Allerdings mit steigender Tendenz. So wird beispielsweise Griechenland in wenigen Jahren durch die Verbrennung heimischer Braunkohle zur «CO_2-Spitze» aufschließen.

EU-Klimapolitik in der Sackgasse

Das erste Klimaschutzprogramm der damaligen Europäischen Gemeinschaft datiert aus dem Jahre 1990. Mit einem Paket gemeinsamer Maßnahmen wollten Europas Umweltminister den CO_2-Ausstoß in der EG, der Prognosen zufolge um 12 Prozent angestiegen wäre, bis zur Jahrtausendwende stabilisieren. Die EU hatte sich vorgenommen, auf dem Erdgipfel von Rio eine Vorreiterrolle zu spielen. Rechtzeitig vor Rio wurde ein Maßnahmenkatalog präsentiert, mit dem die Kommission das Stabilisierungsziel erreichen wollte. Kernstück der europäischen Klimaschutzstrategie war die Einführung einer gemeinschaftlichen CO_2-/Energie-Steuer. Diese Steuer sollte über 50 Prozent zum gemeinschaftlichen Klimaschutzziel beitragen. Mit dem SAVE-Rahmenprogramm («Special Action Program for Vigorous Energy Efficiency») sollte die Energieeffizienz durch eine Reihe flankierender Maßnahmen gefördert werden. ALTENER («Alternative Energy»), ein Programm für Erneuerbare Energien, sollte die Alternative zu den fossilen Energien voranbringen. Der Energiebinnenmarkt sollte künstliche Marktbarrieren beseitigen und damit auch Umweltschutzmaßnahmen auf die kostengünstigste Weise möglich machen. Schließlich sah die Kommission ein eigenes Programm zur Überwachung der klimapolitischen Fortschritte in den Mitgliedstaaten sowie zum Informations- und Datenaustausch vor, den sogenannten Monitoring-Mechanismus. Keine eigenen Vorschläge machte das Klimaprogramm der EU für die CO_2-Emissionen des Verkehrssektors. So wurde auf Widerstand Deutschlands hin das Vorhaben für ein europaweites Tempolimit aufgegeben.

Das Klimaprogramm der EU-Kommission kann mit dem querschnittsorientierten deutschen CO_2-Minderungsprogramm verglichen werden. Vorgesehen waren ursprünglich Energiesparmaßnahmen in der Energieerzeugung, im Gebäudebereich und bei technischen Geräten. Die erneuerbaren Energien sollten gefördert, Forschung und Entwicklung vorangetrieben und flankierend ein allgemeines Preissignal durch die Einführung einer Klimasteuer gesetzt werden. Das gesamte umweltpolitische Instrumentarium sollte eingesetzt werden, angefangen mit Richtlinien und Verordnungen, hin zu technischen Standards und der Einführung der Steuer.

Doch schon wenige Wochen vor Rio gab es den erste Wermutstropfen. Der Rat der europäischen Minister verschob die Einführung der CO_2-/Energie-Steuer bis aufs weitere. Die Steuer sollte nur zusammen mit den anderen großen Industriestaaten – gemeint waren damit vor allem die USA – eingeführt werden. Der gute Eindruck, den die Europäer in Rio zu machen gedachten, wurde geschmälert.

Nach fünf Jahren ist auch der letzte Lack ab. Die Halbzeitbilanz der EU-Klimapolitik ist niederschmetternd. Von einer gemeinschaftlichen Klimapolitik kann nicht mehr die Rede sein. Nach zähen Verhandlungen wurde eine harmonisierte CO_2-/Energie-Steuer auf dem EU-Gipfel im Dezember 1994 von den Staats- und Regierungschefs zu Grabe getragen. Bis zum Jahre 2000 soll es den Mitgliedstaaten überlassen bleiben, in eigener Regie Steuern auf den Energie- oder CO_2-Gehalt von Brennstoffen einzuführen. Der Fall CO_2-/Energie-Steuer ist ein Sittengemälde der Umweltpolitik der 90er Jahre. Ihm ist deshalb ein eigenes Kapitel gewidmet.

Auch die Programme SAVE und ALTENER wurden bis zur Unkenntlichkeit verwässert und finanziell unzureichend ausgestattet, und der von der EU selbst eingerichtete Monitoring Mechanismus zeigt, es geht voran – mit den Emissionen.

Zur UN-Klimakonferenz in Berlin mußte die EU-Kommission eingestehen, daß bei Fortsetzung der bisherigen Politik die CO_2-Emissionen in der Union bis zum Jahr 2000 weiter ansteigen werden. In Berlin war die EU deshalb von der politischen Bühne verschwunden. Fünfzehn Mitgliedstaaten irrlichterten herum. Die Führungsrolle Europas blieb unbesetzt. Wie wird die EU reagieren, wenn es 1997 zur Verabschiedung eines CO_2-Protokolles im Rahmen der UN-Klimakonvention kommen sollte? Kann sie ihre zu erwartenden Verpflichtungen erfüllen?

Das Potential ist da

Das Potential zum Handeln ist zahlreichen Studien zufolge vorhanden. So identifizierte die Internationale Energieagentur (IEA) im Auftrag der Europäischen Kommission ein kurzfristig realisierbares und kostengünstiges europäisches Stromsparpotential von 15–20 Prozent. Noch höhere Stromsparraten seien, so die Wissenschaftler, möglich, wenn die Unternehmen längere Rückzahlzeiten für getätigte Energiesparinvestitionen akzeptieren würden.

Auch der europäische Industriedachverband UNICE kam im Herbst 1995 bei einer Untersuchung über Energieeffizienzspielräume in 26 europäischen Industriegruppen zu ähnlichen Ergebnissen.

Über 850 Mio t CO_2, und damit mehr als ein Viertel aller Emissionen der EU, könnten entsprechend UNICE mit existierenden Technologien eingespart werden. Forscher des Lawrence Berkeley Institutes in Kalifornien haben innerhalb eines großangelegten Forschungsprojektes über mehrere EU-Mitgliedstaaten, des International Project on Sustainable Energy Paths, die Langfristperspektive erkundet. Mit kosteneffizienten Maßnahmen können innerhalb der nächsten 30 bis 50 Jahre 60 Prozent der EU-weiten CO_2-Emissionen eingespart werden. Und die Wirtschaft kann weiter wachsen wie bisher – unter anderen Rahmenbedingungen.

Schwieriger wird es sein, die kurzfristigen Klimaschutzziele zu erreichen. Seit dem Jahr 1990, als das Klimaschutzprogramm der EU ins Leben gerufen wurde, ist die meiste Zeit schon vertan worden – ohne etwas zu tun. Schließlich soll die Stabilisierung der europäischen CO_2-Emissionen schon im Jahr 2000 erreicht sein. Doch das dürfte selbst nach Ansicht der europäischen Umweltminister schwerfallen. Auch die Summe der Aktivitäten der Mitgliedstaaten wird nicht genügen, das Ziel zu erreichen, geschweige denn weitere Reduzierungen nach dem Jahr 2000. Das von der EU-Kommission in Auftrag gegebene Trendszenario prognostiziert einen Anstieg der CO_2-Emissionen um 3,5–4 Prozent bis zum Jahr 2000 und um 8 Prozent bis zum Jahre 2005. Der Anstieg hält sich deswegen noch relativ in Grenzen, da die Emissionen in zwei Hauptverursacherländern deutlich zurückgehen. Großbritannien erwartet eine Reduktion seiner CO_2-Emissionen um 4–7 Prozent. Der Grund liegt im Ende der britischen Kohleförderung. Deswegen wurde auch in Industrie und Haushalten vielfach auf CO_2 ärmere Energieträger und energieeffizientere Verfahren umgestiegen. Ein weiterer Faktor, der die CO_2-Emissionen in Großbritannien begrenzt, ist die anhaltende wirtschaftliche Rezession. In Deutschland dagegen ist das Gros der bisher geschafften und bis zum Jahre 2000 zu erwartenden Emissionsreduktionen vereinigungsbedingt.

Ein Beispiel, das in die andere Richtung weist: Spanien, einer der südlichen EU-Mitgliedstaaten, die zur Zeit die industrielle Entwicklung Mitteleuropas nachholen, rechnet selbst mit einer Steigerung von 15 Prozent. Wenn die EU die klimapolitische Wende schaffen möchte, sind neue Maßnahmen nötig und blockierte Maßnahmen wie die Klimaschutzsteuer müssen endlich beschlossen werden.

Selbst für das Jahr 2005, das als erstes Zieljahr für ein internationales CO_2-Minderungsabkommen im Gespräch ist und für das die Koalition der Kleinen Inselstaaten und die Umweltverbände auf dem Berliner UN-Klimagipfel eine CO_2-Reduktion von 20 Prozent auf Grundlage der Werte von 1990 vorgeschlagen hatten, wird es eng. Eine von der Universität Rotterdam verfaßte und 1996 veröffentlichte Studie des Umweltverbandes World Wide Fund for Nature (WWF) kommt zu dem Schluß, daß die EU und ihre Mitgliedstaaten allein mit kosteneffizienten Maßnahmen bis zum Jahre 2005 nur noch eine CO_2-Reduktion von 14 Prozent erreichen kann. Der Grund dafür ist, daß die meisten Investitionen, die im Jahre 2005 unseren Energieverbrauch bestimmen werden, heute schon getätigt worden sind. Beispielsweise werden die meisten Kraftwerke, die heute arbeiten, auch im Jahre 2005 noch CO_2-Emissionen produzieren.

Als langfristiges Ziel formuliert die von der europäischen Umweltorganisation Friends of the Earth (FoE) in Auftrag gegebene Studie «Ein zukunftsfähiges Europa» eine Reduzierung des Pro Kopf CO_2-Ausstoßes von heute 7,3 Tonnen jährlich auf 1,7 Tonnen im Jahre 2050. Das zukunftsfähige Europa orientiert sich dabei an den Vorgaben des UN-Wissenschaftlergremiums Intergovernmental Panel on Climate Change (IPCC). Notwendig dazu wäre eine Verminderung der Verbrennung fossiler Energieträger um mindestens drei Viertel. Die europäische Sektion der Umweltschutzorganisation Greenpeace hält in dem von ihr in Auftrag gegebenen «Fossil Free Energy Scenario» bis zum Jahre 2050 sogar eine CO_2-freie Energiewirtschaft in Europa für technisch möglich. Im Gegensatz zu Friends of the Earth schlägt Greenpeace die massive Nutzung von Biomasse zur Energieerzeugung vor. Doch die Biomasseproduktion konkurriert mit anderen umweltpolitischen Zielsetzungen, wie dem ökologischen Landbau und dem Naturschutz.

Energieeffizienz und regenerative Energien

Ein gutes Beispiel dafür, welches Potential in einer europäischen Klimapolitik stecken würde, liefert das Energiesparprogramm SAVE (Specific Action Programme for Vigorours Energy Efficiency). SAVE sollte ursprünglich 25 Prozent zum Klimaschutzziel der EU beitragen, wurde allerdings von den nationalen Ministern zu einer Rahmenrichtlinie verwässert. Von der Struktur her ist es jedoch ein gutes Programm, das eine CO_2-/Energie-Steuer hervorragend ergänzen würde. Das SAVE-Programm weiß, daß Energieeffizienz der Königsweg zur Einbeziehung des Umweltschutzes in die Energiepolitik ist. Es besteht aus zahlreichen Einzelprogrammen, die die Energieeffizienz der europäischen Unternehmen und ihrer Produkte verbessern sollen.

Schon seit 1992 wurden im Rahmen des SAVE-Programmes Richtlinien für die Kennzeichnung des Energieverbrauches von Haushaltsgeräten entwickelt. Gekennzeichnet werden müssen beispielsweise Kühlschränke, Kühltruhen und Waschmaschinen. Weitere Haushaltsgeräte sollen in den nächsten Jahren hinzukommen. Umweltbewußten Verbrauchern wird somit eine Entscheidungshilfe gegeben, welches Gerät für sie in Frage kommt. Die Kennzeichnung von Haushaltsgeräten sollte jedoch auch andere umweltrelevante Gesichtspunkte umfassen, wie beispielsweise den Wasserverbrauch von Waschmaschinen oder den Einsatz ozonschädigender Treibgase wie der Fluorchlorkohlenwasserstoffe (FCKW) in Kühlgeräten. Kennzeichnungsregelungen sind eine typische Aufgabe der EU-Umweltpolitik. Schließlich werden Haushaltsgeräte im Gemeinsamen Europäischen Binnenmarkt produziert und verkauft. Die Kennzeichnung sollte deshalb auch in allen elf EU-Amtssprachen erfolgen. Auf einer Waschmaschine ist genug Platz dafür. Für Kühlschränke und Kühltruhen wurden europaweite Energiesparstandards beschlossen. Leider sind die Standards nicht sehr streng. Von den meisten Geräten, die in Europa produziert werden, werden sie bereits erfüllt. Besser wäre es, anspruchsvolle Standards vorzugeben, die heute erst von wenigen Herstellern erreicht werden, und den Haushaltsgeräteherstellern eine längere Umstellungsfrist einzuräumen. In den USA wurde ein Preis für den sparsamsten Kühlschrank ausgeschrieben. Das Programm heißt «Golden Carrott» – Goldene Karotte – und soll an den Esel erinnern, der einer Karotte, die vor seiner Nase hängt, nachläuft. Die Goldene Karotte ist ein Preisgeld, das die amerikanische Umweltagentur dem Kühlschrankhersteller verleiht, der als erstes den strengsten Energiesparstandard unterbietet. Außer dem Preisgeld kann sich der Gewinner auf einen enormen Werbeeffekt freuen.

Programme zur Etikettierung und zum Energieverbrauch technischer Geräte brauchen Zeit um zu wirken. Wenn sie die parlamentarischen und bürokratischen Hürden genommen haben, gibt die EU ihren Mitgliedstaaten in der Regel zwei Jahre Zeit, die nationale Gesetzgebung europäischen Richtlinien anzupassen. Dann erst können die ersten Etiketten vergeben werden. Bis sie auf Kühlschränken und Küchenquirls kleben, vergehen so Jahre. Kurzfristige Einsparungen können mit dem SAVE-Programm also nicht erzielt werden. Programme dieser Art zielen auf einen längerfristigen Technologiewandel ab.

Neben Richtlinien, die Energieverbrauchswerte gesetzlich vorschreiben, bemüht sich die EU-Kommission um umweltfreundliche Industrienormen. Ähnlich wie die Deutsche Industrienorm (DIN) werden Produkte und Produktionsprozesse inzwischen sowohl europäisch als auch international genormt. Sich an Normen zu halten ist nicht gesetzlich vorgeschrieben, da es sich um freiwillige Vereinbarungen der Wirtschaft handelt. Es ist aber für alle Marktteilnehmer vorteilhaft, sich auf genormte Produkte und Produktteile verlassen zu können. Weil die Industrie über ihre Produkte am besten Bescheid weiß, können Normen auf unbürokratische Weise Gesetze und Verordnungen ersetzen. Doch bei der Normung geht es nicht immer nur um rein technische Fragen, die man den Ingenieuren aus den Wirtschaftsunternehmen überlassen kann. Der Energieverbrauch von Produkten ist auch eine politische Frage, für die unter Umständen auch Kompromisse in einem anderen Bereich, beispielsweise bei den Kosten, geschlossen werden müssen. Im Rahmen des SAVE-Programms möchte die EU-Kommission deshalb die europäische Normungsorganisation (CEN) und deren weltweite Dachorganisation (ISO) davon überzeugen, bei der Normung von Produkten auch auf einen sparsamen Energie- und Ressourcenverbrauch und auf Umweltfreundlichkeit zu achten. Bisher sind in den Normungsorganisationen jedoch Vertreter von Wirtschaftsunternehmen überrepräsentiert. Die europäischen Umweltverbände haben deswegen vorgeschlagen, mit einer geringen Gebühr auf genormte Produkte unabhängigen Experten von Umwelt- und Verbraucherorganisationen Zugang zu den Normungsgremien zu verschaffen.

Nicht nur Produkte sollen nach Meinung der EU-Kommission effizienter werden, sondern auch der Energieverbrauch allgemein. Mit einer neuen Richtlinie möchte die Kommission das Prinzip der Integrierten Ressourcenplanung in die europäische Energiewirtschaft einführen. In den USA gibt es schon seit 1992 ein Bundesgesetz, das den Energieversorgungsunternehmen vorschreibt, vor dem Bau neuer Kraftwerke zu prüfen, ob nicht statt dessen Energiesparmöglichkeiten auf Verbraucherseite ausgeschöpft werden können. In Europa wird Integrierte Ressourcenplanung bereits in Dänemark, Großbritannien und von einigen deutschen Stadtwerken praktiziert. Die Richtlinie zur Integrierten Ressourcenplanung müßte spätestens zusammen mit dem geplanten EU-Binnenmarkt für Energie eingeführt werden. Der freie Energiemarkt muß von Anfang an so strukturiert sein, daß der europäische Wettbewerb der Energieversorger nicht nur zu fallenden Preisen, sondern auch zu mehr Energieeffizienz führt.

Ergänzend zu der geplanten Richtlinie zur Integrierten Ressourcenplanung bemüht sich die EU-Kommission um eine freiwillige Vereinbarung mit den europäischen Energieversorgern, damit diese ihre Energieeffizienz erhöhen. Freiwillige Vereinbarungen sind eine Alternative zu gesetzlichen Regelungen. Sie haben den Vorteil, daß alle Teilnehmer die Abmachung auf die für sie kostengünstigste Weise umsetzen können. Damit freiwillige Vereinbarungen auch eingehalten werden, müssen zwei Voraussetzungen stimmen. Erstens ist eine glaubwürdige und nachvollziehbare Ergebniskontrolle notwendig. Fällt das Ergebnis negativ aus und die Wirtschaft hat ihre freiwillig eingegangenen Verpflichtungen nicht erfüllt, so muß der Staat das gesetzte Ziel mit ordnungsrechtlichen oder steuerlichen Alternativen erreichen können.

Zeitgleich mit dem SAVE-Programm zur Förderung der Energieeffizienz wurde 1993 das ALTENER-Programm (Alternative Energy) für erneuerbare Energien beschlossen. Mit ALTENER soll der Anteil der erneuerbaren Energiequellen an der EU-Energieversorgung bis zum Jahre 2005 von 5 auf 8 Prozent erhöht werden. Dieses Ziel ist selbst nach Meinung der Energieabteilung der EU-Kommission zu niedrig gesteckt. Der im März 1994 in Madrid verabschiedete Aktionsplan der Europäischen Generaldirektion Energie möchte den Anteil der erneuerbaren Energien bis zum Jahre 2010 auf 15 Prozent steigern. Eine Potentialstudie der Solarenergieorganisation EUROSOLAR hält bis zum Jahre 2020 einen Anteil von 50 Prozent für möglich.

Während das ALTENER-Programm vor allem Pilotprojekte mit neuen Technologien und den Informationsaustausch innerhalb Europas fördert, schlägt EUROSOLAR eine breit angelegte Technologieoffensive vor. Die EU soll mit einem Markteinführungsprogramm diejenigen erneuerbaren Energietechniken unterstützen, die heute schon kostengünstig produziert werden können. Dazu gehören die Windenergie, solare Dünnschichtzellen zur Stromerzeugung und die Biogasgewinnung aus Müll und Abfällen der Land- und Forstwirtschaft. Strom aus Windkraftanlagen kann in Deutschland und Dänemark schon heute zu Marktpreisen angeboten werden. Für Technologien, die sich heute noch in der Entwicklungs- und Erprobungsphase befinden, sollen die Forschungsmittel erhöht werden. Im mehrjährigen Forschungsrahmenprogramm der EU liegt der Schwerpunkt immer noch auf der Atomtechnik.

Forschung und Entwicklung brauchen Zeit. Hier wird gesät, was als CO_2-Reduktionspotential vielleicht in der ersten Hälfte des nächsten Jahrhunderts einmal zur Verfügung steht. Das ALTENER-Programm in seiner jetzigen Form ist ein Musterbeispiel für die Halbherzigkeit der EU-Klimapolitik. Europa verpaßt eine der größten technologischen Chancen des 21. Jahrhunderts, wenn es nicht rechtzeitig die Brücke ins Solarzeitalter schlägt.

Keine Rezepte gegen die Verkehrsflut

Ein wichtiger Bereich wurde aus der CO_2-Minderungspolitik der EU fast vollständig ausgeblendet. In allen Mitgliedstaaten steigen die Emissionen aus dem Automobil- und dem Luftverkehr dramatisch an. Dazu kommt der boomende Transitverkehr nach Osteuropa. Die Umweltabteilung der EU-Kommission möchte deshalb den Benzinverbrauch der europäischen PKW-Flotte bis zum Jahre 2005 auf durchschnittlich fünf Liter senken. Doch Vorschläge für einen CO_2- oder Verbrauchsgrenzwert sind nicht einmal innerhalb der Umweltabteilung der Kommission konsensfähig. Deshalb möchte die Kommission eine Steuer zur Drosselung des Benzinverbrauches vorschlagen. In der Diskussion sind eine Erhöhung der Kaufsteuer für Neuwagen. Die PKW sollen in Zukunft entsprechend ihrem durchschnittlichen Benzinverbrauch besteuert werden. Diese Lösung wird von den europäischen Umweltverbänden favorisiert. Sie setzt das stärkste Preissignal, wenn es um die wichtige Entscheidung geht, ob der Kunde ein Sparmobil oder einen ineffizienten Spritschlucker kauft. Nach Schätzung einer Expertengruppe der EU-Mitgliedstaaten, der Autoindustrie und der Umweltverbände, müßte der steuerliche Aufschlag beim Kauf eines Neuwagens pro zusätzlich verbrauchtem Liter Kraftstoff auf 100 km bei knappen 2.000 DM liegen. Ein Zehn-Liter-Auto würde also beim Kauf gegenüber einem Fünf-Liter-Auto mit zusätzlichen 10.000 DM besteuert. Sicherlich eine Entscheidungshilfe beim Kauf eines Neuwagens. Gegner dieser Lösung wenden ein, daß eine solch hohe Kfz-Erwerbssteuer dazu führen könnte, daß alte und schmutzige PKW länger als notwendig in Gebrauch bleiben. Deshalb wird als Alternative überlegt, die jährliche Kfz-Steuer verbrauchsabhängig zu erhöhen oder die Mineralölsteuer anzuheben. Beide Preissignale richten sich an die Autofahrer, die heute noch zuviel Sprit verfahren. Sie werden sich die Anschaffung eines sparsameren Neuwagens überlegen.

Die Mitgliedstaaten sind sich uneinig, welche Lösung sie favorisieren sollen. Die Industrie lehnt alle Vorschläge ab, die den Autokauf oder das Autofahren teurer machen. Sie verhandelt mit der EU-Kommission über eine freiwillige Vereinbarung zur CO_2-Reduktion. Der durchschnittliche Benzinverbrauch von Neuwagen soll bis zum Jahre 2005 um 25 Prozent gegenüber 1995 gesenkt werden. Das wären 7,5 Liter auf 100 km. Vermutlich würde diese Einsparung durch den erhöhten PKW-Bestand wieder wettgemacht. Angesichts dessen, daß schon heute Kleinwagen auf dem europäischen Markt erhältlich sind, die zwischen vier und sechs Liter auf 100 km verbrauchen und Konzepte auf dem Tisch liegen, den durchschnittlichen Benzinverbrauch auf 1,5 Liter/100 km zu senken, entlarvt sich der Vorschlag der Industrie für eine freiwillige Selbstverpflichtung als Ausweichmanöver, um gesetzlichen Verpflichtungen zu entgehen.

Noch dramatischer als bei den PKW ist die Entwicklung im Güterverkehr. Durch den Gemeinsamen Binnenmarkt und die Öffnung der Grenzen nach Osteuropa ist der Gütertransport auf der Straße sprunghaft angestiegen. Ein Weg, den Güterverkehr zu regulieren, sind Straßenbenutzungsgebühren, wie sie beispielsweise die Schweiz eingeführt hat. Doch als 1994 eine europäische Autobahnvignette für LKW eingeführt wurde, senkte Deutschland gleichzeitig seine Kfz-Steuer, um den Güterverkehr finanziell nicht zusätzlich zu belasten. Das deutsche Umweltbundesamt (UBA) hat ausgerechnet, daß für einen 40 Tonnen LKW mit einer Jahresfahrleistung von 100.000 km und einem Durchschnittsverbrauch von 35 Liter/100 km die jährliche Belastung seit Einführung der Vignette von 10.500 DM auf 8.800 DM gesunken ist (UBA Jahresbericht 1994). Sicherlich kein Preissignal in Richtung Verlagerung des Güterverkehrs auf die Bahn.

Noch stärker als der Straßengüterverkehr wird innerhalb der EU der Flugverkehr subventioniert. Der gewerbliche Flugverkehr ist bis Ende 1997 von der Mineralölsteuer befreit. Sogar Privatflugzeuge müssen in einigen EU-Ländern wie Belgien, Dänemark, Irland, Portugal und Großbritannien keine Flugbenzinsteuer bezahlen. Artikel 93 des EG-Vertrages sieht zwar vor, daß die EU-Kommission die Subventionspraktiken ihrer Mitgliedstaaten überwachen muß, für den Verkehrsbereich sind aber Ausnahmeregelungen vorgesehen.

Energiebinnenmarkt

Obwohl sie nicht Bestandteil des EU-Klimaschutzprogrammes ist, wird die geplante Reform des europäischen Energiebinnenmarktes weitreichende Auswirkungen auf Energieverbrauch und CO_2-Ausstoß haben.

Die Energieversorgungsstrukturen der EU-Mitgliedstaaten sind stark unterschiedlich ausgeprägt. Während Frankreich über 70 Prozent seines Stroms mit CO_2-freier Kernkraft erzeugt, verbrennt Deutschland weiter heimische Kohle. In Frankreich liegt die Energieversorgung in der Hand eines Staatsmonopolisten, in Deutschland teilen sich regionale Versorgungsunternehmen mit hohem Staatsanteil und kommunale Stadtwerke den Markt und in Großbritannien ist die Energiewirtschaft inzwischen privatisiert. Auch das hat Auswirkungen auf den CO_2-Ausstoß. Die private Stromwirtschaft Großbritanniens ist aus Kostengründen aus der Kohle aus- und ins Gasgeschäft eingestiegen. Deutschlands Stadtwerke experimentieren in kleinerem Maßstab mit einer umweltfreundlichen Energieversorgung. Auch die Energiepreise unterscheiden sich von Land zu Land deutlich. Für die Wirtschaft der Mitgliedstaaten ergeben sich daraus unterschiedliche Wettbewerbsbedingungen. Eine gemeinsame EU-Energiepolitik und Klimapolitik wird erschwert.

Im Jahr 1987 hatten die damals noch 10 Staats- und Regierungschefs der EG deshalb den Startschuß für die Errichtung des Europäischen Binnenmarktes bis 1992 gegeben. Auch die Ware Energie sollte bis dahin frei, über die Grenzen der Mitgliedstaaten hinaus, handelbar sein. Schon am 2. Mai 1988 legte die EG-Kommission ihren ersten Bericht über die Vorteile eines Gemeinsamen Energiebinnenmarktes vor. Liberalisiert werden sollten die Produktion, der Transport und der Handel mit Energie. Erklärtes Hauptziel der angestrebten Liberalisierung ist es, die Energiepreise zu reduzieren und damit die Wettbewerbsfähigkeit der europäischen Industrie zu erhöhen. Durch den größeren Markt sollte die Versorgungssicherheit erhöht werden. So halten die Stromerzeuger in Deutschland erhebliche Reservekapazitäten für Spitzenverbrauchszeiten bereit. Die Aufrechterhaltung von Reservekapazitäten ist mit ein Grund für den Weiterbetrieb zahlreicher Kraftwerke, die in der

Grundlast nicht mehr benötigt werden. Im Pool eines Gemeinsamen Strombinnenmarktes müßte die Summe der nationalen Reservekapazitäten weitaus geringer ausfallen. Die Kräfte des Freien Marktes, so die Kommission, würden sich auch segensreich für den Umweltschutz erweisen. Verstärkter Wettbewerb werde zu erhöhter Energieeffizienz in der Produktion und im Transport führen.

Der Energiebinnenmarkt, wie die Europäische Kommission ihn sich vorstellt, gleicht einen Perpetuum Mobile. Hohes Wirtschaftswachstum, niedrige Energiepreise, freie Märkte und der Umweltschutz sollen problemlos miteinander versöhnt werden.

Doch ist der geplante Markt wirklich so frei? Der Politikwissenschaftler Christian Hey schreibt dazu: «Sieht man die weitgesteckten Ziele der Kommission an, so ist als erstes festzustellen, daß der Binnenenergiemarkt durchaus nicht soviel Freiheit des Wettbewerbs verwirklicht, wie er verspricht. Der freie Binnenmarkt für Energie schafft keinen echten Wettbewerb zwischen den Alternativen Energieeinsparung und Energiebereitstellung.» Tatsächlich ist der Wettbewerb durch zahlreiche versteckte oder offene Subventionen für die fossilen Energien und die Atomenergie verzerrt. Energieeffizienz und Erneuerbare Energien haben erhebliche Schwierigkeiten, die Luft der Freiheit zu schnuppern. Um für die erneuerbaren Energien faire Wettbewerbsbedingungen zu schaffen, schlägt die Solarenergieorganisation EUROSOLAR vor, im Energiebinnenmarkt die kostendeckende Einspeisung von Strom aus erneuerbaren Energien in das Netz der großen Energieversorger vorzuschreiben. Eine solche Einspeiseregelung existiert beispielsweise in den USA. Damit der Energiebinnenmarkt nicht nur zu einem Wettbewerb um niedrige Energiepreise, sondern auch zu einem effizienteren Energieverbrauch führt, möchte die Energieabteilung der EU-Kommission mit einer Richtlinie im Rahmen des oben beschriebenen Energiesparprograms SAVE die europäische Energiewirtschaft zur Integrierten Ressourcenplanung verpflichten.

Sinkende Energiepreise erschweren die Bemühungen, Energie zu sparen. Deshalb auch die Idee, die Preise mit einer aufkommensneutralen CO_2-/Energie-Steuer wieder auszugleichen und für eine Entlastung der Unternehmen bei einem anderen Kostenfaktor, der Unternehmensbesteuerung oder den Sozialabgaben, zu sorgen.

Der ursprüngliche Vorschlag der EG-Kommission für eine Energiesteuer hätte Abschätzungen zufolge einen Anstieg der Preise von 15 Prozent mit sich gebracht. Der Gemeinsame Energiebinnenmarkt hätte durch verstärkten Wettbewerb im gleichen Zeitraum zu einer Preissenkung von 7 Prozent geführt. Insgesamt wären die Preise damit in einem Zeitraum von 10 Jahren um 8 Prozent gestiegen. Es besteht kaum Zweifel, daß dieser gedämpfte Preisanstieg nur einen minimalen Effekt auf die Förderung von Energieeffizienz und Erneuerbaren Energien mit sich gebracht hätte.

Die Schaffung eines Energiebinnenmarktes, der nicht nur die Grenzen für die großen Energiemonopolisten der Nationalstaaten öffnet, sondern gleichzeitig für faire Wettbewerbsbedingungen und Umweltschutz sorgt, wird dadurch erschwert, daß die EU eigentlich gar keine eigene Energiepolitik hat. Die Politikwissenschaftlerin Ute Collier von der Europa Universität in Florenz schreibt, daß die Klimastrategie der EU auf zwei Politikbereiche, «namentlich die Energie- und Steuerpolitik», aufbaut, die von jeher in den Kompetenzbereich der Mitgliedstaaten fallen. Als 1957 der Vertrag zur Europäischen Wirtschaftsgemeinschaft (EWG) abgeschlossen wurde, fehlte das Energiekapitel. Dabei hatte die Energiepolitik am Anfang der europäischen Einigung gestanden. Schon 1952 wurde die Gemeinschaft für Kohle und Stahl (EGKS), die sogenannte Montan-Union, gegründet. 1957, zeitgleich mit der EWG, der Europäische Atomvertrag EURATOM. Dabei ist es geblieben. Bestrebungen, die beiden Sonderverträge in ein eigenes Energiekapitel des EU-Vertrages zu integrieren, scheiterten vor allem an den Interessen von Deutschland und Frankreich. Deutschland hat weiter ein vitales Interesse daran, seine Kohlesubventionspolitik im geschützten Rahmen der Montan-Union durchzuführen. So forderte die sozialdemokratische Bundestagsfraktion in einem Entschließungsantrag vom 18.1.1996, daß zumindest die Sonderregelungen für Subventionen und die Bildung von Kartellen vom EGKS in den EG-Vertrag übernommen werden. Frankreich dagegen war und ist Hauptnutznießer des EURATOM-Vertrages. Nach Ansicht der Europäischen Kommission deckte der Vertrag sogar die Atomwaffenversuche Frankreichs 1995 auf dem südpazifischen Mururoa Atoll.

Beide Beispiele zeigen auch, daß Energiepolitik in besonderer Weise als Frage der nationalen Souveränität begriffen wird.

Energiepolitische Aktivitäten der Europäischen Kommission sind deshalb immer ein Drahtseilakt. Der Binnenmarktartikel des EG-Vertrages mußte für den Gemeinsamen Energiemarkt herhalten, wie für den Handel mit Schrauben und Zollstöcken. Dabei ist Energie nicht irgendeine Ware, denn sowohl ihre Produktion, als auch ihr Konsum haben erhebliche Auswirkungen auf Gesellschaft und Umwelt.

Die CO_2-/Energie-Steuer wurde behandelt unter der Rechtsgrundlage für indirekte Steuern. Auch sie steht auf wackligem rechtlichem Boden. Ein eigenes Energiekapitel des EU-Vertrages hätte also die Aufgabe, Wirtschaftlichkeit, Versorgungssicherheit, Umwelt- und Verbraucherschutz zu integrieren.

Subventionen behindern Energieeffizienz

Bestehende Subventionen sind immer ein wichtiges Hindernis für neue Technologien wie beispielsweise Energieeffizienz und Erneuerbare Energien. Subventionen sind nichts von Grund auf Böses. Sie können neuen Technologien die Startchancen erleichtern. Und sie können aus sozialen Gründen das Auslaufen alter Technologien in den Gleit- anstatt in einen Sturzflug überführen. Ein Beispiel dafür könnten die Kohlesubventionen sein. Schädlich sind sie dann, wenn sie zum Dauerzustand werden. Wenn Besitzstände auf Kosten der Allgemeinheit und gegen die Gesetze des Marktes und der Vernunft gewahrt werden.

Die Europäische Union als Handelsgemeinschaft hätte im Grunde die Aufgabe, das Gestrüpp nationaler Subventionen zu entwirren – gerade im Energiebereich. Der Gemeinsame Energiemarkt wird sich ansonsten nicht herstellen lassen. Dazu gehören die französischen Atom- und die deutschen Kohlesubventionen in erster Linie. Aber auch viele energieschluckende Industrieanlagen werden mit Subventionen am Leben erhalten. So die europäische Stahlindustrie. Das Beispiel der Gemeinsamen Agrarpolitik wird weiter unten erläutert.

Politik gegen den Klimaschutz

Der Treibhauseffekt hat europäische Lösungen, aber er hat auch europäischen Ursachen. Der Gemeinsame Binnenmarkt, der seit 1987 eingerichtet wurde, ist einseitig auf wirtschaftliches Wachstum und auf das Zusammenwachsen und die Vereinheitlichung der Wirtschaftsräume hin orientiert. Dadurch wird nicht nur Handel, sondern auch Verkehr erzeugt. Berühmt ist inzwischen das Beispiel der bayerischen Kartoffeln, die über die Alpen zum Waschen gefahren werden, und die Odyssee eines Joghurtbechers, dessen Bestandteile und Inhalt durch fast ganz Europa transportiert werden, bis er für wenige Minuten auf dem Frühstückstisch steht. Die Antwort der EU auf den zusammenwachsenden Binnenmarkt ist bisher lediglich der Ausbau von transeuropäischen Verkehrsnetzen gewesen. Die Alternative zu zehntausenden neuen Kilometern Autobahn heißt: Regionale Wirtschaftskreisläufe müssen neben den europäischen Binnenmarkt treten. Nicht alle Produkte werden sinnvollerweise mehrere tausend Kilometer weiter weg besser und billiger erzeugt. Klimapolitik heißt hier Strukturpolitik.

Die europäische Agrarpolitik, die immer noch mehr als die Hälfte des EU-Budgets verschlingt, ist ebenfalls ein Sünder im Treibhaus. Die hochtechnisierte Landwirtschaft verbraucht selbst zuviel Energie. Holländische Treibhaustomaten sind das energieintensivste Gemüse auf der Welt. Die landwirtschaftliche Hochdüngung setzt das Treibhausgas Lachgas (N_2O) aus der Stickstoffumwandlung frei. Methan wird durch den überhöhten Viehbestand erzeugt. Bodenerosion führt dazu, daß in organischer Masse gebundenes CO_2 in die Atmosphäre freigesetzt wird. Für die EU-Agrarpolitik gilt dasselbe wie für den Binnenmarkt. Kleinere Strukturen lassen sich ökologisch und ökonomisch besser steuern.

Vorreiter, Mitläufer und Bremser

Das Klimaprogramm der EU läßt sich bisher nur stockend umsetzen. Und die Mitgliedstaaten? Die EU-Umweltpolitik lebt offensichtlich von der Vorreiterrolle einiger weniger.

Die Japanische Umweltagentur hat verglichen, wie in wichtigen Industrieländern Entscheidungen getroffen werden. Sie unterscheidet drei Gruppen von Staaten. Da sind einerseits die Vorreiterstaaten. In ihnen herrscht ein hohes Umweltbewußtsein der Bevölkerung, verbunden mit führungsstarken Einzelpersonen in Politik und Verwaltung. Die Beobachter aus Japan sehen diese Situation in Deutschland und in den Niederlanden gegeben. Auch das unten beschriebene Beispiel Dänemark gehört in diese Gruppe.

Da sind andererseits die klimapolitischen Mitläufer. Mitläufer beugen sich dem Druck ihrer Kooperationspartner. Sie wollen, wenn Entscheidungen getroffen werden, nicht außen vor bleiben.

Bei denjenigen Ländern, die sich aktiv weitergehenden klimapolitischen Vereinbarungen entgegenstemmen, ist der Hauptfaktor die wahrgenommenen oder realen hohen Kosten der CO_2-Vermeidung.

Aus der Gesamtheit dieser drei Gruppen ergibt sich die Umweltpolitik der Europäischen Union. Die treibende Kraft liegt hierbei bei denen, die eine Vorreiterrolle einnehmen. Nach der Lage der Dinge können das heute vor allem wir Deutsche sein. Daraus erwächst uns eine immense Verantwortung.

Ein Vorbild für eine nationale Vorreiterrolle, das Deutschland und die EU-Umweltpolitik inspirieren könnte, ist Dänemark.

Schon 1988 verpflichtete sich Dänemark auf das CO_2-Minderungsziel der Weltklimakonferenz von Toronto («Toronto-Ziel») von 20 Prozent bis zum Jahre 2005. Das Toronto-Ziel wurde später von den kleinen Inselstaaten für die Protokollverhandlungen des UN-Klimagipfels von Berlin aufgegriffen. Dänemark trägt einen überdurchschnittlichen Beitrag zum CO_2-Stabilisierungsziel der EU bei. Das Land hat sich bereiterklärt, das Ziel um fünf Prozent überzuerfüllen und damit zu einem innereuropäischen Lastenausgleich beizutragen. Zum Beispiel zugunsten des unten beschriebenen Spanien. Dänemark zeichnet sich auch durch einen selten ehrlichen Umgang mit dem eigenen Ziel aus. In seinem ersten Klimabericht an die UN-Klimakonferenz von Berlin gab die Regierung zu, mit den bisher ergriffenen Maßnahmen das Ziel um zwei Prozent zu verfehlen. So viel Ehrlichkeit ist ungewohnt. Andere Staaten wären froh gewesen, sich dem hehren Ziel so weit zu nähern.

Einige Maßnahmen aus dem dänischen Programm sind vorbildlich für seine Nachbarstaaten und geben Anregungen für die Gesetzgebung der Europäischen Union. Dänemark hat bereits 1992 eine CO_2-/Energie-Steuer eingeführt. Nachdem Mitte der Achtziger Jahre die Öl- und damit auch andere Energiepreise sanken, wurden die Zeichen der Zeit erkannt. Dänemark ließ die Energiepreise nicht sinken. Es wurde ein klimapolitisches Signal gesetzt. Die Steuer galt in einer ersten Stufe nur für Haushalte und wurde in Stufe Zwei Anfang 1996 auch für die Industrie eingeführt. Dänemark ist damit das einzige Land, das für seine Industrie eine CO_2-/Energie-Steuer eingeführt hat. Die Steuer ist aufkommensneutral gestaltet. Für energieintensive Wirtschaftszweige, die international konkurrenzfähig sein müssen, gelten Ausnahmeregelungen und Förderprogramme. Strom, der importiert wird, wird ebenfalls besteuert. Die dänische Regierung geht davon aus, daß die aufkommensneutrale CO_2-/Energie-Steuer weder Arbeitsplätze noch die internationale Wettbewerbsfähigkeit des Landes gefährdet. Sogar die dänische Handwerkskammer, vergleichbar dem Deutschen Industrie- und Handelstag (DIHT), hat die Steuer und die durch sie ausgelösten Investitionsanreize für Energieeffizienz deswegen aktiv unterstützt. Für Deutschland ist dies schwer vorstellbar. Der Erfolg des Modells Dänemark liegt daran, daß die Regierung aktive Überzeugungsarbeit bei Arbeitgebern und Arbeitnehmern geleistet hat. Die Regierung in Bonn macht sich selbst zu oft nur zum Vermittler vorhandener Lobbyinteressen. Sie steuert nicht selbst.

Die bedeutendste Maßnahme des dänischen Klimaschutzprogrammes ist die Kraftwärmekopplung. Die gleichzeitige Erzeugung von Wärme in Stromkraftwerken trägt den Berechnungen zufolge 50 Prozent zum dänischen Klimaschutzziel bei. Auch hier konnte die Regierung die Industrie mit einer Mischung aus Verordnungen und Überzeugungsarbeit dazu bringen zu handeln.

In der Energieerzeugung ist Dänemark auch das einzige Land, das konsequent auf erneuerbare Energien setzt. Geplant ist, den Anteil der Erneuerbaren Energiequellen von 7 auf 13 Prozent im Zeitraum von 1990 bis zum Jahre 2005 zu erhöhen. Dazu wurde eine freiwillige Vereinbarung der Regierung mit den Energieversorgern geschlossen, die sich verpflichtet haben, einen Mindestanteil der Stromerzeugung aus Erneuerbaren Energien zu gewährleisten. Dänemark setzt auf Biomasse und Wind. Biomasse aus landwirtschaftlicher Produktion soll zentral in existierenden Groß- oder eigens eingerichteten Strohkraftwerken verfeuert werden. Seit Ende der achtziger Jahre boomt hoch im Norden die Windenergie. Seit dem Stromeinspeisegesetz hat dieser Boom auch auf Norddeutschland übergegriffen. Ein schönes Beispiel dafür, wie eine nationale Vorreiterrolle auch ohne EU-weite Regelung bei den Nachbarn etwas bewegen kann.

Doch auch Dänemark hat sein Potential noch nicht ausgeschöpft. Weiterhin existieren Marktbarrieren. Der dänische Umweltverband OVE schlägt vor, das Planungsrecht für lokale Wind- und Biogasanlagen zu entbürokratisieren. In die Bauvorschriften soll der Einbau von Photovoltaikanlagen aufgenommen werden. Das dänische Programm enthält zahlreiche interessante Einzelmaßnahmen, die zur Nachahmung anregen und beweisen, wieviel Potential in einem querschnittsorientierten Klimaprogramm steckt.

Dänemark möchte die Ablagerung organischen Abfalls auf Mülldeponien verringern. Damit sinken auch die Emissionen von Deponiegas, dem Treibhausgas Methan. In der Forstpolitik soll der Waldanteil des Landes verdoppelt werden. In der Landwirtschaftspolitik wird der Anbau nachwachsender Rohstoffe zur energetischen Verwertung gefördert.

Besonders interessant für die Weiterentwicklung der EU-Umweltgesetzgebung: Die dänische Umweltverträglichkeitsprüfung bezieht die erwarteten CO_2-Emissionen geplanter Projekte mit ein. Vor allem bei Straßen- und Kraftwerksbauten sollten die CO_2-Emissionen ein wichtiges Entscheidungskriterium über das Für und Wider sein.

Die Schwachstelle des dänischen Programmes ist der Verkehr. Das Straßenbauprogramm des Landes geht, teilweise mit EU-Mitteln, weiter. Der zentrale Großflughafen bei Kopenhagen wird ausgebaut. Im Gegensatz zur Energiesteuer wagt Dänemark bei der Mineralölsteuer nicht den nationalen Alleingang. Alle Mineralölsteueränderungen der letzten Jahre wurden eingeführt, nachdem Nachbar Deutschland seine Steuern erhöht hatte. Klimapolitik darf also auch im Lande Dänemark nicht auf Kosten der Autofahrer gehen. Das Minus, das zwischen dem dänischen Klimaplan und den Prognosen klafft, geht deswegen vollständig auf Kosten des anwachsenden Verkehrs.

Das wichtigste positive Signal, das Dänemark an Europa sendet, ist, daß das eine CO_2-Minderung um 20 Prozent auf kostengünstige Weise erreicht werden kann, ohne die Wirtschaft an den Rande des Abgrundes zu führen.

Kein Vorreiter, aber trotzdem ein Land, das seinen Nachbarn wichtige klimapolitische Lektionen erteilen kann, ist Großbritannien. Das britische Klimaschutzziel zeugt von typischem Understatement. Großbritannien hat sich verpflichtet, seine CO_2-Emissionen bis zum Jahre 2000 zu stabilisieren. Das dürfte dem Land leichtfallen. Der Grund liegt weniger in erfolgreicher Klimapolitik, als in der wirtschaftlichen Krise und im Ende der britischen Kohleförderung. Bis zum Jahre 2010 möchte Großbritannien seine Emissionen um fünf bis zehn Prozent reduzieren. Britanniens Diplomaten haben diese Zahl auch als allgemeingültige Vereinbarung für alle Industriestaaten im Rahmen internationaler Protokollverhandlungen ins Spiel gebracht. Das Ziel ist trotzdem viel zu bescheiden. Eine Studie der britischen Umweltverbände kommt zu dem Schluß, daß das kurzfristig erschließbare Energieeffizienzpotential des Landes 40 Prozent beträgt.

In der EU sind die Briten die entschiedensten Gegner einer CO_2-/Energie-Steuer. Die nationale Steuerhoheit soll nicht angetastet werden. In der heimischen Praxis hat die Regierung die erste progressiv ansteigende Klimaschutzsteuer der Welt beschlossen. Die Mineralölsteuer soll jedes Jahr um fünf Prozent ansteigen. Damit werden kurzfristige Härten für die Autofahrer vermieden, aber ein langfristiges Preissignal zum Kauf und zum Bau sparsamer Fahrzeuge gesetzt.

Großbritannien ist eines der wenigen Länder mit einer weitgehend privatisierten und deregulierten Energiewirtschaft. Stromerzeugung und Stromverkauf sind wettbewerbsrechtlich geregelt. Die Verteilung der Elektrizität vom Erzeuger zum Kunden erfolgt durch einen staatlich regulierten sogenannten «Pool», in den die kostengünstigsten Anbieter je nach aktueller Nachfrage einspeisen können. Da die Preise im nationalen Strompool alle 30 Minuten miteinander verglichen und nur die günstigsten Anbieter ausgewählt werden, ist ein enormer Preisdruck entstanden. Dadurch erfolgte bei der Stromerzeugung der rasche Umstieg von der teuren Kohle auf billigeres aber auch klimafreundliches Gas.

Allerdings hat die Marktfreigabe so große Stromüberkapazitäten geschaffen, daß das Interesse der Versorgungsunternehmen am Energiesparen momentan gering ist. Trotzdem ist Großbritannien das einzige Land in Europa, in dem flächendeckend Integrierte Ressourcenplanung (IRP) durchgeführt wird. Die Regierung unterstützt die IRP-Programme der Wirtschaft durch die Einrichtung eines «Energy Saving Trust». Der Trust koordiniert die Einzelprogramme auf nationaler Ebene. Großbritannien ist deshalb auch der größte Verfechter einer IRP-Richtlinie auf europäischer Ebene – gegen den Widerstand der konservativen deutschen Stromwirtschaft.

Das Modell eines staatlich regulierten Strompools wird in Deutschland von der Partei Bündnis 90/Die Grünen favorisiert. Allerdings fordern die Grünen zusätzlich eine Vorrangregelung für Strom aus erneuerbaren Energien und Kraftwärmekopplung. Auch in Skandinavien geht die Entwicklung in Richtung Pool-Modell.

Mitte der 90er Jahre begann die britische Regierung damit, die staatliche Eisenbahn zu privatisieren. Nach der Privatisierung der Busgesellschaften in den 80er Jahren steigen die Fahrpreise. Bei der Bahn ist dieselbe Entwicklung zu erwarten. Dem positiven Anreiz, vom privaten PKW auf öffentliche Verkehrsmittel umzusteigen, der durch die kontinuierliche Anhebung der Mineralölsteuer gegeben wird, wird dadurch entgegengewirkt.

Definitiv keine klimapolitischen Vorreiter sind die Länder Südeuropas. Das wichtigste von ihnen ist Spanien. Spanien war auch einer der Bremser bei der CO_2-/Energie-Steuer. Spaniens nationales «Klimaziel» war es ursprünglich, den Anstieg der CO_2-Emissionen bis zum Jahr 2000 auf 30 Prozent zu begrenzen. Damit wurden einfach die Energiebedarfsprognosen als klimapolitisches Ziel umgeschrieben. Inzwischen wird der Anstieg des Energiebedarfes wegen der anhaltenden wirtschaftlichen Rezession auf nur noch 15 Prozent geschätzt.

Besonders dramatisch entwickelt sich auch in Spanien der Verkehrssektor. Mit erheblichen Mitteln aus den Kassen der EU wird der Ausbau des Straßennetzes gefördert. Auch hier zeigt sich: Strukturpolitik ist Klimapolitik, manchmal im negativen Sinne. Die Regierung subventioniert die heimische Automobilindustrie. Der Energiebedarf im Verkehr wird bis zum Jahre 2000 um 30 Prozent ansteigen.

Spanien verweist darauf, daß es innerhalb der EU zu den armen Ländern gehört. Es nimmt deswegen für sich das Recht in Anspruch, von einem europäischen Lastenausgleich zu profitieren. Das Stabilisierungsziel der EU bis zum Jahre 2000 soll von den Deutschen, den Dänen und den Niederländern umgesetzt werden. Spanien ist aber im Weltvergleich eines der reichen Länder. Seine CO_2-Emissionen liegen um 50 Prozent über dem globalen Durchschnitt.

In der EU-Umweltpolitik liegen zahlreiche Chancen, die wir mit nationaler Politik alleine niemals nutzen können. Eine fortschrittliche EU-Klimapolitik räumt auch Barrieren beiseite, die unsere nationale Politik behindern. Beispielsweise wettbewerbsverzerrende Subventionen in unseren Nachbarstaaten. Sie kann einheitliche Normen und Rahmenbedingungen für Erneuerbare Energiequellen und Energieeffizienz schaffen. Im Verbund mit der Europäischen Union wächst auch unser internationales Gewicht, beispielsweise gegenüber den Vereinigten Staaten.

Wo also liegt die spezifische Aufgabe Europas bei der Organisation und Koordination der Klimapolitik seiner Mitgliedstaaten? Ist Europa noch zu klein oder schon zu groß für effektives klimapolitisches Handeln? Europäische Politik ist nicht gut für die schnellen Lösungen. Das deutsche CO_2-Reduktionsziel ist mit EU-politischen Maßnahmen nicht zu erreichen. EU-Politik hat aber die Aufgabe, im Gemeinsamen Binnenmarkt die Rahmenbedingungen für umweltfreundliches Wirtschaften zu setzen. «In der Klimaschutzpolitik», so schreibt der Wissenschaftliche Beirat der Bundesregierung für Globale Umweltveränderungen, sind deshalb «sowohl aus Wettbewerbsgründen als auch aufgrund der fortgeschrittenen Integrationstiefe EU-weite Maßnahmen erforderlich.» Man darf nur die Verantwortung nicht alleine nach Brüssel abschieben.

Literatur

Florentin Krause et. al.: Energy Policy in the Greenhouse, International Project for Sustainable Energy Paths, El Cerrito, 1993.

World Wide Fund for Nature Niederlande: Accelerated CO_2 Emission Reduction Policies in the European Union, 1996.

Ute Collier: The European Union's climate change policy – limiting emissions or limiting powers?, Journal of European Public Policy, März 1996.

Joachim H. Spangenberg: Ein zukunftsfähiges Europa, Wuppertal Papers Nr. 42, Wuppertal 1995.

Christian Hey: Umweltpolitik in Europa, Verlag C.H. Beck, München 1994.

5. Der Fall Energiesteuer

«Wir haben heute in der Gemeinschaft ein Entwicklungsmodell, das Arbeit und Natur suboptimal kombiniert. Das Modell ist gekennzeichnet durch eine ungenügende Nutzung natürlicher Ressourcen und führt zu einer Verschlechterung der Lebensqualität.»

Mit diesem Satz leitet das vom ehemaligen Präsidenten der Europäischen Kommission vorgestellte Weißbuch zu «Wachstum, Wettbewerbsfähigkeit, Beschäftigung» sein Plädoyer für ein neues europäisches Entwicklungsmodell ein. Im Zentrum dieses Entwicklungsmodells steht die Ökologische Steuerreform. Deren zentrale Maßnahme ist nach Auffassung der Vordenker in der EU-Kommission die CO_2-/Energie-Steuer. Um es in den Worten des Präsidenten des Wuppertal Institutes, Ernst Ulrich von Weizsäcker, auszudrükken: «Die Preise müssen die Wahrheit sagen.»

Ein neues Entwicklungsmodell

Mit dem Franzosen Jacques Delors stand bis 1994 zehn Jahre lang ein Sozialdemokrat an der Spitze der EU-Kommission. In Delors Amtszeit fielen die Verwirklichung des EU-Binnenmarktes, die Öffnung der Grenzen nach Mittel- und Osteuropa und der Maastrichter Vertrag mit seinen strengen Konvergenzkriterien für eine Wirtschafts- und Währungsunion. Am Ende der Ära Delors machten vielen Europäern zwei Entwicklungen Sorgen. Die Arbeitslosigkeit in der Europäischen Union näherte sich der historischen 20 Millionen Grenze und gleichzeitig verschlechterte sich die Lage der Umwelt. Vor allem die klimapolitische Herausforderung war mit den üblichen Maßnahmen der EU-Umweltpolitik, beispielsweise Grenzwerten und technischen Standards, nicht in den Griff zu bekommen.

Nach der Veröffentlichung eines unabhängigen Expertenberichtes zu den Umweltfolgen des Freien Binnenmarktes, des sogenannten «Task Force Berichtes», bildete die Kommission deshalb eine Arbeitsgruppe zur Erforschung möglicher Umweltsteuern. 1991 schlug die Gruppe eine Klimaschutzsteuer vor, die im Kommissionsvorschlag für eine kontinuierlich ansteigende CO_2-/Energie-Steuer mündete. Die Geschichte der CO_2-/Energie-Steuer entwickelte sich zum Sittengemälde der EU-Umweltpolitik in den 90er Jahren. Der ursprüngliche Vorschlag der EU-Kommission wurde zwischen Lobbyinteressen und kurzsichtiger Politik der Mitgliedstaaten zerrieben. Auf ihrem Gipfeltreffen im Dezember 1994 erklärten die Staats- und Regierungschefs der EU eine harmonisierte Klimaschutzsteuer für nicht durchsetzbar. Seitdem wird nur noch über eine Rahmenregelung für nationale CO_2-/Energie-Steuern der Mitgliedstaaten diskutiert. Existierende Steuern von Mitgliedstaaten wie Dänemark, Schweden und den Niederlanden sowie zu erwartende Steuern in Österreich und unter Umständen in Deutschland und Italien sollen so gestaltet werden, daß sie den gemeinsamen Handel im EU-Binnenmarkt nicht behindern. Nachdem der Versuch gescheitert ist, dem Gemeinsamen Markt einen ökologischen Rahmen zu geben, werden die Ökosteuern der Mitgliedstaaten dem Markt angepaßt.

Trotzdem haben die «Gedanken zu einem neuen Entwicklungsmodell», die Jacques Delors 1993 vorgestellt hat, weiterhin Gültigkeit. Dort heißt es, anknüpfend an das obige Zitat: «Die Nutzung der Ressourcen an Arbeitskräften ist jahrzehntelang gehemmt worden. Auf der einen Seite ist die Substitution von Arbeit durch Kapital von einer ständigen Zunahme des Energie- und Rohstoffverbrauches begleitet, was einen Raubbau an Umweltressourcen bewirkt. Auf der anderen Seite sind die Unternehmensstrategien dermaßen stark durch das Motiv, Arbeitskräfte einzusparen, geprägt, daß der Produktivitätsgewinn auf Unternehmensebene durch eine zunehmende Kostenbelastung der Allgemeinheit aufgehoben wird.»

Die Antwort der EU-Kommission, aber auch einer zunehmenden Zahl von Ökonomen und Politikern, auf diese Herausforderung ist es, die im Überfluß vorhandene Ressource Arbeit billiger zu machen und die knappen Umweltressourcen wie Rohstoffe und Energie zu verteuern. Den Weg dorthin weist die Ökologische Steuerreform. Die Besteuerung des Faktors Energie ist ihr Kernstück.

Energiesparen durch Energiesteuern

Die ökologische Steuerreform hat eine Vorgeschichte. Der sparsame Umgang mit Energie war schon vor den Zeiten der Klimapolitik ratsam. Wird die Energieversorgung plötzlich gedrosselt, wie durch den Ölboykott der 70er Jahre, hat das dramatische Auswirkungen für Wirtschaft und Arbeitsmarkt. Ein kontinuierlicher Prozeß des Energiesparens bedeutet also wirtschaftliche Unabhängigkeit von Krisensituationen.

Bei der Energieerzeugung entstehen außer dem Treibhausgas Kohlendioxid zahlreiche weitere Umweltschadstoffe. Schwefeldioxid und Stickoxide aus der Verbrennung fossiler Energieträger erzeugen Sauren Regen und belasten Wälder, Gewässer und Böden. Energiesparen ist also Naturschutz. Gleichzeitig beeinträchtigen Schwefel und Ruß die menschlichen Atemwege. Energiesparen ist also auch Gesundheitspolitik.

Trotz all dieser Gründe wird seit der ersten Ölkrise 1973/74 nicht weniger, sondern mehr Energie verbraucht. Der spezifische Energieverbrauch pro Produktionseinheit ist zurückgegangen, der absolute Verbrauch steigt durch das kontinuierliche Wirtschaftswachstum weiterhin ungebremst an. Die oben geschilderten Probleme rückten durch Scheinlösungen aus dem Blickfeld der Öffentlichkeit. Die wirtschaftliche Abhängigkeit von den Ölstaaten wurde dadurch gelöst, daß einheimische Energiequellen wie das Nordseeöl erschlossen wurden. Die natur- und gesundheitsschädliche Luftbelastung aus Großkraftwerken wurde durch den Einbau teurer Filteranlagen deutlich gesenkt.

Doch CO_2, das bei der Verbrennung von Kohle, Öl und Gas zwangsläufig entsteht, kann auf bezahlbare Weise nicht aus der Luft herausgefiltert werden. CO_2 entsteht bei allen Arten der Energieerzeugung aus fossilen Brennstoffen. Die CO_2-freie Kernenergie ist zu teuer und zu gefährlich, um eine ernsthafte Alternative darzustellen. Die erneuerbaren Energien sind die Alternative der Zukunft. Aber auch sie werden den Weltenergiebedarf nicht decken können, wenn nicht gleichzeitig energisch gespart wird.

Die Verbesserung der spezifischen Energieeffizienz nach dem ersten Ölschock zeigt: Preissignale wirken. Sie zeigt aber auch, daß die Preise langfristig und verläßlich nach oben weisen müssen, wenn sich eine Volkswirtschaft dauerhaft zur Energieeinsparung hin orientieren soll.

Bausteine einer Ökologischen Steuerreform

Eine Besteuerung der Energie oder des Treibhausgases CO_2, das bei der Energieerzeugung aus fossilen Brennstoffen zwangsläufig entsteht, ist das Kernstück jeder Ökologischen Steuerreform. Der Energieverbrauch ist eine Art Indikator für die Umweltbelastungen, die in Industrie, Verkehr oder im privaten Verbrauch entstehen. Das Treibhausgas CO_2 wird inzwischen von Umweltwissenschaftlern als «Leitsubstanz des Industriezeitalters» bezeichnet. Es fällt überall dort an, wo menschliche Tätigkeiten die Natur belasten. Mit der Klimaproblematik kommt ein besonderer Grund hinzu, den Energieverbrauch und den daran gekoppelten CO_2-Ausstoß zu vermindern. Eine CO_2-/Energie-Steuer ist einfach zu erheben, da sowohl Energieproduktion als auch -verbrauch leicht zu messen sind. Überall auf der Welt existieren ausführliche Energiestatistiken. Die CO_2-/Energie-Steuer belastet alle gesellschaftlichen Gruppen, die Natur in Anspruch nehmen, relativ gleich. Für soziale Belastungen, die im Einzelfall auftreten, können Ausgleichsmechanismen gefunden werden. Anders wäre es, wenn beispielsweise ein bestimmter Rohstoff besteuert wäre, der nur in einigen Industriezweigen verwendet wird. Deshalb ist eine Ökologische Steuerreform, die anfänglich nur auf eine Steuer, die CO_2-/Energie-Steuer, aufbaut, einfach und unbürokratisch zu handhaben.

Bevor die verschiedenen Steuermodelle, die für Europa diskutiert werden, vorgestellt und miteinander verglichen werden, sollen der Vollständigkeit halber weitere mögliche Bausteine einer Ökologischen Steuerreform vorgestellt werden. Neben einer allgemeinen Rohstoffsteuer und zahlreichen Sondersteuern auf einzelne Roh- und Schadstoffe, betreffen die unten genannten Ökosteuern ebenfalls den Energieverbrauch.

Eine allgemeinen CO_2-/Energie-Steuer in den Größenordnungen, wie sie heute diskutiert wird, würde die Mineralölsteuer nur unwesentlich erhöhen. Doch der motorisierte Individual- und Güterverkehr ist ein Hauptverantwortlicher für das weitere Ansteigen der CO_2-Emissionen und anderer Luftschadstoffe, wie der Stickoxide und der Kohlenwasserstoffe – und damit auch für den Ozonsmog in unseren Städten. Innerhalb der EU existieren heute schon Mindeststeuersätze für Mineralöl. Im Rahmen einer Ökologischen Steuerreform müssen diese deutlich angehoben werden. Dadurch wird zweierlei bewirkt. Erstens wird ein allgemeines Preissignal zugunsten sparsamerer Automobile und für das Umsteigen auf öffentliche Verkehrsmittel gesetzt. Zweitens werden Steueroasen wie das Großfürstentum Luxemburg, die die Mineralölsteuerbestimmungen ihrer Nachbarländer unterlaufen, ausgetrocknet. Im Rahmen einer Mineralölsteuerreform muß endlich auch die Steuerbefreiung für Flugbenzin aufgehoben werden. Der gewerblichen Luftfahrt, dem klimaschädlichsten Verkehrsmittel, wird damit ein ungerechtfertigter Wettbewerbsvorteil gegenüber ihrem Hauptkonkurrenten, der Bahn, eingeräumt.

Ein weiteres Preissignal im Problembereich Verkehr sind Straßenbenutzungsgebühren für den Schwerlastverkehr und den Pendelverkehr in städtischen Ballungszentren. Autobahngebühren für LKW sind in den Mitgliedstaaten der EU schon heute üblich, in denen Autobahnen privat errichtet wurden. In Österreich wurden die Mautgebühren für LKW auf der Brennerautobahn erst Anfang 1996 erhöht. Schadstoffarme LKW müssen dort weniger bezahlen. Für höheren Benzinverbrauch gilt noch keine Sonderregel. Ein Nachtfahrverbot für LKW wird aus Lärmschutzgründen erwogen. Seit 1994 müssen LKW auch in Deutschland und einigen Nachbarstaaten eine Autobahnvignette erwerben. Doch die dadurch erzielte Kostenerhöhung für den LKW-Verkehr wurde durch die gleichzeitige Senkung der Kfz-Steuer wenigstens für Deutschland mehr als rückgängig gemacht. Lastwagenfahren ist billiger denn je geworden. Die externen Kosten des LKW-Verkehrs wie Luftbelastung, Lärm, Verkehrstote und die besondere Beanspruchung des Straßennetzes werden durch die anfallenden Kosten immer weniger widergespiegelt. Die Verkehrsexperten des Öko-Instituts schlagen daher die Einführung von entfernungs- und gewichtsabhängigen Straßenbenutzungsgebühren – auf neudeutsch «Road Pricing» genannt – für den Güterverkehr in der gesamten EU vor. Die individuellen Gebühren sollen mittels eines telemetrischen Systems gemessen werden, das an Autobahnauffahrten und Abfahrten alle LKW registriert.

Ein Hauptproblem des städtischen Umweltschutzes ist der Berufspendelverkehr. Amerikanische Großstädte wie New York und San Francisco erheben deswegen für einfahrende Autos Brücken- und Tunnelzoll. Einige skandinavische Städte sind diesem Beispiel gefolgt. Berufspendler müssen ein Monatsticket der öffentlichen Verkehrsmittel erwerben, wenn sie mit dem Auto in die Stadt gelangen wollen. Dadurch finanzieren die Autofahrer den Öffentlichen Nahverkehr mit. Hinzu kommt der individuelle Anreiz, auf Bus und Bahn umzusteigen. Die Erhebung von Mautgebühren an der Stadtgrenze bietet sich in den Städten an, in denen nur wenige Einfahrtsmöglichkeiten, beispielsweise Brücken, zur Verfügung stehen. Das öffentliche Verkehrsnetz muß eine gleichwertige Alternative für die Berufspendler darstellen. Die Verkehrsbelastung innerhalb der Städte muß als so drückend empfunden werden, daß für die Mehrheit der Bürgerinnen und Bürger Straßenbenutzungsgebühren nicht als mutwillige Schikane und Abkassieren der Stadtverwaltung erscheinen. Für städtische Mautsysteme müssen lokal angepaßte Lösungen gefunden werden. Aufgabe der EU-Gesetzgebung und der Mitgliedstaaten ist es, den Kommunen die rechtliche Möglichkeit für lokale Umweltsteuern zu geben. Dasselbe gilt für lokale Verbrauchssteuern auf umweltbelastende Produkte, wie beispielsweise Verpackungen.

Der Verkehr wird nicht nur durch Energiesteuern belastet, sondern auch durch Umsatzsteuer und Mehrwertsteuer. Im Rahmen einer Ökologischen Steuerreform müssen bestehende Vergünstigungen, wie zum Beispiel die deutsche Umsatzsteuerbefreiung für Flugbenzin und Flugtickets, gestrichen werden. Aufgabe der EU wäre es, solchen wettbewerbsverzerrenden Subventionen zwischen verschiedenen Mitgliedstaaten und Verkehrsmitteln entgegenzutreten.

Als weitere Steuer, die zur Internalisierung der externen Kosten des Verkehrs, aber auch anderer Umweltbelastungen, beitragen kann, wird von Umweltwissenschaftlern eine Steuer auf den Verbrauch bis dato unverbauter Fläche vorgeschlagen. Eine solche Versiegelungssteuer und Landerschließungssteuer könnte dem Ausufern der Siedlungs- und Verkehrsflächen Einhalt gebieten. Durch eine Verdichtung der Siedlungsstrukturen könnte gleichzeitig der Mobilitätsbedarf, und damit auch der CO_2-Ausstoß, gedrosselt werden.

Nicht unerwähnt bleiben soll an dieser Stelle ein Vorschlag, den der ehemalige Bundesumweltminister Klaus Töpfer in einer Rede vor der UN-Kommission für Nachhaltige Entwicklung, deren Vorsitzender Töpfer ein Jahr lang war, machte. Töpfer schlug vor, eine Steuer auf internationale Währungsspekulationen zu erheben und mit dem Ertrag einen internationalen Umweltfonds zu speisen. Eine solche, nach dem gleichnamigen Volkswirtschaftslehrer benannte, «Tobin-Steuer» wird seit Jahren in Fachkreisen diskutiert. Der vorgeschlagene Fonds könnte zur Umsetzung internationaler Umweltkonventionen, darunter der Klimarahmenkonvention, beitragen. Denkbar wäre auch, daß der von der Weltbank verwaltete globale Umweltfonds Global Environment Facility (GEF) aus einer Tobin-Steuer mitgespeist würde. In Deutschland wird die Debatte über eine Spekulationssteuer bisher nicht von Töpfers CDU, sondern nur von der Partei Bündnis 90/Die Grünen geführt.

Emissionslizenzen und Zertifikate

Langfristig ist die Einführung von Emissionszertifikaten eine Alternative und eine sinnvolle Ergänzung zu einem ökologisch ausgerichteten Steuersystem. Die deutschen Umwelt- und Entwicklungsorganisationen stellten auf ihrer Konferenz «100 Tage bis zum Klimagipfel» im Vorfeld der Berliner UN-Konferenz fest: «Neben Ökosteuern als national greifenden marktkonformen Steuerungsinstrumenten, erscheinen Zertifikatslösungen vor allem im Rahmen eines globalen Systems der Emissionssteuerung ein interessantes Instrument zu sein.» Europa könnte damit innerhalb der Klimarahmenkonvention eine Pilotfunktion übernehmen.

Emissionszertifikate bieten sich für den europäischen Binnenmarkt, der im Vergleich zum Weltmarkt relativ einheitlichen Regelungen unterworfen ist, geradezu an. Sie werden von der Wirtschaft regelmäßig als Alternative zur Einführung von CO_2-/Energie-Steuern genannt.

Erfahrungen mit Emissionszertifikaten existieren in den USA. Hier wurden sie zur Bekämpfung anderer Luftschadstoffe eingeführt. Jeder Emittent erhält ein Zertifikat für eine bestimmte Menge von Schadstoffen wie Schwefeldioxid oder im Falle eines Klimazertifikates für CO_2, die er weiter ausstoßen darf. Bleibt er unter der erlaubten Menge, kann er seine übrigen Zertifikate auf dem freien Markt verkaufen. Käufer sind diejenigen, die ihre Verpflichtungen noch nicht erfüllen können oder wollen. Beispielsweise könnte sich ein Unternehmen entscheiden, daß es erst im kommenden Jahr in Energieeffizienzmaßnahmen investieren möchte, weil dieses Jahr andere Investitionen anstehen oder weil die entsprechenden Anlagen noch nicht abgeschrieben sind. Auf dem freien Markt der Emissionen wird dort eingespart, wo Investitionen in den Klimaschutz günstiger sind, als der Kauf zusätzlicher Verschmutzungszertifikate. Der Staat kann die Gesamtmenge an Emissionen dadurch steuern, daß er den Wert der Zertifikate ähnlich dem Geldwert reguliert. Nähme man als Basisjahr für die Vergabe der Zertifikate an die Verschmutzer das Jahr 1990, so könnte die Europäische Union bis zum Jahre 2005 den Gesamtwert aller CO_2-Emissionszertifikate um 20 Prozent heruntersetzen. Die Entscheidung, daß reduziert würde, bliebe der Politik vorbehalten. Die Entscheidung darüber, wie und wo investiert würde, um der gesamtgesellschaftlichen Reduktionsverpflichtung nachzukommen, fiele in der Wirtschaft. Ob die Wirtschaft allerdings eine solche staatlich verordnete Entwertung von Kapital in Form von Emissionslizenzen hinnehmen würde, bleibt fraglich. Der Theorie nach ließen sich Emissionszertifikate ähnlich verteilen und regulieren wie die europäische Milchquote. Die Praxis wird anders aussehen.

Eine Zertifikatslösung wird außerdem als Weiterentwicklung der umstrittenen Gemeinsamen Umsetzung (Joint Implementation) empfohlen. Im Rahmen eines weltweiten Zertifikatsystems wird Kapital und Technologie aus dem Norden mobilisiert, um weltweit kostengünstig Klimainvestitionen zu tätigen. Doch auch für Joint Implementation liegen nur wenige Erfahrungen vor.

Zwei Probleme von Umweltzertifikaten werden regelmäßig genannt. Bei der anfänglichen Verteilung («Allokation») der Verschmutzungsrechte treten unweigerlich Konflikte auf. Während die Umweltverbände und die Dritte Welt dafür eintreten, daß die Emissionsrechte pro Kopf gleichmäßig verteilt werden, was bedeuten würde, daß die Industrieländer für absehbare Zeit Zertifikate in der Dritten Welt kaufen müßten, schlagen andere Modelle vor, die anfängliche Verteilung entsprechend dem Bruttosozialprodukt oder einfach nach dem Ist-Zustand vorzunehmen. Unklar ist auch, ob Staaten oder Unternehmen und Einzelpersonen die Inhaber der Emissionszertifikate sein werden. Davon hängt auch ab, wer letztendlich zur Verantwortung gezogen werden kann, wenn weiterhin mehr CO_2 ausgestoßen wird als erlaubt.

Als zweites Problem wird die Gefahr der Spekulation mit Emissionslizenzen genannt. So wären finanzstarke Marktteilnehmer in der Lage, Emissions- und damit Energieverbrauchsrechte aufzukaufen und bis zu Zeiten der Hochkonjunktur zu horten. Die Energiepreise würden dann drastisch in die Höhe getrieben. Vor allem Klein- und Privatverbraucher hätten dadurch große Nachteile.

Aus all diesen Gründen sind selbst für die Europäische Union endlose Streitigkeiten darüber zu erwarten, wer mit welcher Menge Emissionslizenzen an den Start gehen darf. Die handelbaren Verschmutzungsrechte sind schließlich reines Geld wert. Deshalb plädiert die Wissenschaftlerin Ute Collier von der Europa-Universität Florenz dafür, Zertifikate im Pilotversuch vorerst nur für die europäische Industrie auszugeben. Innerhalb der EU sind die Startbedingungen für die Industrie relativ gleich. Privatleute wären von auftretenden Preisschwankungen nicht betroffen.

Da das System der Emissionslizenzen und Zertifikate noch nicht erprobt ist, stellt es jedenfalls keine kurzfristige Alternative zur Ökologischen Steuerreform dar. Wirtschaftsverbände, die Zertifikate anstelle der angeblich zweitbesten Lösung, nämlich der CO_2-/Energie-Steuer, fordern, wollen damit in der Regel nur erreichen, daß die Diskussion, welches klimapolitische Instrument das beste und gerechteste ist, ins Endlose fortgeführt wird.

Der erste Anlauf der EU

Das Klimaschutzprogramm der EU datiert aus dem Jahre 1990. Mit ihm soll bis zum Jahr 2000 der CO_2-Ausstoß der inzwischen 15 Mitgliedstaaten stabilisiert werden. Ein Referenzszenario sagte ohne klimapolitische Gegenmaßnahmen ein Ansteigen der unionsweiten CO_2-Emissionen im Vergleichszeitraum um 15 Prozent voraus. Die geplante CO_2-/Energie-Steuer sollte zum Stabilisierungsziel ungefähr 50 Prozent beitragen.

Im Mai 1992, symbolträchtig kurz vor dem Erdgipfel von Rio, legte der damalige europäische Umweltkommissar, der italienische Sozialist Ripa de Meana, einen offiziellen Richtlinienvorschlag für eine kombinierte CO_2-/Energie-Steuer vor. Die Steuer sollte ursprünglich zum Jahr 1993 eingeführt werden. Es war geplant, mit dem niedrigen Steuersatz von drei US-$ pro Barrel Rohöl (ein Barrel entspricht 159 Liter) zu beginnen. Der Benzinpreis wäre damit anfangs um 2,7 Pfennig pro Liter gestiegen, die Kilowattstunde Strom weniger als einen Pfennig teurer geworden. Der niedrige Anfangssteuersatz sollte den Verbrauchern die Gelegenheit geben, sich auf das Energiesparen einzustellen. Jahr für Jahr sollte die Steuer um einen US-$ angehoben werden. Im Jahre 2000 wäre der vorläufige Endsteuersatz von 10 US-$ pro Faß Öl erreicht gewesen. Der Preisaufschlag auf den Liter Benzin hätte ungefähr neun Pfennige betragen, die Kilowattstunde Strom wäre durchschnittlich um zwei Pfennige teurer geworden.

Die von der Europäischen Kommission vorgeschlagene CO_2-/Energie-Steuer hätte den Energiepreis anfangs nur unmerklich gesteigert. Eine Schocktherapie sollte bewußt vermieden werden. Entgegen dem ursprünglichen Wunsch der Umwelt- und Energiepolitiker innerhalb der EU-Kommission und der europäischen Umweltverbände, wurde keine Primärenergiesteuer, sondern eine kombinierte Steuer auf CO_2 und Energie vorgeschlagen. Frankreich hatte auf der Kombinationslösung bestanden. Damit wird die CO_2-freie Kernenergie, die bekanntlich aus anderen Gründen problematisch für die Umwelt ist, bevorteilt. Auf Atomstrom wird also nur der halbe Steuersatz gezahlt. Auf Druck der Wirtschaftsverbände wurden zahlreiche Ausnahmeregelungen in den Steuervorschlag eingebaut. Vor allem energieintensive Industrien sollten von der Steuer ganz oder teilweise befreit werden, um deren internationale Wettbewerbsfähigkeit nicht zu gefährden. Die CO_2-/Energie-Steuer war also von Anfang an ein Kompromiß gegensätzlicher Interessen innerhalb der EU.

Kurz vor der UN-Konferenz für Umwelt und Entwicklung im Jahre 1992 in Rio, auf der die EU ihr Klimaschutzprogramm stolz präsentieren wollte, kam die schockierende Nachricht für Europas Umweltpolitiker. Der EU-Ministerrat hatte verlangt, daß auch Japan und die USA eine Klimaschutzsteuer einführen sollten. Nur dann solle die CO_2-/Energie-Steuer der EU in Kraft treten. Damit war eine unerfüllbare Bedingung gestellt worden. Jeder wußte, daß US-Präsident Bush einem solchen Vorschlag nie zustimmen würde. Eine historische Chance war vertan, vor der Rio Konferenz ein Zeichen für den Klimaschutz zu setzen. Umweltkommissar Ripa de Meana boykottierte den UN-Gipfel aus Protest, trat kurz danach von seinem Amt zurück und sitzt heute als Abgeordneter der italienischen Grünen im Europaparlament. Auf dem Berliner UN-Klimagipfel war de Meana wieder dabei – auf der Eröffnungskonferenz der Umweltverbände. Der EU-Umweltkommissar des Jahres 1992 ist einer der wenigen Klimapolitiker in Europa, die ihren Versprechungen treu geblieben sind.

Nach Rio begann das langsame Sterben der Klimaschutzsteuer. Frankreich wollte auf einmal eine reine CO_2-Steuer. Die ärmeren Mitgliedstaaten unter der Führung Spaniens verlangten eine Ausnahmeregelung. Griechenland stellte ein weiteres Grundelement der Steuer in Frage, den kontinuierlich steigenden Steuersatz. Großbritannien schließlich lehnte eine EU-weite Steuer, egal wofür, als Verstoß gegen die nationale Souveränität ab. In allen Mitgliedstaaten lief die Industrie gegen die Steuer Sturm und beschwor drohende Arbeitsplatzverluste. Nur die EU-Kommission und ihr Präsident Delors hielten das Prinzip der Ökologischen Steuerreform hoch, auch um mit Steuersenkungen an anderer Stelle den Arbeitsmarkt wiederzubeleben. Ein Kompromißvorschlag einiger europäischer Umweltverbände und des Europaparlamentes, die Steuer nur für die Staaten einzuführen, die ihr zugestimmt haben, also Ländern wie Großbritannien zu ermöglichen, ihre klimapolitischen Verpflichtungen auf andere Weise zu erfüllen, wurde nicht gehört.

Schließlich versetzten die Staats- und Regierungschefs der EU auf ihrem Gipfeltreffen vom Dezember 1994 in Essen der Klimaschutzsteuer den Todesstoß. Seitdem wird nur noch über eine Rahmenregelung für nationale CO_2-/Energie-Steuern der Mitgliedstaaten diskutiert.

Die Vorreiter

Eine europäische CO_2-/Energie-Steuer wird es auf absehbare Zeit nicht geben. Doch einige Mitgliedstaaten sind längst vorangegangen.

Dänemark hat bereits 1986 eine Energiesteuer für Privathaushalte eingeführt.1992 wurde die Steuer im Vorgriff auf eine EU-weite Lösung um eine CO_2-Komponente ergänzt. Seit 1993 muß auch die dänische Industrie Steuern zahlen. Anfangs wurden auf Drängen der Industrie des Landes zahlreiche Ausnahmeregelungen für energieintensive und exportabhängige Wirtschaftszweige in das Steuersystem eingebaut. Seitdem Untersuchungen der dänischen Regierung ergeben haben, daß weder die Wettbewerbsfähigkeit der dänischen Industrie noch Arbeitsplätze durch eine aufkommensneutrale Ökosteuer gefährdet werden, wurden die meisten dieser Ausnahmen Anfang 1996 aufgehoben. Weiterhin fließen vom Aufkommen der dänischen CO_2-/Energie-Steuer circa 30 Prozent zum

Ausgleich der Steuerlast zurück in besonders energieintensive Wirtschaftszweige. Mit weiteren 15 Prozent werden Energiesparmaßnahmen und die Erstellung von Energiebilanzen («Energieaudits») in Unternehmen gefördert. Der Rest fließt in den Staatshaushalt. Als eine weitere Maßnahme, um die Wettbewerbsfähigkeit der dänischen Energieversorger zu schonen, wird importierter Strom ebenfalls besteuert. Die dänische Regierung hat angekündigt, die CO_2-/Energie-Steuer über die nächsten Jahre stufenweise anzuheben. Über das wann und wieviel bestehen allerdings Meinungsunterschiede zwischen den verschiedenen politischen Parteien.

In Schweden wurde 1991 damit begonnen, das Steuersystem ökologisch umzubauen. Die exzessiv hohe Einkommensteuer wurde gesenkt. Im Gegenzug wurden mehrere Umweltabgaben eingeführt. Neben einer CO_2-/Energie-Steuer wurde beispielsweise eine Schwefelsteuer eingeführt. Die neue CO_2-/Energie-Steuer ersetzte eine bereits bestehende Energiesteuer. Damit sollte das schwedische System einerseits der erwarteten EU-CO_2-/Energie-Steuer angepaßt werden, andererseits wurde die Klimakomponente stärker betont. Private Haushalte zahlen den vierfachen Steuersatz der Industrie. Ausgenommen von der CO_2-/Energie-Steuer sind ausgerechnet die Energiewirtschaft, aber auch Bahn und Schiffsverkehr. Unternehmen können ihre CO_2-Reduktionsanstrengungen auf ihre Steuerlast anrechnen.

In den Niederlanden gibt es seit 1988 eine Energiesteuer. Wie in anderen Ländern wurde sie 1992 durch eine CO_2-/Energie-Steuer auf fossile Energien abgelöst. Energieintensive Wirtschaftszweige, beispielsweise die holländische Intensivlandwirtschaft, erhalten Sondertarife und teilweise großzügige Steuerrückerstattungen. Die CO_2-/Energie-Steuer der Niederlande ist deshalb im wesentlichen eine Steuer auf Privathaushalte. Seitdem wird eine Weiterentwicklung der Klimaschutzsteuer mit Hinweis auf die bevorstehende EU-Lösung abgelehnt.

Auch die EU-Staaten Belgien und Finnland haben CO_2- und/oder Energiesteuern eingeführt. Für die Schweiz und Norwegen, beide zwar nicht EU-Mitglieder aber Teilnehmer im Europäischen Wirtschaftsraum (EWR), gilt das gleiche. In Großbritannien wurde in den vergangenen Jahren die Mehrwertsteuer auf die meisten fossilen Energieträger deutlich erhöht. Der Benzinpreis soll stufenweise mit unbegrenzter Dauer um jährlich fünf Prozent ansteigen. Eine Energiesteuer, die nicht so heißen darf.

In anderen EU-Mitgliedstaaten wird die Ökologische Steuerreform seit einiger Zeit diskutiert. Österreich und Italien sind die nächsten heißen Kandidaten für den Beitritt zum Vorreiterclub. Sie alle haben das Warten auf eine EU-weite Lösung längst aufgegeben. Und was ist mit Deutschland?

Die deutsche Debatte

Deutschland gehörte innerhalb der EU zu den Befürwortern einer CO_2-/Energie-Steuer. Die Steuer ist Bestandteil des CO_2-Minderungsprogrammes der Bundesregierung. Nach Auffassung wirtschaftswissenschaftlicher Institute, wie dem Deutschen Institut für Wirtschaftsforschung (DIW) und dem Schweizer PROGNOS Institut, ist das CO_2-Minderungsziel der Bundesregierung von 25 Prozent im Zeitraum von 1990 bis zum Jahre 2005 ohne eine Verteuerung der Energiepreise nicht zu erreichen.

Seit 1990 wartet Bonn deswegen auf die Lösung aus Brüssel. Eine nationale Vorreiterrolle scheiterte bisher am Widerstand der Wirtschaft und an Teilen der Bundesregierung. Noch im Jahre 1991 trat der damalige Bundeswirtschaftsminister Jürgen Möllemann für eine Primärenergiesteuer ein. Bundesumweltminister Töpfer forderte im Kabinett eine nationale CO_2-Abgabe. Nach Rio ist die Bundesregierung von der Idee des nationalen Alleingangs abgerückt. Im Bundestagswahlprogramm der Freien Demokraten wurde die Einführung einer «mindestens europäischen» Klimaschutzsteuer verlangt – und damit vertagt. Bundesfinanzminister Waigel, der formell für das Steuerrecht zuständig ist, lehnte im Oktober 1995 selbst eine EU-weite Rahmenregelung zur Einführung nationaler Energiesteuern ab. Waigel argumentierte, die Harmonisierung gehe ihm nicht weit genug. Doch wer die Meßlatte zu hoch legt, will den Erfolg nicht.

Alle politischen Parteien haben sich inzwischen im Prinzip für eine Klimaschutzsteuer ausgesprochen. Interessant sind die Einschränkungen und Vorbedingungen. Der Vorsitzende der CDU/

CSU-Fraktion im Deutschen Bundestag schlug vor, «im Mix der Produktionsfaktoren menschliche Arbeit billiger zu machen und im Gegensatz den Verbrauch von Rohstoffen und Energie zu verteuern.» Als die Fraktion schließlich ihren Ökosteuervorschlag präsentierte, war nur noch von der Umschichtung der Kfz-Steuer auf die Mineralölsteuer und den Abbau einiger umweltschädigender Subventionen die Rede. Beide Maßnahmen sind zusätzlich zur Einführung einer allgemeinen Klimaschutzsteuer sinnvoll. Doch der Fraktionspartner CSU und Bundesfinanzminister Waigel hatten ihr Veto gegen weitergehende Vorschläge eingelegt. Koalitionspartner FDP wartet weiter auf eine europaweite Lösung. Als das Bundesverfassungsgericht den Kohlepfennig, eine Subvention der Steinkohleverstromung, zu Recht für verfassungswidrig erklärte, wollten Teile der Bundesregierung statt dessen eine kleine Energiesteuer einführen. Diese Lösung wäre für die Verbraucher kostenneutral gewesen. Die FDP lehnte ab und nahm statt dessen lieber ein neues Loch im Bundeshaushalt in Kauf.

Die größte Oppositionspartei SPD fiel im Bundestagswahlkampf 1994 vor allem durch Unkenntnis auf. Der damalige Parteivorsitzende Rudolf Scharping behauptete schlicht, ein deutscher Alleingang bei der Energiesteuer verstoße gegen EU-Recht. Dabei übersah Scharping, daß mehrere Mitgliedstaaten vergleichbare Steuern bereits eingeführt hatten. Nur Bündnis 90/Die Grünen forderten vorbehaltlos einen nationalen Alleingang bei der CO_2-/Energie-Steuer. Obwohl die Grünen ursprünglich wie die Umweltverbände für eine Primärenergiesteuer eingetreten waren, tritt die Partei nun für ein EU-kompatibles Mischmodell einer CO_2-/Energie-Steuer ein. Die Steuer soll stufenweise ansteigen und teilweise aufkommensneutral gestaltet werden. Der andere Teil des Steueraufkommens soll für umweltpolitische Investitionen, beispielsweise für Energieeffizienz, erneuerbare Energien und den öffentlichen Nahverkehr ausgegeben werden. Damit sind Bündnis 90/Die Grünen die einzige Partei, die gegen eine vollkommene Aufkommensneutralität durch Senkung anderer Steuern und für eine wirkliche Steuererhöhung zugunsten der Umwelt eintritt.

Die Spitzenverbände der deutschen Wirtschaft lehnen die Einführung von Ökosteuern ab. Der Spitzenverband der deutschen Energiewirtschaft, der «Verband der Industriellen Energie- und Kraftwirtschaft (VIK)», hält nach den Worten seines Vorsitzenden Max Dietrich Kley Ökosteuern für «Instrumente sozialistischer Planwirtschaft» und befürchtet eine allmächtige «Umweltbürokratie», die der Wirtschaft ins Handwerk pfuscht. Der Bundesverband der Deutschen Industrie (BDI) droht: «Wir treiben die Zementindustrie, die Stahlindustrie, Teile der Chemieindustrie aus dem Land», so BDI-Präsident Henkel in einem Interview mit der Wochenzeitschrift «Die Zeit». Bewegung wird an der Basis der Wirtschaft und bei einer jüngeren Generation von Unternehmern sichtbar. Der «Bundesverband Junger Unternehmer (BJU)» hält die Ökologische Steuerreform für ein «Arbeitsbeschaffungsprogramm für umwelt- und innovationsfreundliche Industrien». Die Klimaschutzsteuer steht auch im Programm ökologisch orientierter Wirtschaftsvereinigungen, wie «Unternehmensgrün» oder des «Bundesarbeitskreis Umweltbewußtes Management (BAUM)». Doch die Spitzenverbände der deutschen Wirtschaft machen weiterhin Front gegen die CO_2-/Energie-Steuer. Der Grund: Eine Mischung aus Ignoranz und aus falsch verstandener Solidarität mit den vermuteten Verlierern einer Ökologischen Steuerreform, also beispielsweise dem Kohlebergbau und energieintensiven Wirtschaftssparten. Die Rolle der Wirtschaft wird in an anderer Stelle in diesem Buch ausführlich beschrieben.

Neben dem Vorschlag der Grünen liegen jedoch zwei weitere Modelle für eine nationale CO_2-/Energie-Steuer auf dem Tisch. Im Sommer 1994 legte die Umweltorganisation Greenpeace ein vom Deutschen Institut für Wirtschaftsforschung (DIW) erstelltes Gutachten für eine aufkommensneutrale CO_2-/Energie-Steuer vor. Wenige Monate später gründeten Einzelpersonen aus Umweltforschung und Wirtschaft den Förderverein Ökologische Steuerreform (FÖS). Das FÖS-Konzept unterscheidet sich geringfügig vom Gutachten des DIW.

Greenpeace und das DIW schlagen eine kombinierte CO_2-/Energie-Steuer vor, die jedes Jahr um 7 Prozent anwächst. Besteuert werden sollen alle fossilen Energieträger und die Kernenergie.

Erneuerbare Energien sind von der Steuer ausgenommen. Die Gesamtbelastung verteilt sich zu 21 Prozent auf die Haushalte und zu 79 Prozent auf Industrie und Kleinverbraucher. Da die Steuer aufkommensneutral gestaltet werden soll, die sogenannte Staatsquote also nicht erhöht wird, werden die betroffenen Gruppen an anderer Stelle entlastet. Durch welche Abgabesenkung an anderer Stelle die angestrebte Aufkommensneutralität erreicht werden soll, ist in Fachkreisen einer der heftigsten Streitpunkte, wenn es um die Ökologische Steuerreform geht. Schließlich bewirken nicht nur die Ökosteuer selbst, sondern auch die gleichzeitige Steuerentlastung an anderer Stelle eine Lenkungswirkung auf einen bestimmten wirtschaftlichen oder sozialen Bereich, je nachdem wie das Kompensationsmodell gestrickt ist. Das DIW schlägt vor, zur Entlastung der Arbeitskosten die Beiträge der Arbeitgeber zur Sozialversicherung zu senken. Die Haushalte sollen durch einen direkt zu zahlenden «Öko-Bonus» entlastet werden, der ähnlich dem Kindergeld gezahlt werden soll. Das Kindergeld wird in Deutschland entweder direkt ausbezahlt oder mit der jährlichen Einkommensteuer verrechnet. Die Summen, um die es geht, sind am Anfang gering, wachsen aber im Zeitraum von 10 Jahren zu einer beträchtlichen Höhe an. So kalkuliert das DIW im zehnten Jahr der CO_2-/Energie-Steuer Steuereinnahmen von 121 Milliarden DM und entsprechende Entlastungen auf der anderen Seite. Die Rückwirkungen der Klimaschutzsteuer auf die Wirtschaft sind unterm Strich positiv. Die Inflation steigt leicht an und das Wirtschaftswachstum wird geringfügig gedämpft. Dafür erwartet das DIW im Zeitraum von 10 Jahren 610.000 neue Arbeitsplätze durch Energiesparinvestitionen und ökologische Innovationen. Innerhalb der Wirtschaft findet ein Strukturwandel mit Gewinnern und Verlierern statt. Für energieintensive Industrien, wie Papier-, Zellstoff-, Chemie- und Stahlerzeugung steigen die Kosten. Von den gesunkenen Sozialabgaben profitieren vor allem der Maschinenbau, die Elektrotechnik, die Feinmechanik, das Baugewerbe und der gesamte Dienstleistungssektor. Die CO_2-/Energie-Steuer verstärkt also einen Strukturwandel, der in den hochentwickelten Industriestaaten ohnehin stattfindet.

Der Vorschlag des Fördervereines Ökologische Steuerreform (FÖS) unterscheidet sich vom Greenpeace-Modell hauptsächlich in der Form der steuerlichen Kompensation. Der FÖS schlägt vor, die Beiträge zur Arbeitslosenversicherung zu senken. Dabei sollen sowohl der Arbeitgeber- als auch der Arbeitnehmeranteil berücksichtigt werden. Dieser Vorschlag kommt den Bedenken der Gewerkschaften entgegen, die das bisherige Finanzierungssystem der Sozialversicherungen nicht grundlegend verändern möchten. Langfristig regt der FÖS an, eine Senkung der Mehrwertsteuer ins Auge zu fassen. Die Mehrwertsteuersätze sind allerdings EU-weit festgelegt und können national nicht ohne weiteres geändert werden.

Ein weiterer Streitpunkt ist die Höhe von Ökosteuern. In ihren Positionen zum Berliner Klimagipfel formulieren die deutschen Umwelt- und Entwicklungsverbände: «Die Höhe dieser Verteuerung muß so gestaltet werden, daß vom Endpreis der Energieträger eine Lenkungswirkung zu erwarten ist.» (Tagungsband zum Internationalen Symposium «100 Tage bis zum Klimagipfel») Andererseits herrscht Einigkeit darüber, daß die erfolgende Energiepreissteigerung politisch durchsetzbar sein muß. Inzwischen haben sich die Forderungen auf eine stufenweise Anhebung der CO_2-/Energie-Steuer um jährlich fünf bis sieben Prozent eingependelt. Umstritten ist weiterhin der Einstiegssatz im ersten Jahr der Energiesteuer. Der Einstiegssatz, also der Betrag der vielleicht schon im nächsten Jahr zu entrichten ist, steht zum Zeitpunkt der politischen Entscheidung für eine Ökosteuer im Mittelpunkt des öffentlichen Interesses. Der Präsident des Wuppertal Institutes, Ernst Ulrich von Weizsäcker, und der FÖS plädieren deswegen für einen besonders niedrigen «harmlosen» Einstiegssatz von umgerechnet 45 Pfennigen auf die Energieeinheit von einem Gigajoule (GJ). Das DIW schlägt 63 Pfennige je GJ vor, während die Umweltverbände in ihren Forderungen darüber weit hinausgehen. Der Naturschutzbund Deutschland schlägt einen Anfangssteuersatz von 1,30 DM/GJ und der BUND von 2,78 DM/GJ vor.

Ein besonders sensibles Thema in der öffentlichen Diskussion ist der Benzinpreis, nachdem die Partei Bündnis 90/Die Grünen in ihrem Bundestagswahlkampf 1990 auf Grund theoretischer Berechnungen über die Lenkungswirkung eine stufenweise Anhebung auf 5 DM/Liter verlangt hatte. Nicht zuletzt wegen dieser realitätsfernen Forderung scheiterte die Partei an der Fünfprozenthürde zum Wiedereinzug in den Bundestag. Der Umweltverband BUND hat sich dieser Forderung angeschlossen. Eine sehr viel moderatere Forderung vertritt das Umweltbundesamt. Mit einer jährlichen Preissteigerung von zehn Pfennigen soll der Benzinpreis bis zum Jahr 2005 auf 2,50 DM angehoben werden.

Mit den Vorschlägen von Bündnis 90/Die Grünen, dem DIW und des FÖS liegen drei praktikable Alternativen für einen nationalen Alleingang bei der CO_2-/Energie-Steuer auf dem Tisch. Alle spiegeln einen Konsens wider, der sich in der Umwelt- und der Finanzwissenschaft herausgebildet hat. Die Klimaschutzsteuer der Zukunft wird eine kombinierte CO_2-/Energie-Steuer sein, die mit den Steuersystemen unserer Nachbarstaaten und einer zu erwartenden EU-weiten Lösung kompatibel ist. Sie wird ganz oder teilweise aufkommensneutral gestaltet, um gleichzeitig den Faktor Arbeit steuerlich zu entlasten. Erneuerbare Energien sollen nach übereinstimmender Meinung von der Steuer befreit werden, um dieser CO_2-freien Alternative zum Marktzugang zu verhelfen. Zu Beginn wird eine relativ niedrige Steuer eingeführt, die stufenweise ansteigt. Damit wird Wirtschaft und Verbrauchern ein langfristiges Preissignal in Richtung Energiesparen und Erneuerbare Energien gegeben.

Warten auf die EU ?

Die Debatte um die ökologische Steuerreform zeigt nicht nur in Europa, sondern weltweit Stärken und Schwächen der Klimapolitik auf. Wie bei zahlreichen anderen ungelösten Fragen, weisen deutsche Politiker bei der Energiesteuerdebatte gerne nach Europa. Gleichzeitig blockieren sie eine europäische Lösung. Doch niemand muß auf eine harmonisierte EU-weite Steuer warten. Eine europäische Lösung würde jedoch Vorbehalte von Seiten der Wirtschaft zerstreuen. Einige Mitgliedstaaten besteuern heute noch ausschließlich oder vorwiegend die Privathaushalte. Sie warten auf die CO_2-/Energie-Steuer der EU, bevor sie ihre nationale Wirtschaft vermeintlichen oder realen Wettbewerbsnachteilen aussetzen. Eine

EU-weite Rahmenregelung würde auch die Diskussion, welches Steuermodell national das Beste ist, eingrenzen und damit verkürzen. Schließlich kann die EU selbst als größter weltweiter Handelsblock besser als einzelne ihrer Mitgliedstaaten in internationale Verhandlungen mit Amerikanern und Asiaten treten, um auch dort die Einführung steuerlicher Anreize zum Klimaschutz oder gleichwertiger Maßnahmen einzufordern. Mit der Einführung einer CO_2-/Energie-Steuer könnte die EU ihre klimapolitische Vorreiterrolle wiedergewinnen.

Literatur

Europäische Kommission: Weißbuch zu Wachstum, Wettbewerbsfähigkeit, Beschäftigung, Brüssel 1993.

Organisation for Economic Co-operation and Development: Environmental Taxes in OECD Countries, OECD, Paris 1995.

Greenpeace (Hrsg.): Der Preis der Energie, Plädoyer für eine ökologische Steuerreform, C.H. Beck, München 1995.

Görres A., Ehringhaus H., von Weizsäcker E.-U.: Der Weg zur Ökologischen Steuerreform, Olzog Verlag, München 1994.

Projektstelle Umwelt & Entwicklung (Hrsg.): Tagungsband Internationales Symposium 100 Tage bis zum Klimagipfel, Bonn 1995.

6. Osteuropa vor der Entscheidung

«Jede intellektuelle und materielle Investition in der post-kommunistischen Welt, die nicht dem Geratewohl überlassen wird, sondern auf dem tiefen Verständnis dessen beruht, was dort geschieht, wird sich für die ganze Welt und um ein Vielfaches auszahlen.»
Vaclav Havel , in: Lettre 2/93

Die Staaten Mittel- und Osteuropas sowie Rußland stehen derzeit vor einer paradoxen Situation. Ihre CO_2-Emissionen sinken. Natürlich nicht wegen einer konsequenten Klimapolitik, sondern aufgrund von Wirtschaftskrisen, steigender Energiepreise und Krieg. Wie kann der Trend der Emissionen nach unten fortgeführt werden, auch wenn es mit der Wirtschaft bald wieder bergauf gehen sollte?

Osteuropa steht am Scheideweg. Die von der historischen Entwicklung der letzten Jahre gebeutelte Region muß sich entscheiden zwischen einem Wiederaufbau nach klassischem westlichen Entwicklungsmuster oder einem nachhaltigen Entwicklungspfad bei vermindertem Ressourcen- und Energieverbrauch.

Der Westen und die internationale Staatengemeinschaft müssen Osteuropa helfen. Sie nehmen auch Einfluß auf die Entscheidung der jungen Reformstaaten zwischen dem grünen und dem grauen Weg.

Die Staaten Mittel- und Osteuropas sind fixiert auf den Beitritt in die Europäische Union. Sie werden ihr Handeln deshalb nach der Politik «Europas» ausrichten und keinen, auch keinen ökologischen, Sonderweg gehen. Die EU hat also große Verantwortung für ihre östlichen Nachbarn. Deutschland als Grenzstaat und als traditionell größter wirtschaftlicher und kultureller Partner des Ostens spielt eine Sonderrolle als Vermittler und Vorbild. Deutschland hat zudem besondere Erfahrungen mit der wirtschaftlichen Umstrukturierung der ehemaligen DDR gesammelt.

Neben der Europäischen Union wird es auf die Finanzierungspraktiken der internationalen Entwicklungsbanken ankommen, beispielsweise der Weltbank. Werden sie weiter Straßenbau und Großkraftwerke finanzieren oder den Technologietransfer für Energieeffizienz und öffentliche Verkehrsnetze?

Innerhalb der Klimarahmenkonvention soll der Technologietransfer mit dem Instrument der Gemeinsamen Umsetzung (Joint Implementation) gefördert werden. Erste Erfahrungen weisen allerdings darauf hin, daß Joint Implementation auch in Osteuropa nicht der Königsweg der Klimapolitik ist.

Verschwendungswirtschaft nach dem Zusammenbruch

Die weltweiten CO_2-Emissionen betrugen im Jahre 1990 22.680 Millionen Tonnen. Davon entfielen auf Osteuropa ein knappes Viertel und auf die ehemalige Sowjetunion, die heutige Gemeinschaft Unabhängiger Staaten, 3.912 Mio t. Weltweit gingen die CO_2-Emissionen von 1990 bis 1994 um knappe 100 Mio t zurück. Dieser Rückgang ist einzig und allein auf den wirtschaftlichen Zusammenbruch im Osten zurückzuführen.

In Pro-Kopf-Emissionen ausgedrückt entfielen auf jede Russin und jeden Russen 12,5 Tonnen CO_2 im Jahr, verglichen mit beispielsweise 12,7 Tonnen für Westdeutschland, 18,6 Tonnen für die ehemalige DDR und 20,8 Tonnen auf den durchschnittlichen Amerikaner. Die Pro-Kopf-Emissionen für die mittel- und osteuropäischen Staaten schwanken. Hohe Emissionen verursachen beispielsweise die Industriestaaten Polen und die Tschechische Republik. Ihre Industrie basiert zudem auf der ineffizienten Verfeuerung der heimischen Stein- und Braunkohle.

Weitaus niedriger sind die Emissionen in den weniger entwikkelten Staaten Südosteuropas. Die Durchschnittswerte Osteuropas sind vergleichbar mit denen der Europäischen Union. Mit geringerer Energieeffizienz wurde allerdings weniger produziert.

Seit den Umbruchjahren 1989/1990 sind Energieverbrauch und CO_2-Emissionen teils dramatisch zurückgegangen. Der Grund ist der wirtschaftliche und politische Umbruch. Weil die Energiemärkte teilweise oder ganz für den Weltmarkt geöffnet werden mußten, sind die Preise dramatisch gestiegen. Subventionen wurden willentlich oder unter Zwang abgebaut. In den Staaten des ehemaligen Jugoslawien und im Kaukasus wurde die Wirtschaft zusätzlich durch den Krieg zerstört. In einigen Ländern wurden erste klimapolitische Maßnahmen ergriffen. Die Auswirkungen fallen quantitativ zwar noch nicht ins Gewicht, stellen aber die Weichen für den wirtschaftliche Wiederaufbau.

Die Länder Osteuropas lassen sich aus Sicht der Klimapolitik in mehrere Gruppen einteilen. In den Reformstaaten Mitteleuropas sind die Emissionen seit 1989 um bis zu 20 Prozent gesunken. Je nach wirtschaftlicher Entwicklung werden sie bis zum Jahre 2000 den Stand von 1990 wieder erreichen. Deswegen müssen schon heute klimapolitische Programme eingeleitet werden, die spätestens im Jahre 2000 zu greifen beginnen. Rußland und die Staaten Südosteuropas kommen aller Voraussicht nach mit der wirtschaftlichen Entwicklung langsamer voran. In diesen Ländern war auch der Einbruch der Energieversorgung tiefer und dramatischer. Sie werden bis zum Jahre 2000 sogar eine Reduktion ihrer Emissionen um 20 Prozent erreichen. Internationale klimapolitische Vereinbarungen müssen also darauf achten, diesen Ländern weniger quantitative als qualitative Verpflichtungen aufzuerlegen. In einigen, vor allem vom Krieg geschüttelten Regionen des ehemaligen Sowjetblocks wie Aserbeidschan und Armenien, sind Energieverbrauch und Emissionen um bis zu 80 Prozent zurückgegangen. CO_2-Reduktionsziele sind deshalb sicherlich nicht die Antwort auf die ökonomischen und ökologischen Probleme dieser Länder. Diese Länder werden es schwer haben, aus eigener Kraft den Wiederaufbau zu schaffen. Für sie ist ein ähnliches Instrumentarium notwendig, wie für die klimapolitische Kooperation mit den Ländern des Südens.

Drei Beispiele: Rußland, Polen, Kroatien

Rußland hat die UN-Klimakonvention in Rio unterschrieben und die Ratifizierung während des UN-Klimagipfels in Berlin verkündet. Die Umsetzung der eingegangenen Verpflichtungen ist jedoch schwierig. Sie wird behindert durch die rückständige Wirtschaftsstruktur, bürokratische Hürden und vor allem durch Finanzierungsprobleme.

Das Moskauer Zentrum für Nukleare Ökologie und Energiepolitik schreibt: «Die industrielle Rezession hat von 1990 bis 1994 eine Reduzierung der energiebedingten CO_2-Emissionen um 17 Prozent bewirkt. Bis zum Jahre 2000 werden die Emissionen unter dem Stand von 1990 bleiben.» (Bericht zum russischen Klimaschutzprogramm, CNE 1995)

Sowohl russische Forscher als auch internationale Institutionen wie die Weltbank haben allerdings enorme Energieeffizienzpotentiale für Rußland herausgefunden. Die herrschende Energieverschwendung bietet ein beinahe grenzenloses Potential für die Einführung moderner Technologien und Integrierter Ressourcenplanung. Rußland besitzt die größten Gasvorräte der Welt. Erdgas ist der CO_2-ärmste der fossilen Energieträger. Durch Wiederaufforstung auf großen Flächen können enorme Mengen CO_2 wieder gebunden werden. Das Potential für erneuerbare Energien ist bisher unerforscht.

Wegen der unsicheren Datenlage ist es besonders im Falle Rußlands schwer, genauere Zahlen darüber zu nennen, wieviel Energie bis zu welchem Zeitpunkt eingespart werden kann. Die Moskauer Universität schätzt das Potential aber auf mindestens 50 Prozent. Für Polen hat die Organisation für Wirtschaftliche Zusammenarbeit (OECD) errechnet, daß eine Einheit des Bruttosozialproduktes mit dem zwei- bis dreifachen der dafür eigentlich notwendigen Energie erzeugt wird.

Außerdem teilt das Zentrum für Nukleare Ökologie mit: «Die Begrenzung und Reduzierung der Treibhausgasemissionen verlangt radikale Veränderungen am industriellen Komplex des Landes, die Einführung moderner Technologien, den Bau von Filteranlagen, die Umwandlung von Industrie, Verkehr und des kommunalen Sektors hin zu Energiealternativen. Diese komplexe Aufgabe wird viel Zeit und große finanzielle Mittel in Anspruch nehmen.»

Deswegen schätzen russische Forscher, daß der technologische Wandel in den ersten Jahren nur für einen geringen Teil des zu beobachtenden Emissionsrückganges verantwortlich sein wird. Dieser Anteil muß langsam gesteigert werden, während die Wirtschaft wieder in Schwung kommt und der Bedarf nach Kraft und Wärme wieder steigt.

Die Europäische Union ist nicht nur aus klimapolitischen Gründen dazu aufgefordert, Rußland auf dem Weg zur Energieeffizienz zu helfen. Sie weiß, wie Strom unter russischen Bedingungen erzeugt wurde und heute noch erzeugt wird. Wer Rußland nicht dabei hilft, seine Energieversorgungsstruktur zu reformieren, ist mitverantwortlich für Sauren Regen und riskiert ein zweites Tschernobyl.

Polen hat historisch hohe Treibhausgasemissionen. Der Hauptgrund dafür ist, daß die Energieproduktion größtenteils auf der Verbrennung heimischer Steinkohle basiert und die monopolistische Energieversorgungsstruktur effizienter Produktion und sparsamem Verbrauch entgegenwirkt. Innerhalb Osteuropas lagen die Emissionen Polens zusammen mit denen der damaligen Tschechoslowakei und der DDR an der Spitze. Trotzdem hat sich Polen das Ziel gesetzt, seine CO_2 Emissionen von 1990 bis zum Jahre 2000 zu stabilisieren. Auch Polen dürfte, selbst bei anhaltendem Wirtschaftswachstum von über 7 Prozent jährlich, die Verwirklichung dieses Zieles nicht schwerfallen. Denn in der Nachwendezeit ist der Energieverbrauch erst einmal tief abgesunken. Ab dem Jahre 2000 drohen die Emissionen jedoch weiter zu steigen. Deswegen muß schon heute damit begonnen werden, das enorme Energieeffizienzpotential auszuschöpfen. Polen ist ein Musterbeispiel dafür, wie in den krisengeschüttelten Volkswirtschaften Osteuropas Ökologie und soziale Probleme miteinander in Widerspruch geraten. Das Hauptproblem der polnischen Klimapolitik ist ohne Zweifel die Abhängigkeit der Volkswirtschaft von der heimischen Kohle. Seit Mitte der 80er Jahre haben alle Regierungen versucht, den Kohlebergbau effizienter zu gestalten und Subventionen abzubauen. Doch die Kohlebergleute, mitverantwortlich für die erfolgreiche

Revolution, bilden immer noch eine einflußreiche politische Lobby. Ähnliche Probleme tauchen im Konflikt mit den Kohlearbeitern in der Tschechischen Republik oder Rußlands auf.

Die Kohle wird für eine Übergangszeit also noch weiter das Gerüst der polnischen Energieversorgung bleiben. Ziel muß es sein, die Kohleverstromung und die Verbrennung im Gebäudebereich effizienter zu gestalten. Subventionsabbau, wie er von der Weltbank und der Europäischen Union vehement gefordert wird, wird nur dann glaubwürdig, wenn beispielsweise Deutschland mit seiner Ruhrkohle glaubwürdig vorangeht.

Klimapolitik ist für Polen auch umweltpolitisch keine erste Priorität. Eine der Hauptsorgen der Umweltpolitik ist die schlechte Luft in den Industriegebieten und Städten des Landes. Doch wenn Schwefeldioxid und Stickoxide reduziert werden, ist oft CO_2-Einsparung der direkte Nebeneffekt. Dieser Nebeneffekt kann bewußt gefördert werden, wenn bei dem Umbau eines Kraftwerkes nicht nur ein Staubfilter sondern auch eine effizientere Turbine eingebaut werden. Alternativ ist es möglich, das Kraftwerk von Kohle auf Gas umzustellen. Über die Zusatzkosten, die entstehen, und die Polen und andere Länder in ihrer wirtschaftlichen Übergangszeit nicht tragen können oder möchten, muß im Rahmen der internationalen Zusammenarbeit geredet werden. Zur Verfügung stehen bisher die Hilfsprogramme PHARE und TACIS der Europäischen Union, Kredite der internationalen Entwicklungsbanken Weltbank und EBRD und die Gemeinsame Umsetzung (Joint Implementation).

Mit internationaler Hilfe könnte so das Industriegebiet «Schmutziges Dreieck» zwischen den Ländern Polen, Tschechien und Deutschland zur klimapolitischen Musterregion ausgebaut werden. Fast nirgends auf der Welt sind innerhalb eines kurzen Zeitraumes so hohe Einsparpotentiale zu erzielen. Und nirgendwo kann überzeugender klargemacht werden, daß Klimaschutz direkte gesundheitliche Vorteile für die Bevölkerung bringt und unmittelbar mit dem technischen Fortschritt verknüpft ist.

Polen steht mit der Klimapolitik nicht wie Rußland gänzlich am Anfang. Das Land besitzt beispielsweise eines der ältesten Ökosteuersysteme. Umweltabgaben werden auf fast alle Luftschadstoffe erhoben. Neben CO_2 sind das beispielsweise Stickoxide, Kohlenmonoxid und organische Substanzen. Diese Steuern sind sehr niedrig und verlieren durch die galoppierende Inflation an Wert. Doch das System ist ausbaufähig.

Das Land ist derzeit, teilweise mit westeuropäischer und internationaler Finanzhilfe, dabei, die Energieversorgung seiner Städte zu sanieren und zu reformieren. So bekommt Krakau ein Heizungssystem auf Gasbasis. Die Fernwärmeleitungen im ganzen Land werden – wenn auch viel zu langsam – instand gesetzt. Hier tut sich eine weites Feld für Städte- und Stadtwerkepartnerschaften auf. Langfristig werden sich die Einsparungen gerade im kommunalen Bereich rentieren. Was fehlt, ist das notwendige Investitionskapital.

Auch durch die Erweiterung der Waldflächen kann CO_2 als Biomasse gebunden werden. Innerhalb der Karbonosze-Berge und zum Teil auch auf aufgegebenen landwirtschaftlichen Flächen wird bereits aufgeforstet. Polen besitzt außerdem eines der ambitioniertesten Nationalparkprogramme der Welt.

Ein großes neues Problem tut sich für Polen und die anderen osteuropäischen Reformländer am Horizont auf. Wie in der ehemaligen DDR droht das Anwachsen des Autoverkehrs Emissionseinsparungen in Industrie, Haushalten und Elektrizitätserzeugung aufzufressen.

Das Warschauer Institut für Nachhaltige Entwicklung schreibt: «Polens Verkehrspolitik zieht die Reduktion der CO_2-Emissionen nicht in Betracht. Die Regierung unterstützt die großen Automobilunternehmen (in Polen u.a.: FIAT, General Motors) und befürwortet den Bau neuer Autobahnen. Zwischen 1989 und 1992 stieg die Zahl der Autos um weitere 2 Millionen auf 9 Millionen und steigt weiter an.» (Bericht zum polnischen Klimaschutzprogramm, CNE 1995)

Ende 1994 plante die polnischen Regierung, 2600 km Schnellstraße und 3500 km Autobahn zu bauen, was sowohl die CO_2-Emissionen aus dem Verkehr, als auch aus der Zementproduktion und anderen Sektoren ansteigen lassen wird. Der Ausbau des Straßennetzes wird massiv durch die Weltbank, andere internationale Entwicklungsbanken und die Europäische Union unterstützt. Die Schlüsselrolle der EU wird deutlich. Sie verlangt die Anbindung Polens an die transeuropäischen Verkehrsnetze. Dabei besitzt Polen wie die anderen Staaten Mitteleuropas ein gut ausgebautes Schienennetz. Vor allem der Gütertransport wurde fast vollständig über dieses Netz abgewickelt. Doch das marode Schienennetz in Osteuropa ist mit den Transportmethoden des europäischen Binnenmarktes nicht kompatibel. Brüssel und die Regierungen der westeuropäischen Staaten reagieren auf die Lastwagenstaus an ihren Ostgrenzen mit kurzfristigen Lösungen. Mit den Lösungen von gestern wird das umweltfeindliche Verkehrssystem von morgen gebaut. Und will Polen in die EU, hat es fast keine andere Entwicklungsoption, als beim Ausbau seines Personen- und Güterverkehrssystemes auf die Straße zu setzen.

Welches Signal möchte ein Land wie Polen an den Westen senden? Die Länder Mittel- und Osteuropas möchten den Westen glauben machen, daß ihre eigene Möglichkeiten, Klimapolitik zu betreiben, nach 45 Jahren Kommunismus sehr beschränkt sind. In der Tat hat die sozialistische Vergangenheit eine Industriestruktur hinterlassen, die langfristige Reformen unumgänglich macht. Aufgrund der zerrütteten Ökonomie hat auch die Ökologie gelitten. Ökologische Zugaben zum ökonomischen Wiederaufbau möchten sich Polen, Ungarn und die Tschechische Republik vom UN-Umweltfonds «Global Environmental Facility», den internationalen Entwicklungsbanken und von der Europäischen Gemeinschaft bezahlen lassen. In begrenztem Ausmaß hat der Osten das Recht auf die Solidarität des Westens. Zwei Dinge sind jedoch wichtiger. Der Westen kann wesentlich mehr dadurch bewirken, daß er durch eigene Reformen den strukturellen Druck von den Reformstaaten Osteuropas nimmt, dem westlichen Entwicklungsmodell blind in den klimapolitischen Abgrund zu folgen. Der Osten selber muß begreifen, daß er am Scheideweg steht: Zwischen dem Kopieren einer Wirtschaftsordnung, wie sie in Westeuropa längst ökonomisch in die Krise und ökologisch in die Sackgasse geraten ist, und einer ökologischen Modernisierungspolitik, zu der Energieeffizienz an allerester Stelle gehört. Der Osten kann wählen zwischen dem grünen und dem grauen Weg.

Von den Nachfolgestaaten der beiden zusammengebrochenen Vielvölkerrepubliken Sowjetunion und Jugoslawien ist Kroatien noch einer der stabilsten. Auch hat in Kroatien der Krieg weniger als in anderen jugoslawischen Teilrepubliken, im Kaukasus oder in den mittelasiatischen Republiken der GUS gewütet. Trotzdem ist einsehbar, daß Kroatien andere Sorgen hat als Klimapolitik.

Das ehemalige Jugoslawien hatte Pro-Kopf-CO_2-Emissionen von 3,66 Tonnen jährlich. Kroatiens Emissionen, eigene Zahlen sind noch nicht erhoben worden, dürften in derselben Größenordnung liegen. Sie liegen damit deutlich unter dem europäischen Durchschnitt von 8,2 Tonnen im Jahre 1990. Kroatien ist damit ein typisches Beispiel für die weniger industrialisierten Länder Südosteuropas. Die Emissionen sind in den Kriegsjahren deutlich zurückgegangen und werden mit dem beginnenden Wiederaufbau erst langsam wieder ansteigen.

Kroatien hat besonders gute Chancen, auch langfristig und bei steigendem Einkommen ein Land niedriger CO_2-Emissionen zu bleiben. Das Land hat wirtschaftlich gute Voraussetzungen, die Phase hoher Emissionen zu überspringen und in der Post-CO_2-Ära zu landen. In ganz Kroatien gibt es eine einzige Kohlemine mit einer Jahresproduktion von lediglich 120.000 Tonnen. Bedeutender sind die einheimischen Gasvorkommen. Gas wird allgemein als die Übergangstechnologie zu Energieeffizienz und erneuerbaren Energien gehandelt. Die kroatische Industrie kennt ebenfalls keine der großen Energieschlucker. Neben einer kleinen Busfabrik existiert keine eigenständige Automobilindustrie, die gegen eine umweltverträgliche Verkehrspolitik zu Felde ziehen würde.

Dagegen hat das Land hervorragende Voraussetzungen für erneuerbare Energien. Die lange Küstenlinie ruft geradezu nach Windenergieanlagen, die hohe Sonneneinstrahlung bietet sich an für Photovoltaik und der Untergrund des Landes wird schon seit geraumer Zeit für Erdwärme (Geothermie) genutzt.

Auf den Ländern Südosteuropas ruht heute weniger als auf Rußland und den mitteleuropäischen Staaten der Blick Europas und seiner Investoren. Vielleicht werden hastige Fehlentwicklungen dadurch vermieden. Langfristig brauchen auch diese Länder Hilfe.

Der Osten blickt nach Westen

Osteuropa richtet seine Politik seit der politischen Wende 1989 nach Westen aus. Langfristiger Wunsch der meisten Staaten ist der EU-Beitritt. Die Osterweiterung der EU wirft deswegen auch in der Klimapolitik ihre Schatten voraus. So fördert die Union mit mehreren Hilfs- und Finanzierungsprogrammen die Anpassung der osteuropäischen Energie-, Verkehrs- und Umweltpolitik an die EU-Gesetzgebung und den europäischen Binnenmarkt.

Mit den Förderprogrammen PHARE und TACIS unterstützt die EU direkt Energie-, Verkehrs- und umweltpolitische Maßnahmen in den osteuropäischen Reformstaaten. Die EU-Tochterorganisationen Euratom und EGKS (Europäische Gemeinschaft für Kohle- und Stahl) helfen mit Krediten zur Modernisierung der Atom- und Kohleindustrie. Eine vergleichbare Fördereinrichtung für erneuerbare Energien und Energieeffizienzmaßnahmen fehlt. Mit der Europäischen Investitionsbank (European Investment Bank, EIB) besitzt die EU ein eigenes Kreditinstitut, mit dem die Strukturpolitik innerhalb und außerhalb der Grenzen der Union gefördert wird. Für Mittel- und Osteuropa werden seit 1990 im Durchschnitt 3 Milliarden DM jährlich an osteuropäische Regierungen vergeben. Die von der EU mitinitiierte und mitkontrollierte Europäische Entwicklungsbank (European Bank for Reconstruction and Development, EBRD) vergibt ähnlich wie ihre große Schwester, die Weltbank, Kredite für den Privatsektor.

Mit den Hilfsprogrammen PHARE und TACIS unterstützt die EU seit 1990 den wirtschaftlichen Reformprozess in Osteuropa. Das PHARE-Programm (Poland and Hungary Action for Reconstruction of Economy) wurde nach und nach auf die meisten Länder Mittel- und Osteuropas ausgeweitet. TACIS (Technical Assistance for the Commonwealth of Independent States) ist das Schwesterprogramm für die Staaten auf dem Gebiet der ehemaligen Sowjetunion. Beide Programme gewähren in erster Linie technische Hilfe in Form von Studien-, Aus- und Weiterbildungsprogrammen und in Ausnahmefällen durch den Kauf technischer Gerätschaften aus dem Westen. Die Modernisierung des Energie- und Verkehrssektors sind ein Schwerpunkt von PHARE und TACIS. Die osteuropäischen Reformstaaten sollen damit fit gemacht werden für den Beitritt zum oder die Zusammenarbeit mit dem EU-Binnenmarkt. Die EU strebt sowohl im Energie- als auch im Verkehrsbereich den Bau sogenannter transeuropäischer Netze an. Die Funktion von PHARE und TACIS ist es unter anderem, durch Machbarkeitsstudien und Anfangsinvestitionen die Finanzierung von Verkehrswegen und Energieversorgungseinrichtungen durch Privatbanken oder internationale Entwicklungsbanken vorzubereiten. Die Förderung eines Projektes durch das PHARE-Programm ist damit eine Art Visitenkarte für den Eintritt in die Welt der Großkredite. Doch auf der Visitenkarte fehlt die Farbe Grün. Bisher wurden die Energie- und Verkehrsprogramme von PHARE und TACIS weder einer Umweltverträglichkeitsprüfung unterzogen, noch wurden Umweltverbände und -ministerien bei der Projektauswahl beteiligt.

Die Hilfs- und Förderprogramme der EU zielen auf eine gesamteuropäische Energiepolitik und einen gemeinsamen Markt. Ihr Vorläufer ist die Europäische Energiecharta. Die Europäische Energiecharta wurde vor allem im Hinblick auf die Nutzung der Energiereserven in Osteuropa und in der ehemaligen Sowjetunion erarbeitet. Die Charta selbst wurde schon im Dezember 1991 verabschiedet. Unterzeichnerstaaten sind, neben fast allen Ländern West- und Osteuropas, auch die USA. Denn auch Amerika hat ein wirtschaftliches Interesse an der Entwicklung der osteuropäischen Energiemärkte. Die Charta sieht die Schaffung eines freien gesamteuropäischen Energiemarktes vor. Dabei sollen die Staaten zwar das Selbstbestimmungsrecht über ihre Energiewirtschaft und Rohstoffvorkommen behalten, jedoch dürfen ausländische Firmen keine Wettbewerbsnachteile erleiden. Die Energieerzeugung soll außerdem umweltverträglich erfolgen.

Nach dreijährigen Verhandlungen wurde im Dezember 1994 ein erstes Durchführungsabkommen zur Europäischen Energiecharta beschlossen. In diesem Abkommen sind der Zugang zu den Energievorkommen und den Märkten Osteuropas und der rechtliche Schutz von westlichen Investitionen geregelt. Weitere Zusatzabkommen sind vorgesehen. In Form sogenannter Protokolle sollen eine effiziente Energienutzung und die Sicherheit von Atomanlagen geregelt werden. Die Solarorganisation EUROSOLAR schlägt außerdem ein Protokoll zur Förderung der erneuerbaren Energien vor.

Die Europäische Energiecharta ist vom Charakter her eine erweiterte Version des EU-Energiebinnenmarktes. Bisher wurde die Ausgestaltung der Charta dominiert durch die Lobby der fossilen Energien. Ein wirklich freier gesamteuropäischer Energiemarkt muß aber genauso faire Wettbewerbsbedingungen für erneuerbare Energien und Energieeffizienz schaffen. Subventionen für umweltschädliche Rohstoffförderung und Energieerzeugung müssen auch in Osteuropa abgebaut werden. Die Energiepreise müssen den Produktionskosten angenähert werden. Externe Kosten der Energieerzeugung, wie beispielsweise die Umweltbelastung durch Luftschadstoffe, müssen über Energiesteuern internalisiert, also in den Endpreis einbezogen werden. Die Netze müssen für die Einspeisung erneuerbarer Energien geöffnet werden. Erst dann kann von fairen Marktbedingungen für alle Energiequellen gesprochen werden.

Weltbank & Co.

Seit der Integration des ehemals sozialistischen Blocks in das Weltwirtschaftssystem sind mehrere internationale Finanzierungsinstitutionen beim wirtschaftlichen Strukturwandel dieser Region mit dabei. Nach der politischen Zeitenwende 1989 wurden fast alle Staaten Osteuropas und der ehemaligen Sowjetunion Mitglieder der Weltbank und des Internationalen Währungsfonds (IWF). Die Weltbank wurde nach dem Zweiten Weltkrieg gegründet, um mit Krediten beim Wiederaufbau des zerstörten Westeuropas zu helfen. In den vergangenen Jahrzehnten wurden vor allem Infrastrukturgroßprojekte in der Dritten Welt gefördert. Der IWF soll als Schwesterorganisation der Weltbank für die Stabilität des Währungs- und Wechselkurssystems Sorge tragen. Deshalb verordnete der IWF zahlreichen Staaten harte Stabilitäts- und Sparprogramme als Voraussetzung für Kredite und eine Stützung der nationalen Währung. Im Vorfeld des Erdgipfels von Rio 1992 wurde unter der Vormundschaft der Weltbank und unter Beteiligung der UN-Organisationen für Umwelt (United Nation's Environmental Program, UNEP) und

Entwicklung (United Nation's Development Program, UNDP) der globale Umweltfonds Global Environment Facility (GEF) gegründet. Die GEF soll Maßnahmen zur Umsetzung internationaler Umweltabkommen, beispielsweise der Klimarahmenkonvention, bezuschussen. Ähnlich der regionalen Entwicklungsbanken für die verschiedenen Teile der Dritten Welt wurde auf Initiative der EU und der USA die Europäische Bank für Wiederaufbau und Entwicklung (European Bank for Reconstruction and Development, EBRD) ins Leben gerufen. Die größten Geldgeber der EBRD mit den höchsten Stimmanteilen sind Deutschland, Frankreich und die USA. Neben der EBRD besitzt die EU ein eigenes Kreditinstitut, die Europäische Investitionsbank EIB. Die EIB fördert Infrastrukturmaßnahmen in strukturschwachen Gebieten. Seit 1990 sind auch die Länder Mittel- und Osteuropas empfangsberechtigt. Im Unterschied zu EBRD und Weltbank fördert die EIB nicht den Privatsektor, sondern gibt Kredite an Staaten und Regionen. EBRD und EIB stimmen ihre Förderkonzepte oft aufeinander ab.

Die internationalen Entwicklungsbanken fördern zahlreiche umwelt- und klimarelevante Infrastrukturvorhaben, beispielsweise im Energie- und Verkehrsbereich. Die GEF wurde eigens ins Leben gerufen, um Mittel für den Umweltschutz zu schaffen. An der Förderpraxis der internationalen Entwicklungsbanken orientieren sich die privaten Großbanken. Deshalb ist das Gütesiegel von Weltbank & Co. für die Regierungen der osteuropäischen Transformationsländer so wichtig.

Was den Umweltschutz angeht, hat sich die Weltbank durch zahlreiche überdimensionierte und naturzerstörende Großprojekte in der Dritten Welt einen schlechten Ruf verschafft. Deswegen haben Umweltverbände aus Ost und West die Aktivitäten von Weltbank und EBRD in Osteuropa von Anfang an kritisch begleitet. Sie fordern für alle internationalen Entwicklungsbanken Richtlinien zur Umweltverträglichkeit ihrer Projekte. Einige der multilateralen Entwicklungsbanken haben den Umweltschutz deshalb inzwischen in ihre Programme aufgenommen. So verpflichtet sich die EBRD, bei allen ihren Aktivitäten auf «Umweltverträglichkeit und Nachhaltige Entwicklung» zu achten. Solche allgemeinen Bekenntnisse spiegeln sich meist nicht in der praktischen Politik wider. Die

Umweltverbände fordern deswegen konkretere Festlegungen. So fordern die Umweltgruppen des weltweiten Climate Action Network (CAN), daß sich die Weltbank die Ziele der Klimarahmenkonvention zu eigen macht und mit ihren Projekten zur CO_2-Minderung beiträgt (CAN Konferenzzeitung ECO zum Berliner Klimagipfel). Die deutsche Organisation «urgewald» schlägt nachprüfbare Zielvorgaben für Investitionen in Energiesparmaßnahmen vor. Außerdem sollen erneuerbare Energien wie Sonne, Wind und kleine Wasserkraftwerke verstärkt gefördert werden. «Des weiteren sollen Energieprojekte von der Weltbank erst dann verabschiedet werden, wenn Einsparpotentiale auf der Verbraucherseite geprüft worden sind.» (urgewald Weltbank Infoblatt 13 vom 24.9.94) Die Bonner Lobbyorganisation «Weltwirtschaft, Ökologie und Entwicklung» (WEED) fordert, daß bei Verkehrsprojekten von Weltbank & Co. der Modernisierung des in Osteuropa gut ausgebauten öffentlichen Verkehrsnetzes Vorrang vor dem Neubau von Schnellstraßen und Autobahnen gegeben wird. (WEED Pressemitteilung vom 3.4.1995)

Zahlreiche Projekte der Weltbank und ihrer in Osteuropa tätigen Tochter International Finance Cooperation (IFC) genügen diesen Kriterien nicht. Bis 1994 flossen 44 Prozent der Mittel, die die IFC für Osteuropa ausgegeben hatte, in den Verkehrssektor. Davon entfielen auf öffentliche Verkehrsmittel nur 14, auf den Straßenbau dagegen 49 Prozent. Ein gemeinsames Strukturanpassungsprogramm von Weltbank und IWF sieht für Ungarn den Ausbau des Straßennetzes und gleichzeitig die Stillegung von Bahnnebenstrecken, vor allem im Güterverkehr, vor. Vergleichbar ist die Entwicklung in Polen. Gemeinsam mit der EBRD fördert die IFC die Modernisierung der osteuropäischen Autoindustrie. So bewilligte die IFC 1992 einen 600 Millionen DM Kredit an die Firma Volkswagen für den Ausbau des tschechischen Skoda-Werkes. Die Zuschüsse für westeuropäische Autohersteller erweisen sich als reine Subvention im Wettbewerb mit der Konkurrenz aus Fernost.

Im Energiebereich konzentrieren sich Weltbank und EBRD auf die Erschließung der osteuropäischen Öl- und Gasressourcen. Auf dem Gebiet der ehemaligen Sowjetunion werden 40 Prozent der Weltgasreserven, 23 Prozent der Kohle- und 6 Prozent der Ölvorräte vermutet. Mit über einer Milliarde US-$, wovon die Weltbank 610 und die EBRD 250 Millionen zur Verfügung gestellt haben, sollen in Westsibirien Ölförderanlagen modernisiert und lecke Pipelines repariert werden. WEED-Mitarbeiterin Tatjana Chahoud schreibt dazu: «Da Weltbank-Experten zufolge für die Rehabilitierung der russischen Erdölförderung bis zum Jahre 2000 ein Gesamtvolumen von 50 Mrd. US-$ erforderlich ist und diese Summe weder von den internationalen Finanzinstitutionen noch von bilateralen Gebern aufgebracht werden kann, soll das vorliegende Projekt gleichzeitig als Katalysator für die Herstellung eines günstigen Investitionsklimas für zukünftige Auslandsinvestoren fungieren. Darüber hinaus sollen im Rahmen dieses Projektes die notwendigen Preis- und Steuerreformmaßnahmen sowie einzelne Vorkehrungen für nachhaltige Ressourcennutzung vorangetrieben werden.» (WEED Informationsbrief-Sonderdienst 1/94) So sollen – aus Klimasicht erfreulich – steuerliche Subventionen für den Energieverbrauch der Industrie beschnitten werden. Ähnliche Projekte sind vor allem in Rußland zur Modernisierung von Erdgasproduktion und -transport geplant. Der positive umweltpolitische Nebeneffekt des Ersatzes maroder Förderanlagen und der Reparatur lecker Pipelines ist, daß geringere Mengen Rohöl und des Treibhausgases Methan in die Umwelt entweichen. Insgesamt jedoch werden die Weichen falsch gestellt. Durch die gewaltigen Investitionen, die heute in die Öl- und Gasförderung gesteckt werden, bleiben die Volkswirtschaften Osteuropas und der GUS langfristig von der Verwendung und vom Export der fossilen Energieträger abhängig. Auch für den Klimaschutz im Westen bedeutet das neue billige Öl aus Sibirien eine schlechte Nachricht. Die Energiepreise werden weiter sinken und der Anreiz, Energie zu sparen, schwächer. Dabei ist, wie weiter oben beschrieben, nirgends das Energiesparpotential so groß wie in der ehemaligen Verschwendungswirtschaft Osteuropas.

Während die Weltbank aus Prinzip keine Atomprojekte fördert, verhandelt die EBRD zur Zeit über die technische Überholung, die Fertigstellung und den Neubau von Kernkraftwerken in Osteuropa und der GUS. Dahinter stehen die Exportinteressen der mächtigen Atomindustrien in Frankreich und Deutschland. Die deutsche Atomindustrie wirbt damit, daß mit Kernkraftwerken eine Alternative für die ineffizienten CO_2-intensiven osteuropäischen Kohlekraftwerke gefördert werden soll. Sowohl die Weltbank als auch die Organisation für Wirtschaftliche Zusammenarbeit OECD halten Energieeffizienzmaßnahmen und den Aufbau einer dezentralen Energieversorgung auf Grundlage von Gaskraftwerken für kostengünstiger.

Die Global Environment Facility (GEF) wurde 1991 auf Initiative Frankreichs gegründet, um die Umsetzung der internationalen Umweltkonventionen in der Dritten Welt und in Osteuropa zu unterstützen. Die GEF wird gemeinsam getragen von der Weltbank und den UN-Programmen für Umwelt (UNEP) und Entwicklung (UNDP). Folgende Projekte waren charakteristisch für die Pilotphase der GEF. So unterstützte die GEF das erst vor wenigen Jahren unabhängig gewordene Armenien dabei, seine Treibhausgase statistisch zu erfassen, Reduktionsmöglichkeiten aufzuzeigen und daraus ein nationales Klimaschutzprogramm zu machen. In Polen wurde die Umstellung städtischer Heizungen von Kohle auf Erdgas unterstützt. Gegenüber Weltbank und EBRD ist die GEF finanziell bescheiden ausgestattet. Die Philosophie der GEF ist es deshalb, Demonstrationsvorhaben zu fördern, die langfristig von den großen internationalen Finanzinstitutionen übernommen werden.

Ein Hauptkritikpunkt der Umweltverbände an der GEF war von Anfang an, daß vor allem staatliche Aktivitäten gefördert werden. Viele Länder lassen sich so ihre umweltpolitischen Verpflichtungen von außen finanzieren und stellen in ihren Haushalten selbst keine Mittel zur Verfügung. Aufgrund dieser Kritik richtete die GEF ein eigenes Programm für Aktivitäten von Umweltverbänden und Bürgergruppen – das Small Grants Program – ein. Mit kleineren Beträgen werden seitdem Pilotvorhaben von nichtstaatlichen Einrichtungen gefördert. In der GEF-Pilotphase waren darunter nur zwei klimapolitische Projekte. Ein Demonstrationsprojekt der polnischen Umweltorganisation «Polnischer Ökologischer Club» zum Einsatz von Holzabfällen anstatt von Kohle zur Elektrizitätserzeugung erhielt 8.811 US-$. Eine polnische Stiftung erhielt 19.251 US-$, um eine Informationskampagne zum Energiesparen im Haushalt durchzuführen. Die meisten Umweltorganisationen in Osteuropa wissen nicht, daß und wie sie für ihre Demonstrations- und Bildungsvorhaben Geld über die GEF beantragen können. Das Antragsverfahren ist stark zentralisiert und bürokratisiert. Die Verwaltungskosten stehen in einem krassen Mißverhältnis zu den geringen Förderbeträgen.

Gemeinsame Umsetzung

Weil in Mittel- und Osteuropa und den Staaten der ehemaligen Sowjetunion das Energieeffizienzpotential besonders hoch ist, soll der Osten neben der Dritten Welt von der Gemeinsamen Umsetzung (Joint Implementation) klimapolitischer Maßnahmen profitieren. Die Befürworter von Joint Implementation verweisen darauf, daß CO_2-Minderungsmaßnahmen in der Energieverschwendungswirtschaft Osteuropas sehr viel billiger durchzuführen sind als im Westen. Im Westen sind dagegen sowohl das technologische als auch das finanzielle Potential vorhanden, um den Ländern Osteuropas bei der Durchführung von Klimaschutzmaßnahmen zu helfen. CO_2-Einsparungen durch Joint Implementation im Ausland sollen, so die ursprüngliche Idee, auf das eigene CO_2-Minderungsziel angerechnet werden. Auf der Berliner UN-Klimakonferenz wurde eine Pilotphase für Joint Implementation Projekte beschlossen. Im Jahre 1999 soll endgültig festgelegt werden, ob Joint Implementation als Bestandteil der UN-Klimakonvention zugelassen wird.

Joint Implementation kann verschiedene Formen annehmen. Zum Beispiel können einzelne westliche Unternehmen mit Projektpartnern vor Ort kooperieren und sich erzielte CO_2-Reduktionen auf ihre nationalen Verpflichtungen anrechnen lassen. Ein solches Beispiel ist die unten beschriebene Kooperation von drei amerikanischen Energieversorgungsunternehmen mit der tschechischen Stadt Decin zur Modernisierung eines ineffizienten Heizwerkes.

Die meisten europäischen Staaten wollen Joint Implementation im Rahmen zwischenstaatlicher Kooperationsabkommen durchführen. Die erzielten CO_2-Reduktionen sollen von einem Staat auf den anderen übergehen. Ein Beispiel für diesen Ansatz ist die ebenfalls im folgenden beschriebene Kooperation der Umweltministerien der Niederlande und Ungarns, um die Energieversorgung ungarischer Städte zu verbessern.

Eines haben jedoch alle Joint Implementation Pilotprojekte gemeinsam. Der tatsächliche Klimaschutzeffekt ist schwer nachzuweisen.

Ein oft zitiertes Musterprojekt für Joint Implementation ist die Modernisierung des Heizkraftwerkes der tschechischen Stadt Decin. Beteiligt an dem im Herbst 1995 abgeschlossenen Projekt waren die Stadtverwaltung, die dänische Regierung als Hauptgeldgeber, drei amerikanische Energieversorgungsunternehmen und die US-Umweltorganisation Center for Clean Air Policy (CCAP).

Kernstück des Projektes war die Umrüstung des ehemaligen Braunkohlekraftwerks auf das saubere und CO_2-ärmere Erdgas. Mit insgesamt 600.000 US-$ trugen die drei beteiligten US-Energieversorger 8,5 Prozent zur Finanzierung der Modernisierungsmaßnahmen bei. Dafür wurden den Unternehmen 75 Prozent der errechneten CO_2-Reduktionen zugesprochen. Die beteiligten Unternehmen können diese im Rahmen ihrer Klimaschutzverpflichtungen in den USA geltend machen. Nachdem die Stadt Decin sich entschieden hatte, nicht nur das Heizwerk von Braunkohle auf Gas umzurüsten, sondern gleichzeitig durch Kraft-Wärme-Kopplung zusätzlichen Strom zu erzeugen, winkten die amerikanischen Partner aus Kostengründen ab. Die Kosten wurden schließlich von den Tschechen selbst getragen. Decin ist deshalb vor allem ein Musterbeispiel dafür, wie sich unter dem Mantel des Klimaschutzes geschickte Exportförderung und gute Geschäfte betreiben lassen.

Bei den meisten bisher erprobten Joint Implementation-Projekten ist der Klimaschutzeffekt schwer nachzuweisen. Das niederländische Umweltministerium möchte im Rahmen von Joint Implementation die Energieversorgung von zwölf ungarischen Städten, darunter der Hauptstadt Budapest, effizienter gestalten. Dabei mußten die niederländischen Energieexperten feststellen, daß weder der bisherige Energieverbrauch noch die Energiekosten statistisch festgehalten waren. Neben technischen Modernisierungsmaßnahmen, beispielsweise bei städtischen Gebäuden oder im Fernwärmenetz, gilt es, das Personal der Stadtverwaltung weiterzubilden und Umweltbewußtsein in der Bevölkerung zu schaffen. Alle diese Maßnahmen sind schwer zu quantifizieren. Wieviel Kilotonnen eingespartes CO_2 sollen sich die Niederländer also aus diesem Programm anrechnen? Diese methodischen Schwächen machen eine gute Klimaschutzmaßnahme natürlich nicht weniger sinnvoll. Problematisch wird es allerdings dann, wenn sich das westliche Geberland seine nicht bezifferbaren Aktivitäten auf die eigenen völkerrechtlichen CO_2-Minderungspflichten anrechnen lassen will.

Besonders umstritten ist Joint Implementation durch Maßnahmen der Forstwirtschaft. Amerikanische Institutionen betreiben an drei Stellen in Rußland Aufforstungsprogramme zum Klimaschutz. Der Theorie nach kann neuer Wald CO_2 aus der Atmosphäre binden. Damit werden CO_2-Emissionen die beispielsweise aus einem Kraftwerk stammen, dem globalen Treibhaus wieder entzogen. In der Praxis ist der CO_2-Minderungseffekt forstwirtschaftlicher Maßnahmen kaum nachprüfbar. Zuwenig ist darüber bekannt, wieviel CO_2 die Wälder wirklich aus der Luft entnehmen. Meist entsteht kein naturnaher Wald, sondern es werden schnellwachsende forstliche Monokulturen mit negativen Auswirkungen auf andere Umweltgüter wie Grundwasser und Artenvielfalt angepflanzt. Oft wurden Wälder durch sauren Regen oder andere Umweltbelastungen zerstört. Die Wiederaufforstung ist somit erst dann sinnvoll, wenn die Ursachen der Waldzerstörung beseitigt wurden. Die Erhaltung bestehender Wälder und die Wiederaufforstung von gerodeten oder abgebrannten Waldflächen ist auch ohne Klimaschutz sinnvoll.

Joint Implementation wurde deshalb erfunden, um der Wirtschaft eine kostengünstige Alternative zum Klimaschutz im eigenen Land anzubieten. Doch die Wirtschaft reagiert überraschenderweise zwiespältig. Der Bundesverband der Deutschen Industrie (BDI) unterstützte Joint Implementation von Anfang an. Der Deutsche Industrie- und Handelstag (DIHT) meinte dagegen schon 1991, daß das CO_2-Reduktionspotential für die Länder des ehemaligen Ostblocks falsch eingeschätzt wird. Die theoretisch möglichen CO_2-Reduktionen in Osteuropa seien nicht alleine durch technologische Neuerungen zu erschließen. Genauso wichtig seien die Wartung und Benutzung der modernen Technik. Die dazu notwendige Ausbildung des einheimischen Personals relativiert die vermeintlichen

Kostenvorteile der Joint Implementation Projekte gegenüber Klimaschutzmaßnahmen im Westen.

Joint Implementation wirft auch die Frage nach den Hauptverursachern des Treibhauseffektes auf. In Pro Kopf Emissionen ausgedrückt entfielen im Jahre 1990 auf jede Russin und jeden Russen 12,5 Tonnen CO_2 im Jahr, verglichen mit 20,8 Tonnen jährlich auf den durchschnittlichen Amerikaner. In Ländern wie Rußland mag kurzfristig ein hohes CO_2-Minderungspotential vorhanden sein. Doch die Hauptverursacher sitzen für absehbare Zeit im Westen.

Literatur

Climate Action Network: Independent NGO Evaluation of National Plans for Climate Change Mitigation, Central and Eastern Europe, Climate Action Network 1995.

Tatjana Chahoud, in: Informationsbrief Sonderdienst Weltwirtschaft & Entwicklung 1/94, WEED, Bonn 1994.

The World Bank: Global Environment Facility – Independent Evaluation of the Pilot Phase, Washington D.C. 1994.

Angelika Rubin, Martin Kaspar: The Environmental Relations between the EC and the Countries of Central and Eastern Europe, Euronatur 1993.

Anke Herold: Joint Implementation – Analyse der ersten Projekte, Robin Wood, Bonn 1995.

III.
International

7. Die Wachstumsökonomien Asiens – Klimadrache oder Sündenbock?

«Ich sage Ihnen, die Zukunft des Planeten wird in Asien entschieden. Und es wird durch das entschieden, was in den nächsten zehn Jahren passiert. Wenn das Wachstum selbstzerstörerisch ist, wird der Planet ernsten Schaden nehmen.»
Maurice Strong auf der Manila-Konferenz, 1995

Im Zusammenhang mit den Verhandlungen um die internationale Klimaschutzpolitik wird häufig eine Polarisierung zwischen Industrie- und Entwicklungsländern festgestellt. Es ist allerdings zu hinterfragen, ob das Lager der Entwicklungsländer überhaupt so homogen ist; zu groß sind die ökonomischen Unterschiede, die Ressourcenvorkommen sowie der Entwicklungsstand und die daraus erwachsenden Interessen.

Auch gehören manche der Entwicklungsländer, wie zum Beispiel einige der asiatischen Wachstumsökonomien, inzwischen schon zu den größten Emittenten der treibhauswirksamen Gase, nimmt man den Gesamtwert des Landes für ein Treibhausgas als Berechnungsgröße. Bei einer Berechnung der einzelnen treibhauswirksamen Gase pro Kopf liegen die Entwicklungsländer jedoch immer noch weit hinter den Industrieländern. Zum Beispiel ist die VR China nach den USA absolut gesehen der größte CO_2-Emittent. Um den US-Standard des CO_2-Pro-Kopf-Verbrauches zu erreichen, müßte jedoch jeder Chinese den Verbrauch um das Zwölffache steigern. Dadurch ergeben sich natürlich auch unterschiedliche Interessen der Länder bei den Klimaschutzverhandlungen. Auf Grund der verschiedenen Ausgangspositionen von Entwicklungsländern wird hier also eine Differenzierung vorgenommen. Auf die asiatischen Wachtumsökonomien wird gesondert eingegangen, da sie von besonderer umweltpolitischer Bedeutung sind. Durch die Geschwindigkeit ihres Wachstums und ihre Bevölkerungszunahme werden sie in Zukunft die größten Verursacher von Umweltveränderungen sein, wenn sie ihren Entwicklungsweg den Umweltbedingungen nicht anpassen. Prognosen zufolge ist der asiatisch-pazifische Raum auf dem Weg, der weltgrößte Emittent treibhauswirksamer Gase zu werden. Besonderes Augenmerk wird auf die VR China gerichtet, denn sie besitzt die höchste Bevölkerungszahl und eine hohe Wachstumsrate. Außerdem besteht in der Klimadiskussion um die Reduzierung der CO_2-Emissionen und die Stabilisierung der Konzentrationen bei den Industrienationen die berechtigte Befürchtung, daß Reduktionen nichts nützen, wenn zum Beispiel die chinesischen Emissionstrends alles Dagewesene in nächster Zukunft übersteigen und weit in den Schatten stellen werden.

Aspekte zur Umwelt und Entwicklung bei einigen asiatischen Staaten

Unter den asiatischen Ländern sind verschiedene Gruppen erkennbar. Einige davon stoßen besonders in der Entwicklungsländerforschung auf großes Interesse, zum Beispiel die Gruppe der Newly Industrializing Countries (sich neu industrialisierende Länder, NICs), zu der Taiwan, Südkorea, Singapur und Hong Kong gehören. Von besonderem Interesse für die Forschung war zunächst selbstverständlich das «Erfolgsgeheimnis» dieser Staaten, nämlich wie sie ihre wirtschaftliche Entwicklung so erfolgreich vorantreiben konnten, und anderseits die damit verbundenen Kosten. Neben den sozialen Kosten fällt das Augenmerk inzwischen aber auch auf die ökologischen Kosten. Eine andere Gruppe, die Gruppe der Rapid Industrializing Countries (die sich schnell entwickelnden Länder, RICs), zu der Indonesien, Malaysia und Thailand gehören, besitzt in manchen

Bereichen ein noch höheres Entwicklungstempo als die NICs. Diese Entwicklung wird erstaunlicherweise von einer anderen begleitet. Während in den NICs nach dem Prinzip «laßt uns heute verschmutzen und morgen darum kümmern, wie wir säubern» gewirtschaftet wurde, ist in den RICs ein ökologischer Modernisierungsprozeß in Gang gekommen, welcher im Hinblick auf den Grad der Industrialisierung dieser Länder (gemessen am Pro-Kopf-Einkommen) zu einem sehr frühen Zeitpunkt einsetzte. Eine frühere Wahrnehmung der Umweltproblematik als in den «alten» Industrieländern ist auch bei der VR China zu erkennen, die eine Entwicklung eigenen Stils durchmacht. Durch die rapiden wirtschaftlichen Erfolge traten auch die Probleme der industriellen Entwicklung, unter anderem im ökologischen Bereich, bei allen diesen Ländern schneller in den Vordergrund. Das Hauptproblem ist die Luftverschmutzung durch die Verbrennung fossiler Energieträger. Erstmals wird befürchtet, daß ökologische Probleme den Entwicklungsprozeß ernsthaft gefährden könnten. Bei den RICs hingegen ist ein ökologischer Modernisierungsprozeß bereits sehr früh eingetreten. Diese Realität widerspricht den entwicklungsbezogenen Theorien, die umweltpolitisches Handeln (Klimapolitik als ein Teil von Umweltpolitik) eng mit einer bestimmten Einkommenshöhe verknüpfen.

Der Grund für diese relativ frühe Wahrnehmung der Umweltproblematik liegt unter anderem darin, daß sich Umweltbewußtsein und -wahrnehmung kulturell gebunden orientieren und daher in den verschiedenen Regionen unterschiedliche Entwicklungen nehmen. Im asiatischen Raum wird auf eine ältere philosophische Tradition zurückgeblickt als zum Beispiel in der Bundesrepublik. Diese Tradition beruht zudem auf andersartigen umweltphilosophischen Grundlagen. So tut sich der asiatische Raum mit einer «ökologischen Ethik» viel weniger schwer als Europa. Die ostasiatische Auffassung der Wirklichkeit als ganzheitliche dynamische Identität, die sich dem kognitiven Zugriff entzieht, umfaßt auch die Vorstellung der Harmonie menschlichen, zwischenmenschlichen und umweltbezogenen Verhaltens. Nach der Aufbauphase hat sich zum Beispiel die japanische, die südkoreanische oder auch die singapurische Umweltpolitik wieder auf diese Prinzipien besonnen. Weiterhin könnte man zu dem Schluß kommen, daß eine rapide Verschlechterung der Umweltsituation einen vergleichsweise frühen Beginn der ökologischen Modernisierung einiger Bereiche der jeweiligen Volkswirtschaft zur Folge hat. Das politische Handeln jedoch allein als Reaktion auf die Umweltsituation zurückzuführen und dafür verantwortlich zu machen, reicht nicht aus. Das Beispiel Osteuropa zeigt, daß ökologische Probleme – noch so drängender Art – nicht ausreichen, einen Automatismus zum politischen Handeln hervorzurufen.

Um nach Ursachen zu suchen, richtet sich das Augenmerk auf den Bereich der Energie, der als wichtiger Motor, aber auch als limitierender Faktor von Entwicklung gilt, und dem deshalb eine besondere Bedeutung zukommt. Es ist auch der Bereich, der durch den hohen CO_2-Ausstoß die Klimapolitik am meisten betrifft. Die Bedeutung von Energie hat sich in den letzten Jahrzehnten gewandelt. Nach dem Anstieg der Rohstoffpreise und dem Wissen um die Begrenztheit fossiler Energieressourcen ist nicht mehr ein möglichst hoher Energieverbrauch ein Garant wirtschaftlichen Erfolgs, sondern ein möglichst niedriger. Da die Luftverschmutzung in den asiatischen Wachstumsökonomien zum vorrangigen Umweltproblem geworden ist, kommt dem im Brundtland-Bericht gegebenen Hinweis auf das entwicklungsbegrenzende Potential durch Luftverschmutzung eine besondere Bedeutung zu.

Verschiedene Gründe können angeführt werden, um die Ursache für ein früheres Einsetzen von Umweltpolitik im Energiebereich und die neue Herangehensweise herauszufinden. Ein wesentlicher Grund, sich anders zu entwickeln als «ältere» Industrieländer, ist, daß die wichtigste Phase der Industrialisierung nach der Ölkrise stattfand. Die Abhängigkeit von Erdöl und die Verteuerung dieser Ressource ließ diese Länder nach preisgünstigen Substituten und nach Möglichkeiten einer effizienteren Ausnutzung suchen. Ein weiterer Grund war die Internationalisierung der Umweltprobleme durch die Stockholm-Konferenz zu Umwelt und Entwicklung, die 1972 stattfand und so natürlich eine neue Öffentlichkeit schaffte. Damit vergrößerten sich auch die Chancen zu einer bewußteren Umweltwahrnehmung. Auch spielt der Faktor Information eine entscheidende Rolle dazu, daß Umweltprobleme schneller in die Diskussion kommen.

Für den Industrialisierungsprozeß, wie er inzwischen abläuft, ist ein Höchstmaß an Offenheit des Informationssystems erforderlich. So stellt Ingvar Sanders 1994 fest: «Diese Offenheit kann bei der heutigen Medienstruktur kaum noch kanalisiert werden und eröffnet somit auch einen breiten Informationsfluß über die Umweltproblematik im allgemeinen und die Umweltprobleme alter Industrieländer im besonderen. Eine veränderte Medienstruktur und veränderte informationelle Anforderungen an den Industrialisierungsprozeß an der Schwelle zum 21. Jahrhundert haben wesentlichen Einfluß auf die veränderten Bedingungen der Industrialisierung und damit auch auf die Umwelt- und Energiepolitik (sowie Klimapolitik Anm. d. Verf.).»

Entwicklungsländer, die den Prozeß der nachholenden Industrialisierung durchmachen, stehen normalerweise unter dem Druck, sich dem Vorbild der Industrieländer in ihrer sozialen und technischen Struktur angleichen zu müssen. In Bezug auf die Energiepolitik der asiatischen Wachstumsökonomien trifft dies auf die gesamte Gruppe der RICs nicht zu. Diese Gruppe scheint eher unter dem Druck zu stehen, sich von dem angesprochenen «Vorbild» weit und schnell entfernen zu wollen. Ihr Beispiel stellt also die Theorie in Frage, daß «die Wirtschaftsleistung eines Landes sowohl die ökologische Problemstruktur als auch die Chancenstruktur des Umweltschutzes» beeinflußt (Prof. Jänicke, Berlin). Der Trend bei den asiatischen Wachstumsökonomien geht dahin, den äußerst kostenintensiven, nachsorgend orientierten Emissionsschutz zu vermeiden und zur weniger kostenintensiven Substitutionsvariante oder zu Möglichkeiten der tragfähigen Entwicklung (durch Minimierung des Ressourceneinsatzes) zu gelangen. Dieser Weg, eine ökologische Modernisierung in den Entwicklungsprozeß zu integrieren, wie es insbesondere die RICs tun, könnte vorbildhaft sein für andere Entwicklungsländer mit ähnlichen Voraussetzungen. Auf die Vorreiterrolle, die die RICs dabei spielen könnten, verweist auch die Weltbank.

Klimadrache VR China

In Deutschland, aber auch in anderen «westlichen» Industrieländern, wächst die Sorge über die Zunahme der anthropogenen Treibhausgasemissionen in der VR China. In den Warnungen vor der rapiden Steigerung der Emissionen im Reich der Mitte könnte sich allerdings auch die Angst vor dem Wirtschaftsriesen mit der höchsten Wachstumsrate widerspiegeln. Unberechtigt ist die Sorge vor der Zunahme der treibhauswirksamen Gase in China nicht, insbesondere vor dem Hintergrund einer Bevölkerung von über 1,2 Milliarden Menschen; das sind mehr als in Europa und Amerika zusammen leben. Das Wirtschaftswachstum ist das höchste im asiatischen Bereich und das Verlangen nach Konsum noch lange nicht gestillt. Das Staatsbüro für Statistik der VR China gibt an, daß zwischen 1982 und 1987 der Anteil an urbanen chinesischen Haushalten mit Farbfernsehern von 1 auf 35 Prozent gestiegen ist. Der Anteil an Haushalten mit Waschmaschinen hat sich von 16 auf 67 Prozent vervierfacht und der mit Kühlschränken von 1 auf 20 Prozent. Mit weiter zunehmendem Bedarf und damit steigender Produktion nehmen zwangsläufig auch die Emissionen anthropogener Treibhausgase weiter zu.

Setzt man China allerdings anhand nüchterner Zahlen in Relation zu etablierten Industriestaaten, so ergeben sich folgende Resultate: Die USA beheimatet 5 Prozent der Menschheit und verursacht 25 Prozent der energiebedingten CO_2-Emissionen. China hingegen trägt mit einem Fünftel der Erdbevölkerung «nur» 20,3 Prozent zu diesen Emissionen bei. Dies bedeutet, daß ein chinesischer Bürger durchschnittlich 3 Tonnen CO_2-Emissionen pro Jahr verursacht, ein deutscher hingegen 12 Tonnen und ein US-Bürger sogar 20 Tonnen. Wenn sich China dem US-Standard angleichen würde, würde Chinas Bevölkerung im Jahr mehr CO_2 emittieren, als heute die gesamte Menschheit, nämlich 23 Mrd. Tonnen.

Ursachen für diese beängstigenden Zukunftsszenarien sind die Bevölkerungszahl, das starke Wirtschaftswachstum und die Abhängigkeit von Kohle als Hauptenergiequelle. Ein Umschwenken auf Erdgas wird nicht erwogen, da die Vorräte nicht einmal ein Prozent der Kohlereserven von 900 Mrd. Tonnen Steinkohleeinheit (SKE) ausmachen. Die Ausnutzung der Wasserkraft wird gefördert. Nach offiziellen Angaben wird bis zum Jahr 2000 die installierte Kapazität 80 Gigawatt (GW) betragen. Mit 300 Terawattstunden Jahresproduktion wäre China zusammen mit Kanada dann der größte Wasserkraftnutzer. Atomenergie spielt mit einem Ausbau auf 6 GW nur eine minimale Rolle. Auf dem Land, wo 70 Prozent der Bevölkerung leben, ist Biomasse ein wichtiger (nichtkommerzieller) Energieträger, der mit schätzungsweise 3.000 Mio. Tonnen SKE rund drei Viertel des ländlichen Energiebedarfs deckt. Da die Abhängigkeit von Kohle auf unabsehbare Zeit besteht, bleibt als einziger Weg zur Reduktion des Energieverbrauchs die effizientere Energieausnutzung. Wege dorthin sind eingeschlagen.

Ein positiver Aspekt ist, daß von 1980 bis 1990 der Primärenergieverbrauch jährlich um 4,6 Prozent, das Wirtschaftswachstum jedoch um 7 Prozent angestiegen ist. Diese Divergenz läßt sich auch weiterhin beobachten. 1993 verzeichnete China einen Zuwachs des Bruttosozialprodukts von 13 Prozent und eine Zunahme des Energieverbrauchs von lediglich 2,2 Prozent. Ursachen sind sowohl in dem sektoralen Strukturwandel – die Leichtindustrie nahm gegenüber der Schwerindustrie an Bedeutung zu – als auch und vor allen Dingen in der Effizienzsteigerung bei den energieintensiven Bereichen (chemische Industrie, Metallverhüttung, Zement- und Ziegelherstellung) zu suchen. Weitere Ansätze in diese Richtung werden verfolgt. So soll zum Beispiel durch die Modernisierung der Kraftwerke bis zum Ende dieses Jahrhunderts die Menge an Kohle pro erzeugter Kilowattstunde von 430 Gramm auf 370 Gramm reduziert werden. Eine weitere Reduzierung erhofft man sich durch die sukzessive Freigabe der staatlich fixierten niedrigen Energiepreise. Allerdings ist die Effektivität von derzeit neu errichteten Kraftwerken niedriger als die neuer Kraftwerke in westlichen Staaten. Dies ist hauptsächlich eine Frage der Kosten. Auch könnte durch wärmedämmende Sanierung der chinesischen Billigbauten nicht nur 40 Prozent des derzeitigen Kohlebedarfs eingespart, sondern zudem die durchschnittliche Raumtemperatur von derzeit 11 auf 18°C erhöht werden, wie eine Studie des Büros für Technologiebewertung des US-Kongresses nachweist. Es ist das erklärte langfristige Ziel Chinas, zu den führenden Wirtschaftsmächten zu gehören.

Dabei will es sich seine Entwicklung von den Industriestaaten nicht diktieren lassen (historische Erfahrungen des «westlichen» Kolonialismus sind noch sehr gegenwärtig).

Inzwischen wird aber auch der Preis dieser Entwicklung deutlich. Der IPCC-Bericht geht davon aus, daß alleine in China über 70 Mio. Menschen durch die Auswirkungen der Klimaänderungen negativ betroffen sein werden, gleichzeitig wären die Kapitalverluste höher als 10 Prozent des chinesischen Bruttosozialprodukts. Eine gemeinsame Studie der Weltbank und der chinesischen Regierung ergab, daß bei aktuellen Trends – was einen Meeresspiegelanstieg um einen knappen Meter bedeuten würden – 14 Städte inklusive Kanton und insgesamt 92.000 km^2 Landfläche überflutet würden. Die Mangroven Chinas werden von tropischen Stürmen bedroht und mehr als 500 Süßwasserfisch- und 300 Vogelarten in allen chinesischen Feuchtgebieten würden verschwinden. Bei jedem Grad Temperaturanstieg erhöht sich die Bodenverdunstung um 5–10 Prozent und der Ertrag von Weizen, Reis, Baumwolle u.a. verringert sich. Ein Bericht der chinesischen Umweltschutzbehörde besagt, daß die Temperatur in China vom Ende des letzten Jahrhunderts bis zu den 40er Jahren dieses Jahrhunderts in gleicher Weise kontinuierlich wie in der nördlichen Hemisphäre angestiegen ist. Die Behörde stellt weiterhin fest, daß in den 90er Jahren in den meisten Gebieten Chinas und besonders im Norden eine Tendenz zu wärmeren Wintern besteht. Es gibt jedoch keine eindeutigen Hinweise, daß die Sommer wärmer werden. (Dieses trifft auch für den europäischen Raum zu.) Weiterhin räumt der Bericht aber eindeutig ein, daß der Ausstoß treibhauswirksamer Gase durch menschliches Handeln Ursache für globale Veränderungen ist. Außerdem stellt er fest, daß China mit den unterschiedlichen Monsunregen, einem starken Kontinentalklima und einer großen Vielfalt von Klimaarten besonders anfällig für Klimaänderungen ist. Eine Erwärmung der Atmosphäre durch anthropogene Treibhausgase würde die Häufigkeit von Dürren, Überflutungen und anderen Klimakatastrophen erhöhen, was wiederum die Ernten von Weizen, Reis und Baumwolle bedrohen würde.

Die 1992 veröffentlichte Studie von Laurence S. Kalkstein und Guanri Tan zeigt, daß Temperaturänderungen auch eine massive gesundheitliche Anfälligkeit bewirken können. Die beiden Wissenschaftler untersuchten die Auswirkungen der zunehmenden Hitzewellen unter anderem in der VR China. Dabei wurde festgestellt, daß die Todesrate, verursacht durch Hitzebelastung, in China außergewöhnlich hoch ist, besonders in der auf einem mittleren Breitengrad liegenden Stadt Shanghai. In der subtropischen Stadt Guangzhou sind die Auswirkungen weniger einschneidend. Die mit Hitze zusammenhängende Sterbensrate in Shanghai ist doppelt so hoch wie die in New York, die als eine der hitzeempfindlichsten Städte der USA gilt. Aufgrund von Shanghais besonderer geographischer Lage wird diese Stadt häufig unter unregelmäßigen, intensiven Hitzewellen leiden. Nachweislich akklimatisieren sich die Bewohner der Stadt weniger an die zunehmende Wärme als Menschen anderer untersuchter Regionen. Dieses würde bedeuten, daß die durch Hitze verursachte Sterberate signifikant ansteigen würde. Prognosen gehen von einem Anstieg der Sterbefälle von 6 auf 45 Menschen je 100.000 während eines gewöhnlichen Sommers aus. Die Todesrate der Einwohner aus Shanghai durch Hitzebelastung ist bei weitem die höchste von allen Städten, die untersucht wurden.

In dieser Situation ist es berechtigt, nach der Reaktion der chinesischen Regierung auf diese Entwicklungen zu fragen. Man kann sagen, daß das Problem erkannt und ernst genommen wird und daß man versucht, nach Maßgabe der hierzu verfügbaren Mittel zu reagieren. Mitte der 80er Jahre hatte die chinesische Regierung schon versucht, eine Quantifizierung der Umweltkosten des Wirtschaftswachstums bis zum Jahr 2000 vorzunehmen. Auf dieser Basis hatte Chinas nationale Umweltschutzagentur (National Environmental Protection Agency, NEPA) eine Investition in den Umweltschutz von zumindest 1–1,5 Prozent des Bruttosozialprodukts (BSP) verlangt. Trotz nachweislicher Erfolge ließ die finanzielle Unterstützung 1988 nach, und im Jahr 1990 wurden nur noch 0,6–0,7 Prozent des BSP für präventive und bekämpfende Maßnahmen ausgegeben. Die sinkenden finanziellen Ressourcen der Regierung und der staatlichen Unternehmen sowie eine Abnahme der Beachtung ökologischer Lebensqualität waren Hauptursache dieser Kürzungen. Nach der Rio-Konferenz 1992 hat China jedoch versichert, weitere Schritte auf einem Weg der nachhaltigen Entwicklung zu machen und Strategien zu entwickeln, die auf die Umweltprobleme eingehen. Im März 1994 nahm die chinesische Regierung eine in China entworfene Agenda 21 an, die Maßnahmen für eine nachhaltige Entwicklung aufzeigt. Die Erkenntnis, daß sich die Effekte, die aus den Klimaänderungen resultieren, durch alle sozialen und ökonomischen Bereiche ziehen, hatte schon 1990 zu der Einrichtung der Koordinationsgruppe Klimaänderung geführt. Sie ist dem Umweltschutzkomitee des Staatsrates untergeordnet, und ihre Aufgabe ist es, Aktivitäten der relevanten Ministerien und Agenturen zu koordinieren. Die Koordinationsgruppe besitzt vier Arbeitsgruppen, eine zur wissenschaftlichen Bewertung, eine weitere zur Bewertung der Einflüsse und Reaktionsstrategien, eine dritte für wirtschaftliche Auswirkungen und eine vierte für internationale Konventionsangelegenheiten zur Klimaänderung. Die Umweltschutzagenturen sind sehr aktiv, bei der Bevölkerung das Umweltbewußtsein zu steigern. Gespräche mit chinesischen Bürgern während der letzten zehn Jahre zeigen eine Sensibilisierung und ein Vorhandensein eines Problembewußtseins gegenüber der Umweltverschmutzung im eigenen Land und eine Bereitschaft zur Umsetzung von Maßnahmen, soweit diese nicht den Lebensstandard einschränken. Das chinesische Interesse an einschlägigen Studien, die Gründung der Koordinationsgruppe Klimaänderung 1990, sowie des Energieeffizienz-Instituts 1993 in Beijing und bereits umgesetzte Maßnahmen zur Energieeinsparung zeigen den Willen zu einer längerfristigen Lösung der chinesischen Umweltproblematik. Auch wächst das Interesse an moderner Umwelttechnologie. Von deutscher Seite könnten auch Anregungen zu einer alternativen Energiegewinnung wie Wind- und Solarenergie kommen. Da die Industrieländer laut Klimarahmenkonvention in der Pflicht stehen, «Entwicklungsländer» bei einer klimafreundlichen Entwicklung zu unterstützen, wäre ein Einsatz in der VR China von globaler Bedeutung.

Ansatzmöglichkeiten

In dem Weltbankbericht 1992 heißt es, daß Umweltprobleme die Ziele von Entwicklung auf zweierlei Art untergraben. Erstens ist

Umweltqualität selbst ein Teil des verbesserten Wohlergehens, das Entwicklung mit sich bringen sollte. Wenn die Vorteile von steigenden Einkommen wieder durch Ausgaben für Gesundheit oder die Lebensqualität durch Umweltverschmutzung geschmälert werden, kann dies nicht Entwicklung genannt werden. Zweitens untergraben Umweltschäden zukünftige Produktivität. Der Weltbankbericht 1995 «East Asia's Environment: Principles and Priorities for Action» empfiehlt den Regierungen Ostasiens, zur Lösung ihrer wachsenden ökologischen Probleme zu ökonomischen Regulierungsinstrumenten wie Steuern, Preisen und handelbaren «Verschmutzerlizenzen» zu greifen. Dieses marktorientierte Konzept soll Umweltverschmutzung teuer machen und dabei gleichzeitig neue Einnahmequellen schaffen. Der Bericht konstatiert, daß in Anbetracht des steigenden Energiebedarfs die Umweltpolitik in die Wirtschaftspolitik integriert werden müsse. Dies sind dieselben Ansätze, wie sie in der Entwicklung der RICs zu finden sind. Die Asiatische Entwicklungsbank in Manila hat 1995 davor gewarnt, daß Entwicklung weiterhin auf Kosten der Umwelt betrieben wird. Sie wies darauf hin, daß im Jahr 2000 die Ausgaben, um Umweltschäden auszugleichen oder davor zu schützen, höher sein werden als die Gewinne, die das Wachstum abwirft. Sie rechnet damit, daß im Jahr 2000 zwischen 17 und 70 Mrd. für Umweltschäden ausgegeben werden müssen. Aus diesen Gründen wird die Asiatische Entwicklungsbank bis 1998 etwa 40 Prozent ihrer Kredite für Umwelt- und Sozialprojekte vergeben. Auch Japan will Umweltprojekte in der asiatischen Region fördern. Während die NICs und die RICs sowie auch China sich noch auf dem Weg der industriellen Entwicklung befinden, zählt Japan schon seit langem zu den etablierten Wirtschaftsgrößen. Auf Japans Entwicklungsweg sind einige ernstzunehmende Umweltprobleme überwunden worden. Die Erfolge im Umgang mit diesen Problemen, könnten in andere asiatische Länder transferiert werden, was von japanischer Seite auch angestrebt wird. Es gibt gute Gründe dafür. Einerseits zeigten die schnelle Industrialisierung Chinas und Südkoreas und die mit ihnen verbundenen Schadstoffemissionen über Ferntransporte auch in Japan Auswirkungen. Andererseits ist es für die japanische Regierung attraktiv, in Reduzierungsmaßnahmen von Entwicklungsländern zu investieren, da Japan, das kaum eigene Ressourcen besitzt und einen hohen Grad der Energieeffizienz erreicht hat, kaum noch Reduzierungsmöglichkeiten hat. Diese Maßnahmen würden dann in das Schema der «gemeinsamen Umsetzung» («activities implemented jointly») fallen. Nach Verlautbarungen würde Japan gerne eine Vorreiterrolle in der Umweltdiplomatie des asiatischen Raums einnehmen. Doch durch die großen Unterschiede der Systeme es ist sehr schwierig, die Wichtigkeit des Umwelt- und Klimaschutzes durchzusetzen, ohne in den Verdacht zu geraten, in innere Angelegenheiten eingreifen zu wollen. In dem Bereich der Umwelttechnologie ist Japan zusammen mit Deutschland und den USA führend. In den Bereichen Luftreinhaltetechnologie und Biotechnologie führt Japan. Der Leiter des Programms der Lebenswissenschaften und Gesellschaft, Shohei Yonemoto, gab die Anregung, anstatt über eine zukünftige Erhöhung der militärischen Beiträge nachzudenken «die Lösung von Umweltproblemen zum Kopfkissen der Außenpolitik zu machen».

Literatur

Stephan Singer: Klimaschutz aus der Sicht des Südens, (WWF), in: Nachhaltige Entwicklung in Nord und Süd, Land Baden-Württemberg (Hrsg.), 1996

Ye Ruqiu: China and the atmosphere, in: Our Planet, Vol. 7 No. 5, 1995

Eduard B. Vermeer: An Inventory of Losses Due to Environmental Pollution: Problems in the Sustainability of China's Economic Growth, in: China Information, Vol. 10, No. 1, Summer 1995, Leiden

National Environmental Protection Agency: Issues and Options in Greenhouse Gas Emissions Control – Summary Report, Beijing, 1994

Mike Hulme, Tom Wigley, Tao Jiang, Zong-ci Zhao, Futang Wang, Yihui Ding, Rik Leemans, Adam Markham: Climate Change due to the Greenhouse Effect and its implication for China, Gland, 1992

8. Feuer machen verboten – können sich Entwicklungsländer Klimaschutz leisten?

«Die Menschheit hat nicht das Netz des Lebens gewebt. Wir sind weniger als ein Faden darin. Was immer wir auch diesem Netz antun, tun wir uns selber an. Alle Dinge sind miteinander verwoben. Alle Dinge sind miteinander verbunden. Was immer der Erde widerfährt, widerfährt den Kindern der Erde.»
Häuptling Seattle zugeschrieben, ca. 1855

Ein Viertel der Menschheit in den Industriestaaten (OECD und Ex-COMECON) verursachen gegenwärtig etwa zwei Drittel der energiebedingten Emissionen. Historisch-kumulativ haben sie sogar über 85 Prozent des zusätzlichen Treibhauseffektes zu verantworten. Während die weltweite CO_2-Pro-Kopf-Emission aus der Nutzung der fossilen Brennstoffe bei etwa 4 Tonnen pro Jahr liegt, beträgt der Energieverbrauch (inkl. Biomasse und Wasserkraft) eines Bürgers der Entwicklungsländer allerdings nur 1/100 bis 1/5 dessen eines Bewohners der Industriehemisphäre.

Der gegenwärtige Ausstoß von jährlich 22 Mrd. Tonnen CO_2 durch Verbrennung fossiler Energieträger ist zu hoch, um mit dem in der Klimarahmenkonvention angestrebten Ziel vereinbar zu sein. Das IPCC hält eine Reduktion von 60 Prozent der anthropogenen Treibhausgasemissionen für notwendig, um Klimaschäden zu vermeiden. Jedoch gehen fast alle Szenarien anerkannter internationaler Institutionen von einem Anstieg um 30–100 Prozent innerhalb der nächsten 15–25 Jahre aus. 70 bis 90 Prozent des prognostizierten Zuwachses der CO_2-Emissionen werden aus dem berechtigten industriellen Nachholbedarf bestimmter Entwicklungsländer stammen. So werden aus den potentiellen Opfern von Klimaänderungen mehr und mehr auch Verursacher. Der prognostizierte Pro-Kopf-Ausstoß der Entwicklungsländer erreicht auch dann nicht den der OECD-Staaten. Doch durch das vorausgesagte Bevölkerungswachstum auf 85 Prozent der Gesamtbevölkerung wird der Pro-Kopf-Ausstoß auf die Hälfte der weltweiten anthropogenen CO_2-Emissionen steigen.

Für die Berechnungsgrundlage von anthropogenen Emissionen treibhauswirksamer Gase wird diese Ausgangslage im Rahmen der Verpflichtungen der Klimarahmenkonvention für schwierige Verhandlungen sorgen.

Die Entwicklungsländer werden eine Pro-Kopf-Berechnung gemäß des universellen Gleichheitsgrundsatzes bevorzugen. Die Industrieländer hingegen werden eine Berechnung anhand von Länder- oder Staatengruppenemissionen favorisieren. Eine weitere Schwierigkeit im Zusammenhang mit den aus der Klimarahmenkonvention erwachsenen Verpflichtungen wird die Bewertung der verschiedenen Treibhausgase bei zukünftigen Berechnungen sein. Methan, das auf dem zweiten Platz der zu verhandelnden treibhauswirksamen Gase steht, wird zum Beispiel beim Reisanbau frei. Ist Methan moralisch höherwertiger, da es eine «Überlebensemission» ist, als CO_2, das zum Beispiel durch den Verkehr besonders in den Industriestaaten emittiert wird, und somit eine «Luxusemission» ist?

Nationale Situation und interne Barrieren

Durch die vielen alltäglichen Probleme der Bevölkerungsmehrheit in den Entwicklungsländern ist die Sicht auf die Klimaschutzproblematik oftmals verstellt und somit auch der Blick für neue, selbständige umwelt- und klimafreundliche Ansätze. Von den herrschenden Gesellschaftsschichten vieler Entwicklungsländer werden leider häufig die Fehler der Anfänge «westlicher» Industrialisierung auf Kosten der breiten Masse wiederholt. Unterstützt wird dieser Prozeß von einer «westlichen» Industrielobby, die veraltetes «Know-how» und Technologie, die zu einem überholten Entwicklungsweg gehört und natürlich keine umwelt- und klimafreundlicheren Alternativen in sich birgt, an die Entwicklungsländer exportiert. Natur steht in den Industrieländern genau wie in den Entwicklungsländern zum Nulltarif zur Verfügung. Das Wissen um den Verlust von Natur in der Zukunft und unsere gegenwärtige Verantwortung dafür könnte den ökologischen Verfall verhindern. In einem Kampf um das Überleben ist aber kaum Platz für eine solche Wahrnehmung, auch wenn das Überleben auf Kosten der eigenen Zukunft geht. Verzweifelte, lebenserhaltende Kurzzeitbedürfnisse zwingen Familien in den «armen» Entwicklungsländern zum Beispiel, Berghänge zu pflügen und Regenwaldstücke abzubrennen. Die dadurch hervorgerufene ökologische Belastung oder Zerstörung reduziert wiederum die Erträge oder nimmt vollkommen die Möglichkeit, Erträge zu erzielen. So setzt sich die Armutsspirale fort, die dann auch zu einer Umweltflüchtlingswelle führen wird (siehe aktuellen IPCC-Bericht). Am Beispiel Afrika wird deutlich, wie Armut menschliches Handeln hervorruft, das anthropogene Emissionen treibhauswirksamer Gase vermehrt, und es dazu ohne Hilfe keine Alternative gibt, wenn es um das Überleben geht.Allerdings hat Gesamtafrika nur einen Anteil der treibhauswirksamen, menschengemachten Emissionen weltweit von drei Prozent. Das südliche Afrika ohne die Republik Südafrika und die Mittelmeeranrainer Nordafrikas verbrauchten zum Beispiel trotz ihrer 500 Millionen Einwohner 1992 weniger kommerzielle Energie als Belgien. Der Ausstoß von treibhauswirksamen Gasen durch fossile Brennstoffe liegt zwar unter einer Tonne pro Kopf, doch ist der Verbrauch an Biomasse viermal so hoch. Die Ausnutzung der Natur durch den eigenen Brennholzbedarf sowie die Überweidung übersteigen die Nachwuchsrate der Vegetation. Das Bevölkerungswachstum wird in Afrika und in Südasien am größten sein. Dadurch werden natürliche Ressourcen (wie Weide- und Ackerland, Wasser und Holz) in Zukunft noch verstärkt übernutzt, was den völligen Kollaps bedeuten kann. Auch befinden sich die meisten Staaten durch verschiedene Ursachen (z.B. Bürgerkriege) in permanenten Wirtschaftskrisen. Dies verhindert häufig, daß Gedanken um eine eigene klimafreundliche, armutverändernde Entwicklung entwickelt werden. Wegen seiner sensiblen, schon angeschlagenen Ökologie wird Afrika und seine Bevölkerung ein Hauptopfer der Auswirkungen der Klimaänderung sein. Durch zusätzliche Austrocknung der Felder wird den Bauern im semi-ariden Gürtel die Lebensgrundlage genommen. Schon heute führen Dürre und Unregelmäßigkeit der Monsun-Niederschläge zu einem stetigen Ansteigen der Umweltflüchtlinge.

Hier den Weg zu einer den Menschen und der Natur angepaßten Entwicklung zu finden, ist schwer. Der Kreislauf Armut, Umweltbelastung und Bevölkerungswachstum dreht sich besonders schnell. Einflüsse von Staaten des «Nordens» werden vorsichtig beobachtet. Doch ohne ehrliche Hilfe wird sich diese Spirale nicht langsamer drehen. Bei einer Hilfe von «außen» sollte auf traditionelle, sozial und ökologisch angepaßte lokale Technologien soweit wie möglich zurückgegriffen werden. Ganz allgemein wichtig für eine nachhaltige Entwicklung wäre es, die institutionellen und personellen Kapazitäten in den Entwicklungsländern und in großen städtischen Agglomerationen zu stärken. Nur so können geeignete und angepaßte Technologien ausgewählt, angewandt und fortentwickelt werden. Unterstützung bei Gesetzgebung, beim Aufbau funktionierender Verwaltungen und bei der Ausbildung von Fachleuten ist wirksamer Kapazitätsaufbau und notwendige Hilfe zur Selbsthilfe.

Entgegen der weit verbreiteten Vorstellung, daß Umweltbewußtsein mit dem Stand der Industrialisierung in Relation steht, ist die Bereitschaft, mit Umweltproblemen umzugehen, anscheinend vorhanden. Das Gallup-Institut kam 1992 zu erstaunlichen Ergebnissen. Bei Umfragen betreffend des Umweltbewußtseins in sieben Ländern der Gruppe der 77 (Brasilien, Chile, Indien, Mexico, Philippinen, Südkorea, Uruguay) wurde festgestellt, daß die geäußerte Betroffenheit über Umweltprobleme kaum geringer ist als in den Industrieländern. Zu gleichen Ergebnissen kam das Institut bezüglich der Einschätzungen des Treibhauseffektes, den nur in zwei der sieben Fälle ein geringerer Anteil der Bevölkerung als sehr ernstes Problem bezeichnete als in den USA. Signifikanter werden die

Unterschiede zwischen Industrie- und Entwicklungsländern bei der Abwägung ökologischer und ökonomischer Gesichtspunkte. In allen Entwicklungsländern außer Indien (43 Prozent) zieht jedoch eine Mehrheit den Umweltschutz dem Wirtschaftswachstum als Ziel vor. Außerdem erklärte in fast allen diesen Ländern eine Mehrheit der Bevölkerung ihre Bereitschaft, höhere Preise zum Zweck des Umweltschutzes zu zahlen. Nur die Philippinen bilden hier eine Ausnahme.

Die Beziehung zwischen Entwicklungsländern und Industrieländern

Im Abschlußbericht der 1984 von der Generalversammlung der Vereinten Nationen eingesetzten «World Commission on Environment and Development», auch nach ihrer Vorsitzenden «Brundtland-Kommission» genannt, wurde das erste Mal nachdrücklich nicht nur auf die Defizite der ökologischen Entwicklung der Entwicklungsländer hingewiesen, sondern auch auf die bei den Industrieländern und deren Zusammenhänge.

Das Hauptziel von Entwicklung muß die Befriedigung menschlicher Bedürfnisse sein, wobei die Befriedigung der Grundbedürfnisse der Ärmsten der Welt für die Brundtland-Kommission Priorität besitzt. Ohne die Beseitigung der Armut werden sich die durch sie bedingte Umweltzerstörung und das Bevölkerungswachstum fortsetzen. Damit wird das Augenmerk auf wichtige Zusammenhänge gerichtet: Armut mit Umwelt und Entwicklung im «Norden» mit der Entwicklung im «Süden». Diesen Zusammenhang zwischen Armut und Umweltproblemen hob die Generalversammlung in ihrer Resolution vom 22. März 1989, in der sie die Konferenz der Vereinten Nationen über Umwelt und Entwicklung (UNCED) für 1992 in Rio beschloß, auch hervor. Sie betonte, «daß die Förderung ökonomischen Wachstums in den Entwicklungsländern von grundlegender Bedeutung ist, um den Problemen ökologischer Zerstörung zu begegnen.»

Gerade die Entwicklungsländer werden von den Klimaveränderungen, die zu 85 Prozent durch den Ausstoß treibhauswirksamer

Gase der Industrieländer verursacht wurden, besonders betroffen sein. Die Effekte der Klimaschwankungen und -veränderungen werden die dortigen hochempfindlichen ökologischen Systeme ungleich härter treffen und die Situation der Armut und des Hungers wird sich weiter verschärfen. Als «historische» und gegenwärtige Hauptemittenten sind die Industrieländer auch Hauptverursacher der durch die Klimaänderungen verschlechterten Umweltsituation in den Entwicklungsländern. Daher kommt den Industrieländern eine besondere Verantwortung gegenüber den Entwicklungsländern zu. Zu dieser haben sie sich auch unter dem Druck der Entwicklungsländer in der Klimarahmenkonvention bekannt. So sind einige Grundsätze zur Unterstützung der Entwicklungsländer in der Klimarahmenkonvention – immerhin ein völkerrechtlich bindendes Rechtsmittel – festgehalten worden. Die Industrieländer tun sich jedoch schwer, daraus tatsächlich Konsequenzen zu ziehen und zum Beispiel moderne Technologie und «Know-how» weiterzugeben, wie es in der Klimarahmenkonvention festgelegt worden ist. In Artikel 4 der Konvention heißt es: «Die entwickelten Länder ergreifen alle nur möglichen Maßnahmen, um die Weitergabe von umweltfreundlichen Technologien und Know-how an andere Vertragsparteien, insbesondere solche, die Entwicklungsländer sind, oder den Zugang dazu, soweit dies angebracht ist, zu fördern, zu erleichtern und zu finanzieren, um es ihnen zu ermöglichen, die Bestimmungen des Übereinkommens durchzuführen.» Aus der globalen Umweltfazilität (Global Environmental Facility, GEF), die während des Umweltgipfels in Rio eingerichtet worden war, sollen unter anderem Maßnahmen und Projekte, die für einen klimafreundlicheren Entwicklungsweg sorgen, finanziert werden. Diese Kosten («incremental costs») sind jedoch sehr schwierig zu definieren und zu berechnen. Die Gespräche im Rahmen der Klimaverhandlungen waren entsprechend diffizil, denn es mußten unter anderem Kriterien des Unterschieds für einen tatsächlichen zukünftigen und einen veränderten klimafreundlichen Entwicklungsweg gefunden werden. Aus der GEF sollen auch die gesamten Kosten der Erstellung von nationalen Klimaberichten der Entwicklungsländer finanziert werden. Die Umweltfazilität ist bei der Weltbank angesiedelt und wird von dieser zusammen mit dem Umweltprogramm der Vereinten Nationen (United Nations Environmental Programme, UNEP) und dem Entwicklungsprogramm der Vereinten Nationen (United Nations Development Program, UNDP) verwaltet. Die Entwicklungsländer hätten die GEF lieber als von der Weltbank unabhängiges Finanzierungsinstrument gesehen, da die Entwicklungsprojektförderung der Weltbank von den Entwicklungsländern stark kritisiert wird. Auch besteht die Befürchtung, daß die Förderung von Entwicklungsprojekten durch die UNDP und die Weltbank mit Hinweis auf die GEF reduziert wird. Dabei steht der GEF, nach Einigung im Februar 1994, eine Summe von 2 Mrd. Dollar für den Zeitraum von 1994 bis 1996 zur Verfügung. Dies ist etwa ein Zehntel dessen, was die Weltbank an Krediten für den Sektor Energie und Transport für ungefähr den gleichen Zeitraum normalerweise vergibt. Ein weiterer Kritikpunkt der Entwicklungsländer war die Zusammensetzung des Lenkungsausschusses (Governing Council) der GEF. Jedoch ist die Sitzverteilung nach einer Aufstockung der Sitze der Entwicklungsländer 1994 nun paritätisch, das heißt, daß die Entwicklungsländer jetzt über genausoviele Sitze verfügen wie die Industrieländer zusammen mit den ehemaligen Ostblockstaaten. Bei einer Abstimmung ist nun nicht nur eine Mehrheit der Beitragszahlungen notwendig, sondern auch eine der Mitglieder. Im Unterschied zum Währungsfonds haben damit nicht nur die Industrieländer, sondern auch die Entwicklungsländer die Möglichkeit, Beschlüsse zu verhindern. Über die GEF sind UNEP, Weltbank und UNDP auch an der «gemeinsamen Umsetzung» von Projekten zur Emissionsreduktion der treibhauswirksamen Gase («activities implemented jointly») beteiligt. Eigentlich sollen private Unternehmen zu Klimaschutzinvestitionen in Entwicklungsländern angeregt werden. Die Unterzeichner des Abkommens waren hingegen ausnahmslos Staaten. Bisher blieb relativ unklar, was die Firmen, die in emissionsmindernde Maßnahmen im Ausland investieren, von ihren nationalen Regierungen erhalten und wie diese Maßnahmen auf das nationale «Klimakonto» angerechnet werden.

Das Hauptargument für die «gemeinsame Umsetzung» lautet, daß Emissionsreduktionsmaßnahmen in gering entwickelten Ländern wesentlich kostengünstiger seien als in Industrieländern. So können die knappen Finanzmittel dort für Klimaschutz eingesetzt werden, wo sie das größte Einsparpotential besitzen. Die Vermeidungskosten im Kraftwerksbereich in der Bundesrepublik Deutschland betragen etwa 1000 DM pro Tonne CO_2, in China kostet die gleiche Einsparung von CO_2 nur 200 bis 400 DM. Auch wird in den Industrieländern behauptet, daß kaum noch Möglichkeiten bestehen, größere Reduktionen kostenneutral vorzunehmen. Außerdem werden die Menschen vor Ort durch Finanz- und Technologietransfer sowie durch nachhaltige Ressourcennutzung und geringere Umweltverschmutzung sowie auch durch Ausbildungsmöglichkeiten vielfältig profitieren, argumentieren die Vertreter der Industrieländer. Dagegen wird von Entwicklungsländern sowie auch von umwelt- und entwicklungspolitischen Verbänden argumentiert, daß dies eine völlige Abkehr vom Verursacherprinzip sei. Auf diese Art und Weise müßten die Industrieländer ihre Konsum- und Lebensstilmuster nicht verändern, so daß der Vorbildcharakter, der eine solche Änderung besäße, völlig entfalle. Der Klimaforscher Reinhardt Loske (Wuppertal Institut) meint dazu, daß die «gemeinsame» Umsetzung nicht dazu beiträgt, «westlichen» Lebensstil nachhaltiger zu machen. Und es kann für die notwendige «Effizienzrevolution» auch nicht stimulierend auf die Entwicklungsländer wirken. Die Industrieländer hatten sich in Rio verpflichtet, ihre Treibhausgasemissionen auf das Niveau von 1990 zu senken. Dies ist bisher nicht geschehen. So wirkt die Position der Industrieländer gegenüber der «gemeinsamen Umsetzung» nicht glaubwürdig. Wie sich bei einer Studie des Stockholmer Umwelt-Instituts dann auch herausstellte, lassen sich in den Industrieländern besonders im Bereich der Energieeinsparung CO_2-Emissionen wirtschaftlich lohnend reduzieren. Durch das System der «Gemeinsamen» Umsetzung geht in den Industrieländern aber der Anreiz für treibhausmindernde Maßnahmen verloren. Wenn sich die Industrieländer durch den Export ihrer «Status-Quo-Technologie» den Verpflichtungen entziehen können, woher soll dann der Druck zu den notwendigen Innovationen im Energie- und Verkehrssektor kommen? Somit wird möglicherweise die Vorreiterrolle vergeben und in den Entwicklungsländern wird veraltete Technik durch überholte Technik ersetzt. Von den Entwicklungsländern wird weiterhin befürchtet, daß die Projekte der «gemeinsamen» Umsetzung anstelle der bisherigen Hilfsverpflichtungen treten könnten, also keine zusätzlichen Geld- und/oder Technologiemittel zur Verfügung gestellt werden. Auch würden für die Entwicklungsländer, wenn sie zu irgendeinem Zeitpunkt Reduktionsverpflichtungen nachkommen müßten, eventuell die Situation entstehen, daß sämtliche kosteneffizienten Reduktionsmöglichkeiten bereits von Firmen aus Industrieländern ausgeschöpft wurden. Eine zusätzliche Sorge von Seiten der Entwicklungsländer bezieht sich darauf, daß dieses Kompensationskonzept zu einem Instrument wird, durch das sich multinationale Konzerne Marktanteile sichern und Exporte subventioniert werden. Die kanadische Firma Atomic Energy Canada Limited vermarktet zum Beispiel ihre Atomkraftwerke international als Möglichkeit, CO_2-Reduktionsverpflichtungen zu erfüllen. Da sich Entwicklungsländer die Atomkraftwerke nur mit Unterstützung leisten können, rechnet die Firma auf eine Teilfinanzierung aus dem Topf der «gemeinsamen» Umsetzung. Fraglich ist auch, ob der potentiell positive Effekt des Technologietransfers nicht neue Abhängigkeiten durch Nachfolgekosten in sich birgt, was äußerst kritisch zu bewerten wäre.

Die Instrumente der Klimarahmenkonvention greifen allerdings zu kurz, um im internationalen Beziehungsgeflecht strukturell so zu wirken, daß auch für die Entwicklungsländer reale Optionen zu einem selbständigen, klimafreundlichen Entwicklungsweg gegeben sind. Denn bisher befinden sich die Entwicklungsländer in dem Kreislauf einer Abhängigkeitsstruktur, der ihnen wenig Spielraum für grundsätzliche strukturelle (auch ökologische) Veränderungen läßt. Diesen aufzubrechen wäre auch ein Teil der Verantwortung, die den Industrieländern zukäme. Denn die Entwicklungsländer sind Teil unserer wechselseitig abhängigen Weltwirtschaft; ihre Chancen hängen auch von den Grenzen und Mustern des Wachstums in den Industrienationen ab. Auch sind es hauptsächlich die Entwicklungsländer, die von dem Export ihrer Rohstoffe abhängig sind, um mit diesen Devisen ihre Verschuldung abzutragen. Wenn die Industrienationen ihren Rohstoffverbrauch durch Preiserhöhung und energieeffizientere Ausnutzung drosseln, müßten die Effekte in den Entwicklungsländern in irgendeiner Form mitgetragen werden. Die Preiserhöhungen in den Industrieländern sollten sich nicht auch negativ auf die Entwicklungsländer auswirken. Das Gegenteil ist bisher jedoch der Fall.

Die Preise für Rohstoffe und Rohwaren nehmen, im Bemühen des Südens um Devisen für den Schuldenausgleich, noch weiter ab – und damit nimmt auf der Importseite der Anreiz zur Einsparung (Mineralöl: 6 Prozent/Jahr 1980–1992, Agrarprodukte: 6 Prozent/Jahr 1980–1992, Holz: 2–3 Prozent/Jahr, Metalle: 2–3 Prozent/Jahr 1980–1992) ebenfalls ab. Eine Variante dem entgegenzuwirken wäre, die Preise für Rohstoffe in den Industrienationen hoch zu halten und mit der Differenzsumme unter anderem Maßnahmen zu einer nachhaltigen Entwicklung, zum Beispiel Anlagen zur klimafreundlichen Herstellung Erneuerbarer Energie, zu unterstützen. Eine weitere Möglichkeit für eine positive Wende der Situation der Entwicklungsländer wäre eine verstärkte Öffnung der «westlichen» Märkte. Fairtrade könnte eine Chance bieten, Entwicklungsländer nicht in die Abhängigkeit zu zwingen, sondern ihnen Raum zu lassen, eigene Wege zu finden. Eine Verbesserung der Handelsbedingungen für Entwicklungsländer würde unter anderem auch dazu beitragen, eigene, auf sie zugeschnittene Handlungsempfehlungen zu entwickeln und damit den Weg nachhaltiger Entwicklung möglicherweise ökonomisch suffizient zu verfolgen. Ansätze zu einer Wirtschaftsentwicklung mit integriertem ökologischen Modernisierungsansatz sind in anderen Ländern in ihren vorsichtigen Anfängen zu beobachten.

Literatur

Robin Wood: Joint Implementation im Klimaschutz, Robin Wood-Diskussionen, Bonn, 1995

Poverty and climate change: getting priorities right, in: Impact, no. 13+14, Newsletter of the Climate Network Africa, Sept. 1994

Climate Network Africa: An open letter to African governments, Kenya, Dez. 1994

Stefan Singer: Klimaschutz aus der Sicht des Südens, in: «Nachhaltige Entwicklung in Nord und Süd», (Hrsg.) Land Baden-Württemberg, 1996

9. Klimapolitik gegen den American Way of Life

«Als ob es ein Naturgesetz dafür gäbe, erscheint in jedem Jahrhundert ein Land mit der Macht, dem Willen, sowie dem intellektuellen und moralischen Antrieb, das gesamte internationale System nach seinen Werten zu formen. Im 20. Jahrhundert hat kein Land die internationalen Beziehungen auf so entscheidende aber doch so widersprüchliche Weise geformt wie die Vereinigten Staaten.»
Henry Kissinger, in: Diplomacy, 1994

Die USA hatten 1993 253 Millionen Einwohner. Ihre energiebedingten CO_2-Emissionen betrugen im gleichen Jahr 5.608 Millionen Tonnen. Prozentual macht der amerikanische Anteil am CO_2-Ausstoß ungefähr ein Viertel der Weltemissionen aus, bei ungefähr fünf Prozent der Weltbevölkerung. Die USA sind mit Abstand der Hauptverursacher des Treibhauseffektes. Deshalb sagen viele Politiker und Umweltschützer, daß ein internationales Klimaabkommen die Zustimmung der USA benötigt, um wirkungsvoll sein zu können. Doch leider trat Amerika schon mehr als einmal als der entscheidende Bremser bei internationalen Umweltverhandlungen auf. Von Europa unterscheidet sich die US-Klimapolitik auch dadurch, daß sie in erster Linie auf technische Lösungen des Treibhausproblemes setzt. Der Fortschrittsglaube Amerikas ist auch hier offenbar ungebrochen.

Die Vision vom Globalen Marshallplan

Im Jahre 1992 glaubte Amerika, daß ein Grüner ins Weiße Haus eingezogen sei. Der neugewählte Vizepräsident Al Gore von der Demokratischen Partei hatte im Vorfeld des Erdgipfels von Rio das Buch «Wege zum Gleichgewicht» geschrieben. Darin klagte Gore die umweltpolitische Untätigkeit des republikanischen Präsidenten Bush an. Im Präsidentschaftswahlkampf wurde die Bush-Regierung beschuldigt, durch ihre destruktive Haltung in Rio dem Ansehen der Vereinigten Staaten geschadet zu haben.

Gore schlug vor, die weltweite Umweltkrise mit einem Globalen Marshallplan zu lösen. Die USA sollten darin die Führungsrolle übernehmen. Den Treibhauseffekt nannte er «das risikoreichste Umweltproblem, dem die Welt heute gegenübersteht» – und das sie zu lösen hat. Das Kernstück von Gores Plan bildete eine umfassende Technologieoffensive. Er nannte sie «Strategische Umwelt Initiative» (Strategic Environment Initiative, SEI) nach dem Vorbild der Strategischen Verteidigungsinitiative (Strategic Defense Initiative, SDI) des ehemaligen US-Präsidenten Ronald Reagan. Mit einem staatlich initiierten industriepolitischen Crashprogramm sollte der Durchbruch in mehreren für den Umweltschutz wesentlichen Schlüsseltechnologien geschafft werden. Gore verglich seine SEI mit dem Apollo-Programm der Sechziger Jahre, mit dem die USA die erste Mondlandung vorbereitet hatten. Das Apollo-Programm hatte mit dazu beigetragen, die Voraussetzungen für den Durchbruch der Computertechnologie zu schaffen. Als Schlüsseltechnologien des ökologischen Zeitalters nannte Gore die Photovoltaik, superleitende magnetische Energiespeicher- und Energietransportsysteme, neue ressourceneffiziente Werkstoffe und Energieeffizienztechnologien. Weiterhin schlug Gore die Schaffung eines nationalen Netzes von «Informations-Superhighways», also modernen Datenübertragungsnetzen, vor. Mittels des Transportes von Informationen via Datenautobahn könne die Volkswirtschaft effizienter gestaltet und außerdem der Verkehrsbedarf reduziert werden. Gore wollte den USA mit seinem Programm die wirtschaftliche Führungsrolle bei der Lösung der Probleme des 21. Jahrhunderts sichern.

Als Voraussetzung für sein Programm der ökologischen Modernisierung benannte Gore ein effizientes internationales Umweltrecht. «Genauso wie Demokratie und freie Marktwirtschaft ist die Weiterentwicklung des internationalen Umweltrechtes eine Grundvoraussetzung dafür, daß das ökologische Gleichgewicht der Erde erfolgreich wiederhergestellt werden kann.» Eine Führungsrolle der USA bei der Weiterentwicklung internationaler Umweltabkommen hielt Gore auch deshalb für notwendig, da das Umweltrecht die Rahmenbedingungen für das Agieren der amerikanischen Wirtschaftsunternehmen auf dem Weltmarkt festlegt. So hatten die USA das Baseler Abkommen zum internationalen Mülltransport zwar nicht unterschrieben – den Nachteil haben aber nun diejenigen multinationalen Unternehmen Amerikas, die zuhause mit anderen rechtlichen Regelungen konfrontiert sind, als auf dem Weltmarkt. Nur wer mit am Verhandlungstisch sitzt, kann seine Interessen verteidigen. Gore hatte erkannt, daß sich Amerika der ökologischen Herausforderung nicht entziehen kann. Er war der Prophet einer umweltpolitischen Führungsrolle der Weltmacht USA.

Der nationale Klimaaktionsplan

Ein halbes Jahr nach dem Erdgipfel von Rio wurde der Demokrat Bill Clinton zum Präsidenten gewählt. Sein Vizepräsident Al Gore hatte nun Gelegenheit zu beweisen, daß das Land seiner ökologischen Vision folgen würde. Die vorausgegangene Regierung des Republikaners George Bush hatte die Klimarahmenkonvention bis zum Schluß der Verhandlungen verwässert, anschließend nur widerwillig unterschrieben und nicht ratifiziert. Die Bush-Regierung war skeptisch, ob mit den vorhandenen wissenschaftlichen Erkenntnissen der Treibhauseffekt überhaupt zweifelsfrei nachzuweisen sei. Deswegen steckte sie zwar erhebliche finanzielle Mittel in die Forschung und verhalf der amerikanischen Klimawissenschaft damit zur Weltspitze, weigerte sich aber, vermeintlich kostspielige Maßnahmen zur Reduktion des Treibhausgasausstoßes zu beschließen. Im Präsidentschaftswahlkampf, den er anschließend verlor, verkündete Bush, daß der Umweltschutz amerikanische Arbeitsplätze und amerikanischen Wohlstand nicht gefährden dürfe. «Der amerikanische Lebensstil», so Bushs Kommentar zum Erdgipfel von Rio, «steht nicht zur Debatte.»

Unter Clinton und Gore sollte alles anders, besser und vor allem grüner werden. Am «Earth Day», dem Tag der Erde 1993 verkündete Präsident Clinton, daß die USA ihre CO_2-Emissionen von 1990 bis zum Jahre 2000 stabilisieren möchten. Einige Monate später wurde ein nationales Klimaschutzprogramm vorgestellt. Große Teile dieses Programmes setzen auf freiwillige Maßnahmen der Wirtschaft zur Reduzierung des Treibhausgasausstoßes. Das wichtigste dieser Programme, «Climate Challenge», richtet sich an die Energiewirtschaft. In einem Rahmen- und zahlreichen Einzelabkommen verpflichteten sich bis 1995 über die Hälfte der amerikanischen Energieversorgungsunternehmen zur Begrenzung ihres CO_2-Ausstoßes und teilweise zu spezifischen Maßnahmen, wie der Durchführung der Integrierten Ressourcenplanung, der Förderung erneuerbarer Energien oder auch Aufforstungsmaßnahmen zur CO_2-Bindung und Maßnahmen der Gemeinsamen Umsetzung (Joint Implementation) in Osteuropa und der Dritten Welt. Das «Climate Wise» Programm ist ähnlich wie Climate Challenge konzipiert und richtet sich an die anderen energieintensiven Industrien. Mit «Motor Challenge» soll die Energieeffizienz industrieller Maschinen verbessert werden. Das Programm «Green Lights» propagiert Energiesparlampen und andere effiziente Beleuchtungssysteme. Mit dem im Kapitel über die EU-Umweltpolitik ausführlich vorgestellten «Golden Carrott» Programm soll ein fruchtbarer Wettbewerb von Haushaltsgeräteherstellern um den energieeffizientesten Kühlschrank angeregt werden. Ähnliche Wettbewerbe sind für andere Produktgruppen geplant. Die Beteiligung an all diesen Programmen ist vergleichsweise hoch und Energieministerin Hazel O'Leary meint deshalb: «Freiwillig ist für uns kein Schimpfwort.» Mit ein Grund für das Übergewicht freiwilliger Selbstverpflichtung über gesetzliche Maßnahmen ist allerdings die strikte Gegnerschaft der amerikanischen Wirtschaft gegen staatliche Regelungen. Diejenigen Emissionsstandards und Verordnungen, die das Energieministerium ursprünglich vorgeschlagen hatte, waren gegen die Lobbyistenschar im Kongreß nicht durchsetzbar. Weil das US-Klimaschutzprogramm auf freiwillige Maßnahmen der Industrie baut, fehlen ihm die Zähne. Die Behörden haben keine Handhabe, um die freiwilligen Vereinbarungen gegenüber der Industrie durchzusetzen.

Der zweite Schwerpunkt des US-Klimaschutzprogrammes ist die Technologieförderung. Sowohl die Photovoltaik und andere erneuerbare Energien, als auch die Wasserstofftechnik, Brennstoffzellen und andere effiziente Energietechniken werden staatlich subventioniert. Die amerikanischen Klimaschützer betreiben damit Industriepolitik. Sie wollen im Sinne des Vize-Präsidenten Al Gore die ökologische Modernisierung der amerikanischen Volkswirtschaft mit neuen Technologien vorantreiben. Jedoch sind alle Programme mit relativ geringen Mitteln ausgestattet. Ein Teil der Programme wurde im Rahmen der allgemeinen Haushaltskürzungen von der neuen republikanischen Mehrheit im Kongreß zusammengestrichen, genauso wie Programme zur Förderung der Integrierten Ressourcenplanung.

Als Instrument der internationalen klimapolitischen Zusammenarbeit setzen die USA auf die Gemeinsame Umsetzung (Joint Implementation). CO_2-Einsparungen, die in technologischen Kooperationsprojekten mit Ländern Osteuropas oder der Dritten Welt erzielt wurden, sollen sich US-Unternehmen auf ihre freiwilligen Selbstverpflichtungen, beispielsweise im Rahmen des Climate Challenge Programmes, anrechnen dürfen.

Gescheitert ist der Versuch, nach der Wahl der Demokraten Clinton und Gore in den USA eine allgemeine Energiesteuer einzuführen. Die Steuer hätte sich am Energiegehalt der Brennstoffe – ausgedrückt in der Einheit British Thermal Unit (BTU) – orientiert und war ursprünglich in vergleichbarer Höhe geplant wie die von der EU-Kommission vorgeschlagene CO_2-/Energie-Steuer. Die BTU-Steuer sollte als zusätzliche Steuer sowohl dem Klimaschutz als auch der Beseitigung des Haushaltsdefizites dienen. Damit wurde ein anderes Konzept verfolgt als in Europa, wo die Einführung aufkommensneutraler Ökosteuern als Teil einer umfassenden Steuerreform zur Senkung der hohen Arbeitskosten diskutiert wird. Die BTU-Steuer scheiterte schließlich politisch. Statt dessen wurde die Mineralölsteuer geringfügig um umgerechnet zwei Pfennig pro

Liter erhöht. Die Benzinpreise in den USA gehören immer noch zu den niedrigsten der Welt. Von der symbolischen Mineralölsteuererhöhung abgesehen, bleibt der Verkehrssektor, in dem die CO_2-Emissionen rasant steigen, im Klimaschutzprogramm der US-Regierung weitgehend ausgeblendet.

Das US-Klimaschutzprogramm steckt voller guter Ansätze. Doch weil zahlreiche Maßnahmen verwässert, auf freiwillige Basis gestellt und nicht ausreichend finanziert wurden, wird das vorhandene CO_2-Minderungspotential nicht ausgeschöpft. Nach allen Voraussagen können die USA ihr CO_2-Stabilisierungsziel bis zum Jahr 2000 deshalb nicht mehr erreichen. Damit wird auch ein internationales Abkommen zur CO_2-Reduktion gefährdet. Doch nicht jeder findet das tragisch. Der demokratische Senator Bennett Johnson steht mit seiner Meinung für die Mehrzahl der amerikanischen Politiker, die neue umweltpolitische Gesetze als wirtschaftsfeindlich ablehnen. «Wir müssen uns erst einmal überlegen, welche Maßnahmen sinnvoll sind, bevor wir ein Ziel aufstellen. Sonst stellen wir fest, daß unser Ziel mit der Summe der sinnvollen Maßnahmen halt nicht eingehalten werden kann.» Ernster nimmt der Politologe Henry Lee von der amerikanischen Harvard Universität die Selbstbeschränkung der amerikanischen Politik auf freiwillige Programme. Er glaubt, daß der amerikanischen Regierung langfristig die politische Handlungsfähigkeit verloren geht. Eine Regierung, so Lees These, müsse über das ganze Spektrum klimapolitischer Maßnahmen – vom Ordnungsrecht über Ökosteuern bis zu freiwilligen Vereinbarungen – verfügen, um flexibel auf internationale Vereinbarungen zur CO_2-Reduktion, die in der Zukunft mit Sicherheit kommen werden, zu reagieren.

Umweltpolitik auf dem Rückzug

Das US-Klimaschutzprogramm ist mit allen seinen Mängeln und Fehlern ein Relikt aus besseren Zeiten. Denn inzwischen hat in der US-Umweltpolitik eine Wende rückwärts stattgefunden. Die einzigartige Demontage der nationalen Umweltgesetzgebung der USA, die stattfindet, seitdem die Republikanische Partei im November

1994 die Wahlen zum Kongreß gewonnen hat, ist ein Menetekel für alle Industriestaaten. Die Republikaner haben angekündigt, daß sie sämtliche nationalen Umweltgesetze und die internationalen Verträge, wie die Konventionen von Rio, auf ihre Notwendigkeit hin überprüfen werden. Drastische Haushaltskürzungen behindern seitdem die Arbeit der Umweltbehörden. Der Haushaltsausschuß des US-Repräsentantenhauses kürzte den Etat der US-Umweltagentur Environment Protection Agency (EPA) von 6,6 auf 4,9 Milliarden US-$ jährlich. Fast alle Maßnahmen des US-Klimaschutzprogrammes sind von den Kürzungen betroffen. Es wird somit immer unwahrscheinlicher, daß die USA ihr CO_2-Stabilisierungsziel bis zum Jahr 2000 noch erreichen. Im Kongreß wurde gerade noch der Antrag abgelehnt, die US-Umweltagentur und das Energieministerium ganz abzuschaffen.

Umweltpolitiker stehen vor dem Scherbenhaufen der Politik von 25 Jahren. Die Wahlen zum Kongreß haben eine politische Bewegung nach Washington gebracht, die sowohl einer Umweltgesetzgebung als auch internationalen Vereinbarungen extrem feindschaftlich gegenübersteht. Einer der führenden intellektuellen Vordenker der konservativen Heritage Foundation drückt es so aus: «Ich bin ein konservativer Umweltschützer. Obwohl ich an das grundlegende Ziel einer sauberen Umwelt glaube, habe ich die Sorge, daß falsch verstandener Umweltschutz Arbeitsplätze und Gesundheit der durchschnittlichen Amerikaner gefährdet, ohne erkennbaren Gewinn für die Umwelt zu erzielen.» Konservative und libertäre Umweltpolitiker lehnen Umweltpolitik über Gesetze ab und setzen auf die entfesselten Kräfte des Marktes. «Als Individuen können wir nicht die Antwort auf alle Fragen wissen. Aber der freie Markt ist imstande, die Werte, die wir hochhalten, zu verwirklichen, die richtigen Prioritäten zu setzen und uns für das, was wir verlangen, den gerechten Preis zahlen zu lassen. Der Markt verhilft dem Verursacherprinzip zur Durchsetzung.»

Die konservativen Intellektuellen, die Mitte der 90er Jahre das Meinungsklima in den USA bestimmen, lehnen internationale Umweltabkommen ab. Das UN-Umweltrecht ist aus Sicht der konservativen Revolutionäre das Kind einer regelungswütigen und zentralisierungsfreundlichen Linken, die der Wirtschaft immer neue

Fesseln anlegen will. Nach dem Niedergang des Ostblocks seien es die sozialdemokratisch geprägten Europäer, die am Traum UNO und an internationalem Recht wider besseres Wissen festhielten. Der Dritten Welt unterstellt das konservative Amerika, daß sie die UN als Mittel zur Umverteilung von Geld mißbraucht. Der wahre Hintergrund, warum diese Länder der Klimakonvention, dem globalen Umweltfonds GEF und anderen internationalen Umweltgremien beigetreten seien, sei es, immer neue Entwicklungshilfe- und Fördermittel aus den Industriestaaten, vor allem aus den USA, für ihre Zwecke abzuzweigen.

Amerika als Bremsklotz

Schwere Zeiten für Amerikas Klimaschützer. Neben dem ideologischen Gegenwind aus Washingtons konservativen Denkfabriken, sind es vor allem zwei Argumente, die ihnen zu schaffen machen. Eine Minderheit von Klimaforschern sät Zweifel an der Realität des Treibhauseffektes und seiner schädlichen Auswirkungen. Die amerikanische Wirtschaft macht sich diese Zweifel zunutze und behauptet gleichzeitig, daß Klimapolitik zu teuer sei und damit Wachstum und Arbeitsplätze gefährde.

Um internationale Vereinbarungen zum Klimaschutz, die ihrer Meinung nach die freien Kräfte des Marktes behindern, blockieren zu können, streuen konservative amerikanische Umweltpolitiker wissenschaftliche Zweifel. Obwohl amerikanische Wissenschaftler sich aktiv an der Arbeit des UN-Wissenschaftlergremiums «Intergovernmental Panel on Climate Change (IPCC)» und dem internationalen Konsens über die Bedrohung des Klimas beteiligt haben, gibt es in den USA eine Minderheit von Klimaskeptikern. Ihre Studien erscheinen – sicher nicht zufällig – oft in Zeitschriften, die von der amerikanischen Öl- und Kohlelobby gesponsort werden. In der Tat ist das Klimasystem so kompliziert, daß die Wissenschaft es bis heute nicht vollständig versteht. Doch die Jahrestagung 1995 des IPCC hat erneut betont, daß die Tatsache, daß das Klima sich aufgrund der Treibhausgasemissionen gefährlich ändert, nicht umstritten ist. Nur Detailfragen sind noch offen. Doch die Existenz der

Klimaskeptiker dient konservativen Umweltpolitikern in den USA dazu abzuwarten. Denn Klimapolitik kostet Geld. Und Energiesparen kann der mächtigen Kohle- und Öllobby nicht gefallen.

Wissenschaftliche Zweifler gibt es auch in Deutschland. Bisher wurden sie als unseriös entlarvt und haben in der Öffentlichkeit keine Aufmerksamkeit gefunden. Doch die Gefahr besteht auch bei uns, daß Gegner einer fortschrittlichen Klimapolitik sich wissenschaftliche Scharlatane zu Nutzen machen werden. Auf das Interesse der Medien können sie mit ihren zweifellos spektakulären Thesen sicherlich rechnen. Deswegen müssen auch wir Europäer weiter in die Klimawissenschaft investieren. Öffentliche Stellen, die Medien und die Umweltverbände haben die Pflicht, kontinuierlich über die wissenschaftlichen Grundlagen des Klimawandels aufzuklären.

Die Kosten einer konsequenten Klimapolitik sind umstritten. Während Umweltforschungsinstitute und Umweltverbände behaupten, daß durch Energieeffizienzmaßnahmen letztendlich Kosten gespart werden können, macht die Industrie die Gegenrechnung auf. Sie behauptet, daß alle rentablen Energiesparinvestitionen ohnehin getätigt worden sind oder getätigt werden. Weitere Maßnahmen kosteten zusätzliches Geld. In der momentanen Wettbewerbssituation mit den ostasiatischen Volkswirtschaften könne Amerika sich diesen Luxus nicht erlauben.

Nachdem sich innerhalb der internationalen Wirtschaftswissenschaften allmählich ein Konsens darüber herausbildet, daß ein erhebliches Potential für kosteneffiziente, sich also selbst finanzierende, Energieeffizienzmaßnahmen besteht, schwenkt die amerikanische Wirtschaftslobby auf ein Hilfsargument um. Zwar sei es richtig, daß Energiesparen sich langfristig auszahle, doch sei zu erwarten, daß die Kosten, z.B. für Solaranlagen oder neuartige Motoren, noch weiter sinken werden. Bis dahin wolle man mit dem Umweltschutz warten – und heute das Geld auf rentablere Weise anlegen. Daraus folgere für internationale CO_2-Reduktionsvereinbarungen, auf kurzfristige Ziele, wie beispielsweise ein CO_2-Reduktionsprotokoll mit dem Zieljahr 2005, zu verzichten und ein langfristiges Ziel, das dann um so radikaler sein könne – beispielsweise eine Halbierung des weltweiten CO_2-Ausstoßes bis 2050 – festzulegen.

Für die Atmosphäre, so wird argumentiert, laufe es auf das gleiche hinaus, ob man heute mit der CO_2-Reduktion anfange oder später, wenn es billiger kommt. Hauptsache das vom UN-Wissenschaftlergremium IPCC vorgegebene Ziel einer Halbierung der weltweiten CO_2-Emissionen werde bis Mitte des nächsten Jahrhunderts erreicht.

Die meisten Umweltpolitiker halten diese Argumentation jedoch für gefährlich. Den erwarteten technischen Fortschritt in der Solartechnik, bei sparsamen Autos und im Energieeffizienzbereich werde man nur bei klaren politischen Vorgaben in Richtung Energiesparen und CO_2-Reduktion erreichen. Dazu gehörten kurzfristige, kontrollierbare Zielvorgaben, die von der handelnden Politiker- und Industriellengeneration noch umzusetzen und zu verantworten sind.

Wege aus der Sackgasse

Die US-Klimapolitiker sind momentan in ihrem eigenen Land in der Minderheit. Doch ohne die USA als Hauptemittent von Treibhausgasen und als größte Wirtschaftsmacht der Welt kann die UN-Klimakonvention nicht funktionieren. Amerika darf nicht isoliert werden. Was aber kann die internationale Umweltpolitik Amerika anbieten, um es zu einer konstruktiveren Haltung im Klimaschutz zu bewegen?

Im Rahmen der UN-Verhandlungen um ein CO_2-Reduktionsabkommen wird momentan über eine Lastenaufteilung zwischen den verschiedenen Industriestaaten diskutiert. Vorbild ist die Europäische Union. Die EU hat beschlossen, ihren CO_2-Ausstoß von 1990 bis 2000 zu stabilisieren. Klimapolitische Vorreiterstaaten wie Deutschland und Dänemark müssen ihr Ziel übererfüllen, damit Spanien und Griechenland weniger belastet werden. Das europäische System der Lastenteilung könnte auf alle Industriestaaten, entsprechend ihrer wirtschaftlichen Leistungsfähigkeit, ausgeweitet werden. Wichtig ist es, daß alle Industriestaaten einen Schritt in Richtung CO_2-Reduktion tun, auch wenn der Schritt von Land zu Land verschieden groß ausfällt. Allerdings ist ein solches Abkommen, das dem einen Land mehr und dem anderen weniger abverlangt, schwer auszuhandeln. Nicht einmal die EU hat sich bisher auf konkrete Zahlen, wer wieviel emittieren darf, einigen können.

Ein zweites Modell um diejenigen, die weniger zur weltweiten CO_2-Reduktion beitragen können oder wollen, zu entlasten, ist das Konzept der Gemeinsamen Umsetzung («Joint Implementation»). Joint Implementation würde es den USA ermöglichen, einen Teil ihrer Verpflichtungen in Staaten der Dritten Welt oder Osteuropas zu erfüllen. Damit wäre ein internationales Klimaschutzabkommen innenpolitisch leichter durchsetzbar. Die Idee des Joint Implementation wird in den USA sowohl von der Industrie als auch von den Umweltverbänden unterstützt. Mehrere Pilotprojekte laufen schon. Joint Implementation könnte außerdem dem Technologietransfer dienen und die langfristige internationale Kooperation im Umweltschutz fördern. Das Konzept hat auch seine Nachteile. Joint Implementation darf nicht dazu führen, daß in den Industriestaaten, respektive den USA, überhaupt kein Klimaschutz mehr stattfindet. Das Konzept von Joint Implementation und erste Erfahrungen werden in den Kapiteln über Osteuropa und die Dritte Welt genauer beschrieben.

Vordenker der amerikanischen Umweltbewegung meinen, daß Joint Implementation langfristig durch ein internationales System handelbarer Emissionszertifikate abgelöst würde. Die USA haben mit dieser Art von Zertifikaten schon Erfahrung. Das US-Luftreinhaltegesetz «Clean Air Act» sieht den Handel von Emissionsberechtigungsscheinen für Luftschadstoffe wie Schwefeldioxid vor. Das Konzept der Emissionszertifikate ist im Kapitel über die EU-Umweltpolitik näher beschrieben.

Ein weiterer Vorschlag der US-Umweltschützer ist es, die UN-Klimaverhandlungen weg von der politischen Ebene hin zu den Umweltexperten und Ingenieuren zu verlagern. Sie sollen in Technischen Arbeitsgruppen («Technical Panels») feststellen, wie hoch das technische Potential zur CO_2-Einsparung bei der Energieerzeugung, im Verkehr oder in der Industrie überhaupt ist und wie die Kosten liegen. Mit dem Konzept der Technical Panels wurden bei der Ausgestaltung des Montrealer Abkommens zum Schutz der Ozonschicht gute Erfahrungen gemacht. Die Idee hinter dem Vorschlag ist, daß technische Experten die Diskussion über mögliche CO_2-Reduktionspotentiale ideologiefreier als Politiker und Diplomaten führen. Allerdings werden die Entscheidungen letztendlich doch von der Politik getroffen. Der Konsens der Ingenieure kann höchstens dazu beitragen den Konsens der Politik zu katalysieren.

US-Vizepräsident Al Gore hat erkannt, daß Umweltpolitik gute Wirtschaftspolitik ist. Er hält einen Ausbau des internationalen Umweltrechtes für notwendig, um sogenanntes «Ökodumping» – also Kostenvorteile für die Wirtschaft aus Ländern ohne Umweltauflagen – zu vermeiden und verläßliche Rahmenbedingungen für die Weltwirtschaft zu schaffen. Gleichzeitig setzt sich in den Politischen Wissenschaften immer mehr die Erkenntnis durch, daß internationale Umweltpolitik auch eine immense sicherheitspolitische Bedeutung hat. Der Wissenschaftler Andreas Kraemer vom Berliner Ecologic Institut schreibt: «Weltweit nehmen die Konflikte um Umweltgüter und Naturressourcen in zum Teil bedrohlichen Maße zu.» Schon heute sind die Ölstaaten des Nahen Ostens einer der Hauptkrisenherde der Welt. Die Abhängigkeit der westlichen Volkswirtschaften vom Öl ist deswegen auch ein sicherheitspolitisches Problem.

Die möglichen Folgen des Klimawandels, beispielsweise in Form von Umweltflüchtlingen aus dem überschwemmten Bangladesh und den anwachsenden Wüstengebieten Afrikas, drohen die internationale Politik zu destabilisieren. Kraemer schlägt deshalb vor, die ökologische Sicherheit beziehungsweise die Regelung von Konflikten über gemeinsame Naturgüter im internationalen Recht zu verankern. Die Stiftung Wissenschaft und Politik (SWP) im bayerischen Ebenhausen, eine Denkfabrik, die seit Jahren das Bundeskanzleramt und das Bonner Außenministerium berät, fordert deshalb einen «erweiterten Sicherheitsbegriff», der ökologische Bedrohungen mit umfaßt.

Eine Möglichkeit, das zu tun, wäre einen Weltumweltrat entsprechend dem UN-Weltsicherheitsrat einzurichten. Diese in akademischen Kreisen seit langem diskutierte Idee wurde einer breiten Öffentlichkeit erstmals 1995 in einem Gespräch von Bundeskanzler Helmut Kohl mit der Bildzeitung vorgestellt. Aufgaben eines Weltumweltrates könnten sein, die Einhaltung des internationalen Umweltrechtes durch Berichte und UN-Kontrolleure vor Ort zu überwachen und mit Resolutionen die sicherheitspolitische Dimension weltweiter Umweltfragen festzustellen. Mögliche Folgeaktivitäten wären Sanktionen gegen Umweltsünder und Hilfsprogramme für ökologische Katastrophenregionen. Umweltpolitik und vor allem die Bewältigung der globalen Umweltprobleme wie Ozonloch und Treibhauseffekt werden deswegen von dem amerikanischen Historiker Paul Kennedy als Teil einer neuen Weltordnung bezeichnet, für die sich Amerika engagieren soll. Bisher haben die USA den Verhandlungstisch um ein internationales Klimaschutzabkommen nicht verlassen. Aber sie behindern die Verhandlungen eher, als sie zu unterstützen. Dabei hätte die amerikanische Wirtschaft und Wissenschaft zur Lösung unserer Klimaprobleme soviel Positives beizutragen.

Kreative Konzepte

Amerika ist immer noch das Land der kreativen Lösungen. In Amerika wurde das Konzept der Integrierten Ressourcenplanung entwickelt. Seine Anwendung wurde in diesem Buch auch für Deutschland und die Europäische Union vorgeschlagen.

Der internationale Boom der Windenergie nahm im US-Bundesstaat Kalifornien seinen Anfang. Seit 1978 bestimmt ein amerikanisches Bundesgesetz, daß die Stromerzeugung für den allgemeinen Wettbewerb aller Anbieter offen sein muß. Was zu tun ist, um Energieeffizienz und erneuerbaren Energien auch bei uns zum Durchbruch zu verhelfen, wird ebenfalls im ersten Kapitel beschrieben.

Ein Hauptproblem der Klimapolitik wurde in den USA bisher nicht in Angriff genommen. Die USA sind immer noch das Land des Automobils. Nach und nach werden die Vereinigten Staaten auch das Land des Flugverkehrs. Das amerikanische Verkehrssystem zeichnet sich deswegen heute durch einen extrem hohen Energieverbrauch aus – Tendenz steigend. Zwar wurden die daraus resultierenden Luftverschmutzungsprobleme durch strenge Grenzwerte und eine Verbesserung der Motorentechnik begrenzt, doch die

CO_2-Emissionen der grenzenlosen Mobilität drohen in den USA mehr noch als in anderen Industriestaaten klimapolitische Fortschritte in anderen Bereichen zu konterkarieren. Zwei Lösungsansätze, die für die technologische Kreativität des Landes der unbegrenzten Innovationskraft typisch sind, werden im folgenden vorgestellt und kritisch beleuchtet.

Das Symbol des amerikanischen Lebensstiles ist das Auto. Der motorisierte Individualverkehr weist überall auf der Welt die höchsten Zuwachsraten am Energieverbrauch und an den CO_2-Emissionen auf. Selbst in fortschrittlichen Industriestaaten wie Deutschland werden CO_2-Einsparungen in Industrie- und Privathaushalten durch das Ansteigen des PKW- und LKW-Verkehrs aufgefressen. In den Wachstumsökonomien der ehemaligen Dritten Welt findet eine rasante Motorisierung statt. China ist lange schon nicht mehr das Land der Fahrräder, sondern eher schon das Traumland von VW, Mercedes und Audi. In Shanghai wurde auf den ersten Straßen schon ein Fahrradverbot erlassen. Nicht nur in Japan, sondern auch in Korea, Malaysia und Indonesien wird mit privatem Kapital und staatlicher Hilfe eine neue Schlüsselindustrie der Industrialisierung aus dem Boden gestampft – die Automobilindustrie.

Auf die Herausforderung Auto werden drei Antworten gegeben. Neue Supersparmobile sollen den Treibstoffverbrauch auf einen Bruchteil senken und später durch Elektrostrom aus erneuerbaren Energiequellen ersetzen. Ein leistungsfähiges öffentliches Verkehrssystem soll zur attraktiven Alternative des motorisierten Individual- und Frachtverkehrs werden. Ein Lebensstilwandel soll Mobilität weniger notwendig und weniger attraktiv gestalten.

Der amerikanische Erfindergeist setzt auf die erste Lösung und auf den technischen Fortschritt. Das Rocky Mountain Institut des Vordenkers Amory Lovins propagiert den Bau eines Automobiles völlig neuen Typs. Entgegen der europäischen Denkart, die Motorentechnik in kleinen Schritten effizienter und die Fahrzeuge kleiner und leichter zu machen, will Lovins das Auto von Grund auf neu entwerfen. Entstehen soll eine sogenannter Hyper-Car in Ultraleichtbauweise auf Grundlage von Glasfaserverbundstoffen. Als Vorbild dienen Lovins Konstruktionsprinzipien der extrem leichten Rennsportwagen.

Was Lovins anstrebt ist kein Klein- oder Stadtwagen, kein Swatchmobil, sondern ein Mittelklassewagen, geeignet für Urlaubsfahrten und den amerikanischen Großeinkauf. Lovins hat entdeckt, daß sich der Markt selbst in europäischen Ländern mit relativ hohen Benzinpreisen nicht in Richtung Kleinwagen bewegt, sondern immer mit der PS-Zahl nach oben. Für das deutsche 3 Liter Auto mag es einen Markt geben. Der Markt für PS-starke Großlimousinen der süddeutschen Autohäuser und für vierradgetriebene Cityjeeps ist allemal größer. Lovins glaubt, daß sich Effizienz auf dem Markt durchsetzt. Volkswirtschaftlich sind sparsame Automobile aus dauerhaften Materialien ein Gewinn. Zum lohnenden Geschäft für die Betriebswirtschaftler in Detroit, Wolfsburg oder Osaka werden sie nicht von allein. Lovins setzt darauf, daß sich das neue Produkt auch neue Produzenten sucht. Ähnlich wie in der Computertechnologie ist es möglich, daß Garagenfirmen technologischen Innovationen zum Durchbruch verhelfen. Wer also werden die Apple und Compaq der Hypercar-Technologie sein? Sitzen heute schon die Garagenbastler in einem Gewerbegebiet von Boston oder Glückstadt? Oder wird an der Zukunft des Automobils in einer Baracke von Bangalore oder Kuala-Lumpur geschraubt?

Amory Lovins glaubt, daß sich der Hypercar auf dem freien Markt über kurz oder lang durchsetzen wird. Über kurz dann, wenn nur ein großer Automobilkonzern die Zukunftschance, die in der neuen Technologie liegt, versteht und in die Massenfertigung einsteigt. Über lang dann, wenn erst neue Firmen den Markt revolutionär umgestalten müssen. Dann werden die Dinosaurier in Detroit oder Wolfsburg große Probleme bekommen, sich zu behaupten.

Ist der Hyper-Car die Patentlösung für unsere Verkehrs- und Klimaprobleme? Auch ein drastisch gesenkter Energieverbrauch wird den CO_2-Ausstoß aus dem Verkehrssektor nur abbremsen und nicht dauerhaft reduzieren, wenn die Zahl der Automobile weiterhin ansteigt wie bisher. Zwei Milliarden Hyper-Cars für den neuen asiatischen Markt würden der heutigen Automobildichte Nordamerikas entsprechen. Die Benzin- und CO_2-Einsparung wäre also vorübergehend. Dazu kommen der Energie- und Ressourcenverbrauch für die Produktion der Fahrzeuge und den Bau der Verkehrswege. Auch der Hyper-Car kann den Ausbau eines leistungsfähigen öffentlichen Verkehrsnetzes und eine Änderung unseres Mobilitätsverhaltens nicht ersetzen, sondern nur, wo notwendig, ergänzen.

Eine Änderung unseres Verkehrsverhaltens und der allgemeinen Mobilität verspricht eine andere technologische Entwicklung. Die Revolution der Kommunikationstechnologien ist zu einem Symbol für die wirtschaftliche Wiedergenesung Amerikas geworden. Doch die Datenautobahn bietet auch ein enormes Potential, den Verkehr auf der Straße durch elektronischen Datenverkehr zu ersetzen. Einem breiten Publikum wurde diese Idee durch den Bestseller des späteren US-Vize-Präsidenten Al Gore «Wege zum Gleichgewicht» (Earth in a Balance) vorgestellt. Gore konnte die Mehrheit der Amerikaner von seiner Vision der ökologischen Modernisierung mittels sauberer neuer Technologien und hochqualifizierter Arbeitsplätze nicht überzeugen. Trotzdem lohnt es sich, das Potential der ökologischen Revolution via Datenautobahn näher zu beleuchten.

Amory Lovins schreibt dazu: «E-mail, moderne Text- und Grafikübertragung, digital komprimierbare Video- und Audioaufzeichnungen, die über Hochleistungskabel versendet werden, sowie das gute alte Telefon und das Fax machen viele Reisen überflüssig.» Tatsächlich nutzen multinationale Unternehmen genauso wie Umweltverbände inzwischen ganz selbstverständlich Telefon- und Videokonferenzen für ihre geschäftlichen Besprechungen. Über den deutschen Bildschirmtext, das französische Minitel und zunehmend über das Internet werden Bankgeschäfte getätigt, Warenhauskataloge durchgeblättert und Flugtickets bestellt. Viele lästige Geschäftsgänge entfallen. Und damit werden Verkehr und CO_2 eingespart.

Das größte Potential der modernen Kommunikationstechnologien, Verkehr einzusparen, liegt im Bereich der Berufspendler. Fast jeder Büroarbeitsplatz kann im Prinzip durch Telearbeit von zuhause ersetzt werden. In den USA hat seit Ende der 80er Jahre deshalb eine Bewegung der höheren Angestellten aus den überlasteten Innenstädten hinaus in die grüneren Vororte stattgefunden. Wer nur noch einmal in der Woche ins Büro fahren muß und die restlichen vier Tage zuhause vor dem Bildschirm arbeiten kann, kann einen längeren Anfahrtsweg in Kauf nehmen.

Nicht nur Verkehr, sondern auch Papier und Material können durch elektronische Kommunikationsformen eingespart werden. Die amerikanischen Umweltverbände gehörten zu den ersten, die Brief oder Fax durch Kommunikation per E-mail ersetzt haben. Die Hauptmotivation war allerdings nie, den Verbrauch von Papier oder des schwer wiederzuverwertenden Thermopapieres der Faxgeräte zu reduzieren, sondern Geld zu sparen. Die Telefoneinheiten der E-mail Übertragung sind einfach billiger als Brief, Telefon oder Fax. Auch hier zeigt sich: Mittels der Preise wird die ökologische Wahrheit allemal effektiver transportiert, als mittels theoretischer Erkenntnisse.

Indem der Personenverkehr auf den Autobahnen durch Datenverkehr auf Informationshighways ersetzt wird, können im Prinzip in großer Menge Verkehr und klimaschädigende Treibhausgase reduziert werden. In der Praxis stehen der ökologisch verträglichen Gestaltung der neuen Kommunikationstechnologien einige Hindernisse entgegen.

Die Studie «Zukunftsfähiges Deutschland» des Wuppertal Institutes schreibt: «Unter den gegebenen Rahmenbedingungen ist von der Informationsgesellschaft keine automatische Einsparung von Verkehr zu erwarten.»

So ersetzen Videokonferenzen nicht automatisch klimaschädigenden Flugverkehr. Wahrscheinlicher ist es, daß die Besprechungen via Datenautobahn einfach zusätzlich zu den schon immer seltenen, da teuren und zeitaufwendigen persönlichen Zusammenkünften stattfinden werden. Wird durch die neue Vernetzung via Datenautobahn die internationale wirtschaftliche Zusammenarbeit weiter intensiviert, so kommt es im Schlepptau unter Umständen sogar zu mehr Reise- und vor allem Flugverkehr. «Das theoretisch riesige Reduktionspotential», so Vordenker Amory Lovins, «könnte allerdings zur Geltung kommen, wenn unsere Gesellschaft sich endlich dazu entschließen könnte, die Preise für Überseereisen und den Verkehr insgesamt der ökologischen Wahrheit anzunähern.» Auch hier wird wieder die Bedeutung einer ökologischen Steuerreform zur Internalisierung der ökologischen Folgekosten des Verkehrs sichtbar. Der Auto- und Flugverkehr wird nicht dann automatisch reduziert, wenn elektronische Alternativen zur Verfügung stehen, sondern wenn das Preissignal in die richtige Richtung weist. In Amerika ist die ökologische Steuerreform bisher eine denkbar unpopuläre Maßnahme.

Auch Teleheimarbeitsplätze für Berufspendler können unter Umständen zu mehr statt weniger Automobilverkehr führen, wenn nicht alle Zusammenhänge bedacht werden. So werden Teleheimarbeitsplätze das normale Büro auf absehbare Zeit nicht überflüssig machen. Die Zusammenarbeit im gemeinsamen Büro hat vielfältige Funktionen, die nicht via Datenautobahn ersetzt werden können. Arbeitnehmerinnen und Arbeitnehmer suchen den sozialen Kontakt mit Kollegen. Vorgesetzte brauchen die räumliche Nähe, um Autorität ausüben zu können. Kommunikation läuft nicht nur verbal, sondern auch über nicht elektronisch vermittelbare Signale wie Körpersprache, Kleidung oder Auftreten. All diese Funktionen, die gerade in kreativen Berufen und bei Tätigkeiten, die Gruppenarbeit erfordern, notwendig sind, leiden unter der Überbetonung der elektronischen Kommunikation.

Teleheimarbeitsplätze werden also nicht automatisch dazu führen, daß weniger Büroflächen gebaut, beheizt und beleuchtet werden müssen. In den Büros werden weiter Personalcomputer, Kaffeemaschinen und andere stromverbrauchende Geräte stehen.

Eine andere Sorge von Verkehrswissenschaftlern ist, daß der eingesparte Berufspendelverkehr durch mehr Freizeitverkehr aufgewogen wird. In den USA kann beobachtet werden, daß viele Angestellte mit Teleheimarbeitsplätzen in ländliche Regionen ziehen. Die Broker von der Wallstreet ziehen weg aus Downtown Manhattan nach New Jersey. Wissenschaftler vom Massachusetts Institut (MIT) in Cambridge bei Boston verlagern ihren Forschungs- und Rechnerplatz in die grünen Neu-England-Staaten. Dort stehen ihnen für alltägliche Besorgungen nicht mehr die öffentlichen Verkehrsmittel der Innenstädte zur Verfügung. Statt dessen wird das Auto für Einkäufe, den Schulweg der Kinder und Besuche bei Freunden mehr denn je benötigt. Nicht immer wird es ein Hyper-Car sein.

Schließlich sind es die Computer selber, die bei Produktion und Betrieb Energie und Rohstoffe verbrauchen. Durch Telearbeitsplätze wird die Zahl der Personalcomputer zwangsläufig verdoppelt. Dazu kommen Zusatzgeräte wie das obligatorische Modem. Auch hier muß umgedacht werden. Der Personalcomputer ist das Pendant des Personenkraftwagens. Das Internet dagegen das Spiegelbild des Öffentlichen Fernverkehrs. Statt klobigen Personalcomputern (PC) werden dem einzelnen Nutzer in den Büros und an den Teleheimarbeitsplätzen der Zukunft nur noch sogenannte Netzwerkcomputer (NC) ohne Material- und energieintensive Speicherkapazitäten zur Verfügung stehen. Programme und Speicher werden durch das öffentlich zugängliche Internet zur Verfügung gestellt und können jederzeit abgerufen werden. Schließlich hat auch nicht jeder Telefonbenutzer die eigene Vermittlungsanlage im Wohnzimmer stehen.

Trotzdem bleibt der Traum von der Mobilitätseinsparung via Datenautobahn ein sehr amerikanischer Traum von der technologischen Lösung. Teile einer gesellschaftlichen Lösung werden sichtbar. So können, wie oben beschrieben, Geräte gemeinsam genutzt werden. Die Idee vom Gemeinschaftseigentum muß sich jedoch gerade in Amerika erst gegen die Ideologie der individuellen Verfügungsgewalt durchsetzen. Die Preise müssen die Wahrheit sagen, damit das Potential der neuen elektronischen Medien wirklich für den ökologischen Fortschritt erschlossen wird und nicht zusätzlich zum bisherigen Luft- und Straßenverkehr hinzutritt. Selbstverständlich müssen die technischen Geräte, die den Zugang zur Datenautobahn ermöglichen, energieeffizient ausgerichtet sein. Auf einer Tagung der amerikanischen Landesenergieministerien im Herbst 1995 wurde das enorme Potential sichtbar, das noch heute bei Druckern, Bildschirmen, Personalcomputern und der endlosen Zahl von Zusatzgeräten zur Energieeinsparung besteht. Eine Energiesparmethode wurde nicht erwähnt: das Gerät nach Gebrauch einfach auszuschalten. Die ökologische Revolution erfolgt zuerst im Kopf. Abschied vom Amerikanischen Lifestyle?

Fazit

Die Klimapolitik wird nur dann Erfolg haben, wenn wir Abschied nehmen von einer Art und Weise zu produzieren und zu konsumieren, die in den Vereinigten Staaten von Amerika auf die Spitze getrieben wurde, dem «American Lifestyle». Amerika und der amerikanische Lebensstil, den wir teilen, sind heute unser klimapolitisches Problem Nummer Eins. Trotzdem verbietet es sich, auf den amerikanischen Sündenbock zu verweisen. Die Klimapolitik der USA und ihre Probleme führen uns unsere Lage wie durch ein Vergrößerungsglas vor Augen. Das amerikanische Beispiel sollte uns lehren, besser zu sehen. Vom Innovationsgeist der Forscher und der Umweltverbände Amerikas können wir konservativen Deutschen nur lernen.

Literatur

Gore A.: Earth in the Balance, Plume, New York 1993.

Lee H. (Hrsg.): Shaping National Responses to Climate Change, Island Press, Washington D.C. 1995.

Fiorini D.: Making Environmental Policy, University of California Press, Berkeley 1995

Von Weizsäcker E. U., Lovins A., Lovins H.: Faktor 4, Droemer Knaur, München 1995.

10. Von Rio über Berlin nach Kyoto – die UN-Klimakonvention

«Das Endziel dieses Übereinkommens (...) ist es, (...) die Stabilisierung der Treibhausgaskonzentrationen in der Atmosphäre auf einem Niveau zu erreichen, auf dem eine gefährliche anthropogene Störung des Klimasystems verhindert wird. Ein solches Niveau sollte innerhalb eines Zeitraumes erreicht werden, in dem sich die Ökosysteme auf natürliche Weise den Klimaänderungen anpassen können, die Nahrungsmittelerzeugung nicht bedroht wird und die wirtschaftliche Entwicklung auf nachhaltige Weise fortgeführt werden kann.»
Aus Artikel 2 der Klimarahmenkonvention

Zuerst war es die Entdeckung des Ozonlochs Mitte der 80er Jahre, die die Menschheit darauf aufmerksam machte, daß sich die als unbeschädigbar empfundene Erdatmosphäre unter dem Einfluß menschengemachter Umweltveränderungen als verletzbar erwies.

Der durch Kohlendioxid und andere Gase erzeugte künstliche Treibhauseffekt war schon Ende des letzten Jahrhunderts durch den schwedischen Wissenschaftler Svente Arrhenius beschrieben worden. Zu umweltpolitischer Bedeutung gelangte der Treibhauseffekt durch zwei Ereignisse im Jahr 1988. Die außergewöhnliche Hitzewelle und Trockenheit in den USA im Sommer dieses Jahres führten dazu, daß die Medien und die Politik erstmals ihr Augenmerk auf die globale Klimaänderung und den von Menschen verursachten Treibhauseffekt richteten. Auf der ersten Weltklimakonferenz in Toronto (ebenfalls 1988) überlegten sich die versammelten Wissenschaftler und Politiker Maßnahmen gegen die globale Klimaänderung. Als erster Schritt, so die Forderung von Toronto, solle der weltweite Ausstoß des wichtigsten Treibhausgases, Kohlendioxid, bis zum Jahr 2005 um 20 Prozent reduziert werden. Diese Zielvorgabe wurde als «Toronto-Ziel» bekannt und sieben Jahre später in Berlin durch den Vorschlag der Assoziation Kleiner Inselstaaten (AOSIS) für ein CO_2-Protokoll in veränderter Form aufgegeriffen. Die Toronto-Konferenz rief auch zur Aushandlung eines internationalen Klimaschutzabkommens auf. Zwei Jahre später, im Herbst 1990, kam es zur zweiten Weltklimakonferenz und im Dezember des gleichen Jahres kam die Vollversammlung der Vereinten Nationen überein, ein zwischenstaatliches Verhandlungskomitee (Intergovernmental Negotiation Committee, INC) einzurichten. Das INC besteht aus Delegationen aller interessierten Länder der Vereinten Nationen. Die Delegationsmitglieder sind Vertreter der mittleren Ebenen aus den zuständigen Ministerien. Die UN beauftragte den INC mit der Aushandlung einer Klima-Rahmenkonvention. Diese wurde 1992, auf dem Erdgipfel von Rio, verabschiedet. Seitdem wird über die Ausgestaltung dieses Rahmens durch konkrete Klimaschutzmaßnahmen verhandelt. Einen Höhepunkt in der Phase nach Rio stellte die erste Vertragstaatenkonferenz in Berlin dar, die zwar keine konkret umrissenen Verpflichtungen für die Verschulderländer festlegen konnte, aber ein Mandat für eine Arbeitsgruppe erteilte, die diese in einem Protokoll festhalten und auf der dritten Vertragstaatenkonferenz in Kyoto zur Beschließung vorlegen soll.

Die erste Phase: Auftrag zur Entwicklung der Klimarahmenkonvention

Die Anstrengungen auf internationaler Verhandlungsebene um angemessene Maßnahmen zum Schutz vor Klimaänderungen können in drei Phasen eingeteilt werden.

Die erste Phase währte von dem Zeitpunkt, an dem die Generalversammlung der Vereinten Nationen 1990 mit der Verabschiedung einer Resolution das zwischenstaatliche Verhandlungskomitee (INC) zur Vorbereitung einer Klimarahmenkonvention einrichtete, bis zum UN-Umweltgipfel (UNCED) in Rio de Janeiro 1992. Auf den INC-Sitzungen trafen internationale Vertreter zusammen, die entsprechende Entscheidungen vorbereiteten, die dann auf Konferenzen wie dem Umweltgipfel oder den Vertragstaatenkonferenzen von den Regierungsmitgliedern der verschiedenen Länder oder Vertragstaaten verabschiedet werden. Mit dem sechsten INC-Treffen 1993 begann die zweite Phase und dauerte bis zum Ende der ersten Vertragstaatenkonferenz. Nach dieser war das INC ohne Aufgaben und löste sich auf. Die dritte Phase begann nach der ersten Vertragstaatenkonferenz (VSK) und währt noch an. Auf der VSK wurden zwei Arbeitsgruppen eingerichtet, die ähnlich wie die INC Treffen vorher in regelmäßigen Abständen tagen und aus Vertretern der Vertragstaaten bestehen.

Das INC arbeitete unter der (politischen) Oberaufsicht der UN-Vollversammlung und mit der Unterstützung des United Nations Environmental Programme (UNEP) und der World Meteorological Organization (WMO). Die Entwicklungsländer hatten auf direkte Aufsicht über den Verhandlungsprozeß durch die UN-Vollversammlung gedrängt, da sie sich dadurch eine stärkere Politisierung der Problematik und mehr Chancen zur Einflußnahme erhofften. Von der Vollversammlung wurde ein Fonds eingerichtet, der die Teilnahme von Entwicklungsländern an den Verhandlungen sicherstellte. Ein weiterer Fond deckte die Finanzierung des Sekretariats. Beide Fonds wurden durch freiwillige Beiträge finanziert.

Die erste Phase war gekennzeichnet durch starkes Engagement auf politisch höchster Ebene, und je näher der Konferenztermin rückte, desto intensiver wurde das Bestreben, einen Entwurf für die Klimarahmenkonvention rechtzeitig fertiggestellt zu haben. Es sah nämlich bis einschließlich der vierten INC-Sitzung nicht danach aus, als ob dieses Ziel zu erreichen wäre, da man in den beiden Hauptstreitpunkten – der verbindlichen Limitierung der Treibhausgasemissionen und dem Finanztransfer an die Entwicklungsländer – keine Annäherung erreichte. Bis zu diesem Zeitpunkt, Ende 1991, hatte nur ein Austausch über Verhandlungspositionen stattgefunden, aber keine Annäherung oder gar Kompromißbildung. Erst auf dem fünften INC-Treffen kam Bewegung in die Interessenskonflikte, weil die USA sich jetzt nicht mehr weigerten, zusätzliche Finanzmittel für die Umsetzung der Klimakonvention in den Entwicklungsländern bereitzustellen. In der Frage der Begrenzung der anthropogenen treibhauswirksamen Emissionen kam man zunächst zu keiner Annäherung. Die Durchsetzung eines zeitlich fixierten Limitierungsziels für die Hauptverantwortlichen der treibhauswirksamen Emissionen, nämlich die Industrieländer, haben vor allem die USA verhindert. Sie taten dies mit dem Hinweis auf wissenschafliche Unsicherheiten und die wachsende Rolle der Entwicklungsländer als Treibhausgasemittenten. Befürworter eines zeitlich fixierten Stabilisierungsziels war im wesentlichen die Europäische Gemeinschaft. Der dann von dem französischen INC-Vorsitzenden Jean Ripert ausgearbeitete Kompromißentwurf sparte die besonders schwierigen Punkte bezüglich der Verpflichtungen der Industrieländer aus. Genau dazu formulierten Vertreter der USA und Großbritanniens einen Textentwurf, der später fast unverändert Bestandteil von Artikel 4.2 der Klimarahmenkonvention wurde. Nur durch eine Verlängerung der letzten Sitzung des INC im Mai 1992 konnte der Entwurf in die Fassung gebracht werden, in der ihn das INC annehmen konnte. Die Konvention beinhaltet viele vage Formulierungen, die als Kompromiß zwischen den verschiedenen Interessen nötig waren. Besonders wichtige Passagen sind so formuliert, daß sie die Möglichkeit zu sehr unterschiedlichen Interpretationen bieten. Nur so war es möglich, den Konventionsentwurf auf der letzten (fünften) INC-Sitzung vor der UNCED im Konsens anzunehmen.

Das Hauptziel der Klimarahmenkonvention ist es, die Treibhausgaskonzentration (nicht Emissionen!) in der Atmosphäre auf einem Niveau zu stabilisieren, durch das eine gefährliche, vom Menschen gemachte Klimastörung verhindert wird (s. Art. 2). Des weiteren besagt sie, daß Vorsorge vor gefährlichen Klimaveränderungen auch ohne letzte Gewißheit über die Gefahr zu treffen ist (s. Art. 3). Die Verantwortung für den zukünftigen Klimaschutz liegt bei allen Staaten. Jedoch tragen die «westlichen» Industriestaaten und die ehemaligen Ostblockstaaten (die sogenannten Annex 1-Staaten, s. Art. 3) die Hauptverantwortung für die historischen und aktuellen treibhauswirksamen Emissionen. Die Entwicklungsländer werden lediglich im Artikel 4.1 wie alle Vertragsparteien zur Erarbeitung und Umsetzung von Programmen verpflichtet, die «Maßnahmen zur Abschwächung der Klimaänderung durch die Bekämpfung anthropogener Emissionen aller Treibhausgase» vorsehen.

Das Rahmenabkommen räumt auf Vorschlag der OECD-Länder den Industrieländern die Möglichkeit ein, mit anderen Vertragstaaten Klimaschutzmaßnahmen («Joint Implementation») durchzuführen. Im Ausland umgesetzte Projekte zur Emissionsminderung können dann auf ihre Limitierungsverpflichtung nach Artikel 4.2 a und b angerechnet werden. Artikel 4.3 verpflichtet die Industrieländer, die Kosten, die den Entwicklungsländern durch die in Artikel 12.1 festgelegte Berichtspflicht entstehen, zu tragen. Die entwickelten Länder sollen auch Gelder bereitstellen, um den Entwicklungsländern zusätzliche Anpassungskosten an eine «klimafreundliche» Entwicklung zu erstatten. Mit der Administration dieses Finanzmechanismus wurde zunächst die Global Environmental Facility (GEF) beauftragt, die zusammen mit der Weltbank, dem UNEP und dem United Nations Development Programme (UNDP) die Finanzen verwaltetet. Zusätzlich betont Artikel 4.5 des Rahmenabkommens, daß die Industrieländer ihr Wissen über umweltverträgliche Technologien und das entsprechende Know-how den Entwicklungsländern weitervermitteln sollen.

Der in Artikel 12 festgelegten Berichtspflicht unterliegen alle Vertragstaaten. In diesen Nationalberichten sollen Treibhausgasinventare erstellt sowie geplante Klimaschutzprogramme und -projekte beschrieben werden. Die Industrieländer müssen außerdem einen Bericht über die Maßnahmen zur Erreichung ihrer Klimaschutzziele anfügen sowie eine Einschätzung der Auswirkungen dieser Maßnahmen geben. Diese Berichte werden von der Vertragstaatenkonferenz (VSK) geprüft. Ihre Abgabetermine sind nach der Leistungsfähigkeit der Länder gestaffelt. Die Gesamtheit aller Abschätzungen zukünftiger Emissionen soll der VSK die Möglichkeit geben, die Angemessenheit der Verpflichtungen in Art. 4 zu überprüfen. Artikel 15 und 16 legen fest, daß die Konvention mit einer Dreiviertel-Mehrheit verändert und ergänzt werden kann, allerdings in der Regel eine Konsensabstimmung anzustreben sei. Durch Zusätze und Protokolle kann die Konvention präzisiert werden. Für derartige Veränderungen sind qualifizierende Mehrheiten nicht vorgeschrieben; sie werden auf der VSK festgelegt (Art. 17).

Am 12. Juni 1992 wurde die Klimarahmenkonvention auf dem UN-Erdgipfel in Rio offiziell verabschiedet. Unterschrieben wurde sie dort von über 155 Staaten, damit war sie zunächst anerkannt. Als sie am 21. März 1994 von 50 Staaten ratifiziert, also in nationales Recht umgesetzt wurde, war sie damit völkerrechtlich gültig. Der zentrale Schwachpunkt der Konvention ist die Formulierung der Verpflichtung zur CO_2-Minderung. Artikel 4.2 besagt zwar «daß jede der Vertragsparteien nationale Politiken zur Abschwächung der Klimaänderungen ergreift, daß die entwickelten Länder die Führung übernehmen und daß eine Rückkehr zu einem früheren Niveau anthropogener Emissionen von Kohlendioxid bis zum Ende dieses Jahrzehnts zu einer solchen Änderung beitragen würde». Aber dieses «würde» läßt viele Möglichkeiten offen, und Initiativen zum Klimaschutz werden durch den nächsten Absatz, der die «Notwendigkeit der Vertragsparteien, ein starkes und nachhaltiges Wirtschaftswachstum aufrechtzuerhalten» postuliert, relativiert. So wird auch weiterhin in Artikel 4.2 b bezüglich des Zeithorizonts für die Maßnahmen sehr vage formuliert: «mit dem Ziel, einzeln oder gemeinsam die anthropogenen Emissionen von CO_2 auf das Niveau von 1990 zurückzuführen».

Da das Rahmenabkommen also keine Vorgaben eines zeitlich fixierten Limitierungszieles beinhaltete, bestätigte die portugiesische Präsidentschaft der EU am Tag der Unterzeichnung nochmals die EU-Position, ihre CO_2-Emissionen bis zum Jahr 2000 auf dem Niveau von 1990 stabilisieren zu wollen. Andere OECD-Staaten wie Japan, Norwegen, Australien, Kanada, Finnland und Neuseeland, die zwischen den Positionen der USA und der EU während der Verhandlungen vermittelt hatten, schlossen sich diesem Ziel nicht an, da sie ein Limitierungsziel, dem sich der größte CO_2-Emittent, die USA, nicht anschließt, für sinnlos hielten. Ein Jahr nachdem die Konvention völkerrechtlich verbindlich wird, sollte die erste Vertragstaatenkonferenz zusammentreffen und danach jedes Jahr tagen. Im Rahmenübereinkommen war zunächst nur festgelegt, daß sich die erste VSK während ihrer ersten Sitzung eine Geschäftsordnung gibt (Art. 7.3), Vorkehrungen für die Implementierung des

Finanzmechanismus trifft (Art. 11.4), Kriterien für «Joint Implementation» beschließt (Art. 3.3) und die Angemessenheit der Verpflichtungen in Art. 4.2 a und b überprüft (Art. 4.2. d). Allerdings ist auf der fünften INC Sitzung, also der letzten vor dem Rio-Gipfel, eine Übergangsregelung verabschiedet worden, die ein Weiterverhandeln auch vor dem Inkrafttreten der Konvention ermöglicht.

Die zweite Phase: Vorbereitungsverhandlungen für die erste Vertragstaatenkonferenz

Die internationalen Bemühungen um Maßnahmen zum Klimaschutz traten mit dem sechsten Treffen des INC 1993 – also nach dem Rio-Umweltgipfel – in eine neue, zweite Phase, die bis zum Ende der ersten Vertragstaatenkonferenz Anfang April 1995 in Berlin dauerte. Auffällig in dieser Phase waren wesentliche Veränderungen innerhalb der Delegationen, in denen sich innenpolitische Veränderungen widerspiegelten. Auch herrschte in der zweiten Hälfte dieser Phase ein großer Druck, auf der ersten VSK Fortschritte bei der Erfüllung der Klimarahmenkonvention vorweisen zu können. Zunächst verliefen die ersten INC-Sitzungen nach dem Rio-Gipfel sehr ruhig und stagnierten bis Ende 1993. Nach dem hektischen Bemühen um einen erfolgreichen Abschluß der Konventionsverhandlungen ließ der Ansporn zu weiteren Zielen nach. Auf der sechsten INC Tagung im Dezember 1992 strukturierte man die weiteren Verhandlungen. Während der siebten INC Sitzung im März 1993 wurde besonders auf die Ausgestaltung des Finanzmechanismus eingegangen. Schwierige Diskussionen gab es auf der achten INC Konferenz im August 1993 über die gemeinschaftliche Umsetzung («Joint Implementation») von Klimaschutzmaßnahmen. Als im Dezember die 50. Ratifizierungsurkunde bei den Vereinten Nationen eintraf, war die Zeitspanne gemäß Artikel 4 des Rahmenabkommens bis zur ersten Vertragstaatenkonferenz nicht mehr lang. Somit stand auf der nächsten – der neunten – INC Sitzung im Februar 1994 einer der Kernpunkte der Konvention, die Angemessenheit der Verpflichtungen, zum ersten Mal auf der Tagesordnung.

Für den Fall, daß die VSK zu der Entscheidung käme, daß die in Artikel 4.2 a und b festgelegten Maßnahmen unangemessen seien, wurden verschiedene Möglichkeiten diskutiert. Die Option, eine Änderung der Konvention vorzunehmen, wurde ausgeschlossen, da die erreichten, in dem Rahmenabkommen festgelegten Übereinstimmungen nicht in Frage gestellt werden sollten. Einige OECD-Staaten ließen durchblicken, daß sie die in der Konvention beschriebenen Verpflichtungen für unzureichend hielten. Es wurden aber keine neuen, konkreteren Vorschläge verhandelt. Auf der zehnten INC Sitzung im August 1994 wurden dann präzisere, aber auch stark divergierende Standpunkte zur Angemessenheit der Verpflichtungen formuliert. Die OECD-Staaten waren übereingekommen, daß die in der Konvention festgelegten Verpflichtungen nicht ausreichen. Um die Verpflichtungen der verschiedenen Staaten mit klareren Zielen, Zeitrahmen und Maßnahmen zu präzisieren, standen verschiedene Möglichkeiten zur Wahl. Den Text der Konvention zu verändern, war ausgeschlossen worden. Die Möglichkeit, für die man sich zur Verschärfung der Klimarahmenkonvention entschied, war die Erstellung eines Protokolls. Die Klimarahmenkonvention sieht in Artikel 17 die Schaffung solcher Protokolle ausdrücklich als Möglichkeit vor. In einem Protokoll können völkerrechtlich verbindliche Ziele für die Verminderung des Ausstoßes von CO_2 und anderen Treibhausgasen festgelegt werden. Ähnlich dem Montrealer Protokoll, das zusätzlich zur Konvention zum Schutz der Ozonschicht geschaffen wurde, können Protokolle bei Folgekonferenzen fortlaufend, dem neuesten Kenntnisstand entsprechend, angeglichen werden.

Es wurde auf dieser Sitzung anhand der weit auseinandergehenden Standpunkte allerdings erkennbar, daß es auf der ersten VSK weder zur Verabschiedung eines Protokolls, noch aufgrund von Widerständen seitens der Entwicklungsländer zu einer Verabschiedung von Kriterien für «Joint Implementation» kommen würde. Die Gruppe der kleinen Inselstaaten reichte dennoch fristgerecht, ein halbes Jahr vor der ersten VSK, einen Protokollentwurf ein und hielt damit die Möglichkeit zu seiner Verabschiedung auf der VSK offen. Deutschland reichte ein Papier mit Elementen für ein Protokoll ein. Noch geringer wurden die Hoffnungen auf eine fixierte Limitierung der treibhauswirksamen Emissionen auf der ersten VSK, die März/April 1995 stattfinden würde, als in den USA die Republikaner bei den Wahlen im November 1994 die Mehrheit im Kongreß erhielten. Auch die Absage des Ministerrates der EU an die Energiesteuer im Dezember 1994 weist auf eine rückläufige Tendenz in der Klimaschutzpolitik hin.

Auf dem elften INC Treffen im Februar 1995, dem letzten Treffen vor der ersten VSK, wurde eine ganze Bandbreite an offenen Fragen angesprochen, ohne Fortschritte zu erreichen. Einverständnis wurde darüber erzielt, daß die Global Environmental Facility weiterhin für den Finanzmechanismus verantwortlich ist. Jedoch wurden keine konstruktiven Wege aufgezeigt, die zu einer Annäherung in den noch offenen Fragen der Angemessenheit der Verpflichtung, der gemeinsamen Umsetzung, des ständigen Sitzes des Klimasekretariats oder über die Verabschiedung eines Mandats zur Erarbeitung eines Protokolls auf der VSK hätten führen können. Allerdings einigten sich die OECD-Staaten mit Ausnahme der USA darauf, die Klimarahmenkonvention mit einem Protokoll weiterzuentwickeln. Da jedoch keines der Industrieländer einen Protokollentwurf fristgerecht eingereicht hatte und der einzige Entwurf von den AOSIS «nur» ein moralisches und kein großes politisches Gewicht besaß, war abzusehen, daß es auf der VSK zu keiner Verabschiedung eines Protokolls kommen würde. Durch einen Disput, inwieweit Entwicklungsländer in zukünftige Verpflichtungen miteinbezogen werden sollen, leisteten die Gruppe der Entwicklungsländer, angeführt von China, sowie die OPEC-Länder so heftigen Widerstand, daß über den Zustand der Angemessenheit der Verpflichtungen nicht befunden werden konnte. Die OPEC Staaten blockierten auch die Verabschiedung der Geschäftsordnung.

Zum Ausgang dieser Verhandlungen meinte Bill Hare von Greenpeace International «Die Ergebnisse dieser Verhandlungen haben eine riesige Kluft offengelegt zwischen dem, was die Wissenschaftler sagen, was getan werden muß, und dem, was die OECD-Länder bereit wären zu tun, um das Klima zu retten. Die Aussage des IPCC lautet, daß, selbst wenn die globalen Emissionen bis Ende des Jahrhunderts stabilisiert sind, das Niveau der CO_2-Konzentration in der Atmosphäre für viele Jahrhunderte weiter ansteigen wird. Die Industrieländer, die für 75 Prozent der globalen Emissionen verantwortlich sind, haben es nicht geschafft zu zeigen, wie sie ihrer bindenden Verpflichtung – ihre eigenen Emissionen zu stabilisieren – nachkommen wollen. Unter dem Gewicht ihres Versagens, die eigenen grundlegenden Verpflichtungen zu erreichen, haben die OECD-Staaten den OPEC-Staaten, angeführt von dem winzigen Kuwait, erlaubt, auch nur jeden Hinweis auf den Handlungsbedarf für weitere Emissionsreduzierung zu blockieren. Keine der Resolutionen für die 1. VSK sagt aus, daß die gegenwärtigen Verpflichtungen für den Schutz des Klimas unangemessen seien, obwohl die meisten der anwesenden Delegationen diese Ansicht teilten.» Die Aussichten für substantielle Ergebnisse während der ersten VSK waren also denkbar ungünstig.

Die erste Vertragstaatenkonferenz

Die erste Vertragstaatenkonferenz fand auf Einladung von Bundeskanzler Kohl vom 28. März bis zum 7. April 1995 in Berlin statt. Der Befürchtung eines Scheiterns der VSK aufgrund der fehlenden Übereinstimmung für eine verbindliche Geschäftsordnung wurde begegnet, indem diese Entscheidung schon am Anfang der Konferenz auf die zweite Vertragstaatenkonferenz im Sommer 1996 vertagt wurde. Es wurde unter der bisher gültigen INC Geschäftsordnung verfahren. Das «Berliner Mandat» und die Pilotphase zu der gemeinsamen Umsetzung («activities implemented jointly») wurden – per Akklamation – verabschiedet. Es gab also keine Abstimmung, sondern der Beschluß galt als angenommen, falls Widerspruch nicht ersichtlich wurde. Dieses Verhandlungsmandat sieht die Einsetzung einer Ad-Hoc-Arbeitsgruppe vor, die ein Abkommen, vorzugsweise ein Protokoll, bis 1997, also rechtzeitig zur Verabschiedung durch die 3. VSK, erarbeiten soll. Das Mandat enthält für den Verhandlungsprozeß eine Reihe von Orientierungen und Vorgaben. Hierzu gehören die Verschärfung der bestehenden Industrieländerverpflichtungen nach Artikel 4.2 a und b der Konvention, die Ausarbeitung von Politikstrategien und Maßnahmen sowie die Festlegung quantifizierter Begrenzungs- und Reduktionsziele für Treibhausgasemissionen innerhalb bestimmter Zeitrahmen, beispielsweise für die Jahre 2005, 2010 und 2020. Der Protokollentwurf der AOSIS soll «in dem Prozeß mit berücksichtigt werden». Außerdem enthält das Mandat eine Formulierung, mit der zwar neue Verpflichtungen für die Entwicklungsländer ausgeschlossen sind, aber gleichzeitig die bestehenden, auch für die Entwicklungsländer geltenden allgemeinen Verpflichtungen nach Artikel 4.1 bestätigt werden und deren beschleunigte Umsetzung gefordert wird.

Die während des Verhandlungsprozesses entstandene Gruppe der JUSCANZ (Japan, USA, Canada, Australien, New Zealand – also die außereuropäischen OECD Länder) versuchte ihre politische Interessengemeinschaft gegen eine Verschärfung der Verpflichtungen zu vergrößern, indem sie den Kreis der davon Betroffenen um die Entwicklungsländer erweitern wollte. Sie forderte eine Ausweitung der Limitierungsverpflichtung auch auf die Entwicklungsländer in der Hoffnung, daß die Entwicklungsländer sich dann auch gegen jegliche Limitierungsverpflichtungen sträuben würden. Dieser strategische Zug wurde mit dem von Indien vorgelegten «Green Paper» zunichte gemacht. Unter der Führung Indiens forderten 72 Entwicklungsländer eine Verschärfung der Verpflichtung nur für die Industrieländer und verließen damit die Koalition mit den OPEC-Ländern in der «Gruppe der 77». Der Positionswandel einiger Entwicklungsländer läßt sich durch Befürchtungen vor einer Gefährdung ihrer eigenen Entwicklungschancen durch einen Klimawandel erklären. Dieser Schritt der Entwicklungsländer war mit Hilfe der Lobbyarbeit von Umwelt-NROs (Nicht-Regierungs-Organisationen) zustande gekommen. Der Verhandlungsprozeß auf der ersten Vertragstaatenkonferenz zeigte deutlich die wachsende politische Bedeutung der NROs. Insbesondere grüne Umwelt-NROs haben besonders Einfluß auf die Positionen der Entwicklungsländer genommen und ihnen ihre politischen Möglichkeiten verdeutlicht. Der Protokollentwurf der AOSIS und das «Green Paper» Indiens gehen direkt auf NRO Entwürfe zurück. Auch die «grauen» Business- (Unternehmens-) NROs haben ihren Einfluß, besonders in den außereuropäischen Industrieländern, verstärkt. Die Delegationen der USA und Australiens wurden von diesen NROs stark beeinflußt.

Der Durchbruch in der Frage der gemeinsamen Umsetzung wurde auch durch einen Positionswandel der G77 und Chinas möglich. Die gemeinsame Position der Entwicklungsländer, wonach diese eine Beteiligung an der Erprobungsphase der gemeinsamen Umsetzung ablehnten, zerbröselte während des Verhandlungsprozesses. Der Grund dafür war vermutlich eine in den Niederlanden erstellte Übersicht der weltweit durchgeführten «Joint Implementation»-Projekte. Sieben davon fanden in Entwicklungsländern statt. Zumindest für diese Länder war es schwierig, ihre Ablehnung aufrechtzuerhalten. Ihre Ablehnung von Gutschriften von Treibhausgasemissionsreduktionen während der Pilotphase behielten sie allerdings gegen den massiven Widerstand der USA bei. Diese Position setzte sich durch. Somit dürfen Emissionsminderungen in den Entwicklungsländern, die von den Industrieländern finanziert wurden, zunächst nicht gegen nationale Klimaschutzverpflichtungen aufgerechnet werden. Bis zum Ende des Jahrhunderts soll auf der Grundlage einer umfassenden Bestandsaufnahme der Erprobungsphase eine Entscheidung über den Joint-Implementation-Modus getroffen werden. In der Zwischenzeit wird sich die Konferenz der Vertragsparteien jährlich mit den Fortschritten der Pilotphase beschäftigen. Für viele überraschend kam die Verabschiedung der Entscheidung, daß Bonn ständiger Sitz des Klimasekretariats wird und damit den Favoriten Genf aus dem Rennen geschlagen hat. Diese Entscheidung sollte Deutschland bestärken, die zeitweise eingenommene Vorreiterrolle in der Klimapolitik wieder einzunehmen.

Die dritte Phase: Die Vorbereitung auf die nächste Vertragstaatenkonferenz

Die dritte Phase begann nach der ersten VSK und wies gravierende Veränderungen der Verhandlungsdynamik auf. Diese barg neue Herausforderungen und Chancen in sich. In den Delegationen tauchten neue Gesichter auf, die zwar neue Ideen einbrachten, allerdings nicht über die Erfahrungen der vorangegangenen Verhandlungsabläufe verfügten. Diese Phase spielte sich vor dem Hintergrund einer veränderten politischen Landschaft ab. Die auf der ersten Vertragstaatenkonferenz eingesetzten zwei internationalen Arbeitsgruppen – AGBM, (Ad-Hoc-Group Berlin Mandate) und AIJ, (activities implemented jointly under the pilot phase) – tagten, wie auch die Nebenorgane, das Nebenorgan für wissenschaftliche und technische Beratung (SBSTA) und das Nebenorgan für Umsetzung (SBI), jetzt regelmäßig. Die AGBM, deren Arbeitsauftrag lautete, bis zur dritten VSK 1997 in Japan ein Protokoll zu erstellen, in dem erstens Reduktionsziele und ein Zeitrahmen sowie zweitens Implementierungsstrategien und gemeinsame bzw. nur für einzelne Länder geltende Maßnahmen zur Reduktion von Treibhausgasen enthalten sind, hat im August 1995 mit einer organisatorischen Sitzung ihre Arbeit aufgenommen.

Die erste inhaltliche Sitzung, bei der es um die konzeptionelle Ausgestaltung des Arbeitsauftrags ging, fand im Oktober 1995 statt. Es zeigte sich, daß sich auf der Seite der schon früher den Verhandlungsprozeß blockierenden Delegationen nicht viel verändert hat. Die USA und die erdölexportierenden Länder lehnten jede Diskussion über konkrete Minderungsziele mit dem Hinweis auf wissenschaftliche Unsicherheiten in der Klimaforschung ab. Statt dessen verlangten sie eine Phase der «Analyse und Bewertung», deren Untersuchung und Auswertung bis 1997 andauern sollte, bevor über konkrete Minderungsziele verhandelt werden könnte. Weiterhin wurde von dieser Seite auch wieder – im Zusammenhang mit Überlegungen zu den Verpflichtungen – die Forderung laut, daß die Entwicklungsländer in die Verpflichtungen mit eingebunden werden sollen. Gegen diese Haltung protestierten die Entwicklungsländer heftig, was Fortschritte in den Kernpunkten des Protokollauftrages verzögerte. Die Staaten der EU traten zwar für Reduktionsverpflichtungen ein, blieben allerdings bisher konkrete Vorschläge schuldig.

Auf der dritten Sitzung in Genf im März 1996 standen insbesondere vier Punkte auf der Tagesordnung: die Studie des IPCC, die Protokollstruktur, Ziele und Zeiträume der CO_2-Reduktion und die einschlägigen Maßnahmen hierfür. Während der Sitzung brachte die EU einen Protokollentwurf ein. Dieser legte zwar dar, daß die derzeitigen CO_2-Emissionen um mehr als die Hälfte gesenkt werden müssen, jedoch werden keine konkreten Angaben darüber gemacht, bis wann und um wieviel Prozent die Emissionen reduziert werden sollen. Die EU hatte sich auf eine Reihe von Papieren zu Politiken und Maßnahmen geeinigt. Diese blieben international eher unbeachtet, könnten jedoch eine Basis für die EU selbst sein, eine gemeinsame Klimapolitik zu betreiben. Die Priorität der Diskussion innerhalb der EU wird die Einigung auf Minderungsziele und Aufteilung der Gesamtreduktion auf die einzelnen Mitgliedstaaten sein. Die deutsche Delegation machte einen Vorstoß bezüglich des Zeitrahmens und der Zielvorgaben. Sie strebte eine Senkung der CO_2-Emissionen um 10 Prozent bis zum Jahr 2005 an und um 15 bis 20 Prozent bis zum Jahre 2010. Dieser Vorschlag scheiterte jedoch bereits an dem Widerstand der meisten EU-Staaten.

Die Umweltverbände forderten auf dieser Sitzung, daß endlich ein Protokoll auf der Basis des AOSIS-Entwurfs beschlossen werden solle. Die Industrieländer müßten baldmöglichst mit Treibhausgas-Reduktionen beginnen, die wirtschaftlich schwächeren Länder sich in absehbarer Zeit anschließen. Als konkrete Maßnahmen schlugen sie vor: die Einführung von Ökosteuern, Abschaffung sämtlicher Subventionen für Kohle und Öl, außerdem Förderung erneuerbarer Energien und hohe Anforderungen an den Wirkungsgrad energieverbrauchender Geräte. Auf den Sitzungen des Nebenorgans für wissenschaftliche und technische Beratung änderte sich zunächst nichts an der Verzögerungsstrategie der USA und der JUSCANZ-Länder. Dies geschah trotz der Veröffentlichung des zweiten IPCC Berichts, in dem weitere wissenschaftlich belegbare Fakten für eine Klimaveränderung aufgeführt sind. Der OPEC und China gelang es dann, die daraus zu ziehenden Schlußfolgerungen auf zukünftige Sitzungen zu vertagen. Für die Pilotprojekte der «activities implemented jointly» konnte ein Berichtsraster verabschiedet werden. Auf den Sitzungen des Nebenorgans für die Umsetzung war das wesentliche Ergebnis die gemeinsame Befürchtung, daß das Ziel der Konvention – Rückführung der Emissionen der Industrieländer bis zum Jahr 2000 auf das Niveau von 1990 – ohne zusätzliche Maßnahmen nicht erreicht wird.

Im Juli 1996 findet die zweite Vertragstaatenkonferenz in Genf statt. Spektakuläres wird von dort nicht erwartet, da wichtige Entscheidungen, das Protokoll betreffend oder die Überprüfung der Nationalberichte auf die dritte Vertragstaatenkonferenz gelegt wurden. Eine der wichtigsten Entscheidungen, die auf dieser zweiten Vertragstaatenkonferenz zu fällen sein wird, ist die über die Geschäftsordnung. Kommt man in diesem Punkt zu keiner Einigung, sind die auf der ersten Vertragstaatenkonferenz getroffenen Entscheidungen theoretisch hinfällig.

Indirekte Akteure

Die Rolle und Zusammensetzung der Akteure in dem Verhandlungsprozeß wurde im wesentlichen von der UN-Resolution bestimmt. Die Repräsentanten der Nationalstaaten können allein die angestrebte Konvention beschließen. Ihre Delegationen sind die Akteure der Verhandlungsrunden. Durch Informations- und Lobbyarbeit von indirekten Akteuren, die den Prozeß beeinflussen konnten, wird der Kreis erweitert. Dazu zählen unter anderem: Nichtregierungsorganisationen (NROs) aus der Umweltschutzbewegung, aus Wissenschaft, Industrie, Kirchen und Gewerkschaften. Hinzu kommen Internationale Regierungsorganisationen wie die Europäische Union (EU), die Organization for Economic Co-operation and Development (OECD), die Arabische Liga, die Organization of Petroleum Exporting Countries (OPEC) sowie die Unterorgane der UN, einschließlich des Vorbereitungsausschusses für UNCED und auch der International Panel on Climate Change (IPCC).

Im Laufe der oben genannten Phasen des Verhandlungsprozesses sind deutliche Veränderungen in der Rolle von drei der indirekten Akteure, die für diesem Prozeß rahmenbildend sind, erkennbar. Es handelt sich hierbei um die Rolle der Wissenschaft, der NRO und des Klimasekretariats. Vor und während des Rio-Gipfels haben die Medien die Ergebnisse, die durch die Wissenschaft zu Klimaänderungen zur Verfügung gestellt wurden, bereitwillig aufgegriffen und ihnen eine größere Popularität verschafft. Wie das Woods Hole Forschungszentrum recherchierte, hat allerdings zwischenzeitlich die Wissenschaft diesen Zugriff auf das öffentliche Bewußtsein verloren. Dies steht im Gegensatz zu dem Umstand, daß in den vergangenen fünf Jahren die Ergebnisse der Klimaforschung immer sicherer und zuverlässiger geworden sind. Die anfänglich noch vagen Klimamodelle, auf denen die Prognosen beruhen, sind inzwischen genauer und können weitreichender und exakter ausgelegt werden. Zum Beispiel haben die US-amerikanischen Medien die Hitzewellen, die in den Jahren 1993 bis 1995 die nördliche Hemisphäre – also Nordamerika, Europa und Ostasien – heimgesucht haben, nicht mit dem Phänomen der globalen Erwärmung in Verbindung gebracht. Dies zeigt einen zunehmenden Mangel an Problemwahrnehmung. Ein allgemeines Problembewußtsein – und damit die öffentliche Meinung – sind aber Fundament dafür, eine entsprechende Politik machen zu können. Der Eindruck, der durch die Ergebnisse der Wissenschaft entstanden war, nämlich daß dringend etwas passieren muß, übte einen bestimmenden Einfluß auf die Annahme der Klimarahmenkonvention 1992 in Rio aus. Die Ergebnisse der Wissenschaft müssen also in den Medien und im Verhandlungsprozeß wieder an Gewicht gewinnen.

Die NROs spielen inzwischen auch für die öffentliche Meinungsbildung eine große Rolle. Während der Rio-Erdgipfel die größte Ansammlung an Umwelt-NROs aufwies, die je zusammengekommen ist, nimmt die Teilnahme der NROs an den Verhandlungen seither ab. Dieser Trend wird sich voraussichtlich nach der ersten Vertragstaatenkonferenz 1995 in Berlin fortsetzen. Dies ist zum Teil ein natürlicher Prozeß nach einem wichtigen Ereignis. Zum anderen leiden die Organisationen unter einer Verknappung ihrer finanziellen Ressourcen. Besonders betroffen davon sind NROs aus Entwicklungsländern. Das Interesse der privaten Stiftungen an dem Verhandlungsprozeß hat mit dem «Altern» der Wahrnehmung der durch die Klimaänderung entstehenden Gefahr abgenommen und damit auch deren finanzielle Unterstützung. Um das Berliner Mandat effektiv durchzuführen, wird aber eine Teilnahme der NROs am Verhandlungsprozeß mittels ihrer Lobbyarbeit weiter von essentieller Bedeutung sein. Den wahrscheinlich stärksten Wandel in seiner Bedeutung hat das Sekretariat der Klimarahmenkonvention vollzogen. Zunächst ist es als rein administrative Instanz eingeschätzt worden. Mit den Herausforderungen ist es über die Jahre hinweg in eine Position hineingewachsen, den Verhandlungsprozeß nicht nur mit institutionellem Wissen zu versorgen, sondern auch das ganze Verfahren zu fördern und eigene Ideen in den Prozeß einzubringen.

Die Allianz der kleinen Inselstaaten

In der Allianz der kleinen Inselstaaten (AOSIS) sind 36 karibische und pazifische Inselstaaten zusammengeschlossen. Durch die prognostizierten Wetterveränderungen und dem damit einhergehenden Anstieg des Meeresspiegels sind sie von großen Schäden sowie Verlusten von niedrig gelegenen Küstengebieten und teilweise vom völligen Untergang bedroht.

Der Anteil der AOSIS an den globalen Treibhausgasemissionen ist absolut vernachlässigbar.

Ihre Verhandlungsposition haben die AOSIS während des gesamten Verhandlungsprozesses nicht verändert, ihr Engagement haben sie jedoch stark intensiviert. Bis zur zehnten INC Sitzung teilten sie ihre Position in kurzen Stellungnahmen mit, danach intensivierten sie ihren Einsatz erheblich, indem sie im September 1994 die politische Initiative ergriffen und einen Protokollentwurf einreichten. Der Entwurf verlangt eine Reduktion der $C0_2$-Emissionen um mindestens 20 Prozent bis zum Jahr 2005. Diese Forderung ist mit dem «Toronto Ziel» identisch. Dieser Entwurf wurde von der Londoner «Foundation for International Law and Development» (FIELD) ausgearbeitet, deren Mitarbeiter als Vertreter von Umwelt-NGOs an den Konferenzen teilnahmen.

Nachdem die AOSIS den Entwurf eingereicht hatten, forderten sie auf dem elften INC-Treffen mehrfach eine Verschärfung der in der Konvention enthaltenen Verpflichtungen. Während der ersten Vertragstaatenkonferenz traten die AOSIS für einen Mandatsauftrag ein, der bis zur zweiten zu bindenden Reduktionspflichten für die Industrieländer führen sollte.

Literatur:

Oberthür, Sebastian: Politik im Treibhaus, Edition Sigma, Berlin, 1993.

Engelhardt, Wolfgang und Weinzierl, Hubert: Der Erdgipfel, Economica, Bonn, 1993.

Mintzer, Irving M. und Leonhard, J. A.: Negotiating Climate Change – The Inside Story of the Rio Convention, Cambridge University Press, Cambridge 1994.

Lee, Henry: Shaping National Responses to Climate Change, Island Press, Washington D.C., 1995.

Müller-Kraenner, Sascha (in: Jahrbuch Ökologie 1996): Wie geht's weiter nach der Berliner Klimakonferenz?, C.H. Beck, München, 1995.

Krägenow, Timm: Verhandlungspoker um Klimaschutz, Öko Institut, Berlin, 1996.

Nachwort: Klimapolitik als Bildungsauftrag

«Es ist nicht der beste Zeitpunkt für Veränderungen – aber wir können nicht warten.»
Maurice Strong, Generalsekretär des Erdgipfels von Rio

Das Zeitalter der Klimapolitik stellt uns auch eine kulturelle Aufgabe. Umweltpolitik ist heute auf technische Potentiale ausgerichtete Ordnungspolitik. Diese technischen Potentiale wurden in den vorausgegangenen Kapiteln beschrieben. Plädiert wurde für eine ökologische Modernisierung unserer Volkswirtschaften. Klimapolitik als ökologische Modernisierung stößt aber dort an ihre Grenzen, wo Effizienzsteigerungen vom wirtschaftlichen «Wachstum» gleichzeitig wieder aufgefressen werden. Die zukunftsfähige Gesellschaft braucht deshalb auch im Sozialen eine neue Gestalt – sie muß sozial wachsen.

Unterschiedliche Werthaltungen

Soziale Werthaltungen unterscheiden sich von Kultur zu Kultur und von Land zu Land. Da ökologische Reformen wie beispielsweise die Einführung einer CO_2-/Energie-Steuer und die Verteuerung des Autoverkehrs oder der strukturelle Wandel in traditionellen Industriezweigen wie dem Kohlebergbau auch soziale Auswirkungen haben werden, sind diese für die Klimapolitik so wichtigen Maßnahmen in einer Demokratie nur dann durchsetzbar, wenn der gesellschaftliche Ausgleich mit den Verlierern dieser Entwicklung gelingt. Dabei genügt es, wenn eine Gruppe sich als Verlierer fühlt und deshalb mit Opposition gegen die notwendigen Reformmaßnahmen reagiert. Diese Auffassung dominiert zumindest in der politischen Kultur Europas. Anders dagegen in den USA. In der Ausgabe der Wirtschaftszeitschrift «The Economist» vom 5. November 1994 wurde die Frage veröffentlicht «Ist es Aufgabe der Regierung, Einkommensunterschiede zu verringern?» Sechzig bis Achtzig Prozent der Europäer antworteten mit «Ja», jedoch nur 29 Prozent der US-Amerikaner. Meinungsumfragen in den USA ergeben, daß der Anteil der Sozialstaatsanhänger unter der politisch dominierenden weißen Mittelklasse noch weitaus geringer ist. Ähnlich sind die Einstellungsunterschiede, wenn es um Fragen der Umverteilung zwischen Erster und Dritter Welt, zwischen Industrie- und Entwicklungsländern, geht. Erfolgreiche Klimapolitik setzt also soziale und ethische Lernprozesse voraus.

Wertvorstellungen haben die existierenden politischen Systeme tief geprägt. Während in den meisten europäischen Gesellschaften ein tiefer Glaube und eine damit einhergehende Anspruchshaltung an den Staat vorhanden ist, traut die Mehrheit der Amerikaner ihrer Regierung eine wirkungsvolle Umweltpolitik nicht zu. So verlangen einflußreiche politische Institute der amerikanischen Rechten wie das libertäre Cato-Institut und die konservative Heritage Foundation die Abschaffung ganzer Bundesbehörden wie der US-Umweltagentur Environment Protection Agency (EPA) und des Energieministeriums. Diese Extrempositionen werden zwar von der Mehrheit der Amerikaner nicht geteilt, doch sie liegen im Trend: Kollektive Lösungen und staatliche Vorschriften werden von den meisten US-Bürgern abgelehnt.

Das klimapolitische Programm einer europäischen Regierung muß deswegen zwangsläufig anders aussehen als in den USA. Hier stehen Gesetze, Verordnungen und Steuern im Mittelpunkt, dort freiwillige Vereinbarungen mit der Wirtschaft. Die europäische Verkehrspolitik propagiert den Ausbau öffentlicher Verkehrsmittel als Alternative zum PKW, die individualistischen Amerikaner setzen dagegen auf das technisch hochgezüchtete Ökomobil. Vom eigenen Auto wollen nicht einmal die Umweltschützer lassen.

Auch in einer relativ homogenen Gesellschaft wie der Deutschlands sind die Werteunterschiede zwischen verschiedenen Gruppen stark ausgeprägt. Eine 1994 veröffentlichte Studie des Umweltbundesamtes unterscheidet zwei Gruppen. Für etwa 80 Prozent der bundesdeutschen Bevölkerung gehören wirtschaftlicher Wohlstand, Konsum, Karriere und Sozialprestige zum eigenen Wertekatalog. Auch der Umweltschutz gehört zu den Werten, die von einer Mehrheit der Bevölkerung geteilt werden. Aber die Prioritäten werden anders gesetzt. Bei politischen Wahlen wird die Partei gewählt, die den wirtschaftlichen Aufschwung oder soziale Sicherheit verspricht. Die Partei, die sich für den Umweltschutz einsetzt, kann mit Sympathien rechnen, aber nicht mit Stimmen.

Die Minderheit der sogenannten «Postmateriellen» umfaßt geschätzte 20 Prozent der bundesdeutschen Bevölkerung. Sie bezieht ihre Zufriedenheit nicht aufgrund hohen Warenkonsums oder ihres sozialen Prestiges, sondern aus «inneren Werten». Diese 20 Prozent sind auch umweltpolitischen Zielen in besonderem Maße aufgeschlossen. Sie erklären sich beispielsweise zur Änderung des eigenen Verhaltens als Verbraucher bereit. Die Postmaterialisten finden sich nicht zufällig in Gesellschaftsschichten mit hohem Einkommen oder kommen, zumindest im Falle jüngerer Menschen, aus Familien, denen es wirtschaftlich gut geht. Materielle Bedürfnisse wurden also teilweise schon befriedigt. Das schafft Raum für das Immaterielle, für Umweltschutz und soziale Verantwortung. Die beschriebene Gruppe zeichnet sich auch durch einen überdurchschnittlich hohen Bildungsstand aus. Sie weiß um die ökologische Bedrohung und sie weiß in der Regel im ungefähren auch um die Lösungen. Das zeigt die hohe Bedeutung der staatlichen und nichtstaatlichen Bildungspolitik. Hier liegt eine der Aufgaben der Umweltverbände, der Medien und anderer gesellschaftlicher Gruppen, den Bewußtseinsstand über die Klimagefahren und politische Maßnahmen zu erweitern und zu vertiefen. Dieses Umweltbewußtsein in einem relevanten Teil der Bevölkerung ist die Grundvoraussetzung dafür, daß Umweltpolitiker sich in einer Demokratie gegen andere Interessen durchsetzen können. Diese politische Basis des Umwelt- und Klimaschutzes möchte auch das vorliegende Buch stärken.

In der Praxis wurden die «Postmateriellen» dem Härtetest noch nicht unterworfen. Bei der Beschreibung der eigenen Werte ist oft viel Selbstgerechtigkeit im Spiel. Nicht jeder, der gerne den Ökologischen Landbau unterstützen möchte, ist bereit, die höheren Preise zu zahlen und kurz vor Ladenschluß einen Umweg zum Bioladen zu machen. Nicht alle, die sich auf dem Fragebogen zum Verzicht auf das eigene Auto bereit erklären, lassen den Wagen in der Garage stehen, wenn es draußen schneit oder die öffentlichen Verkehrsverbindungen ungünstig sind. Dabei wird in der Regel auf die ungünstigen Rahmenbedingungen verwiesen, die ökologisches Handeln erschweren oder unmöglich machen. Hier stößt der Wertewandel an seine Grenzen und muß durch Politik abgelöst werden.

Qualitative Leitbilder

Klimapolitik erfordert qualitative Leitbilder für den gesellschaftlichen Wandel. Die Studie «Zukunftsfähiges Deutschland», die von der Umweltorganisation BUND und der kirchlichen Entwicklungsorganisation MISEREOR in Auftrag gegeben wurde, geht deswegen über die rein quantitative Beschreibung der notwendigen Emissions- und Stoffstromminderungen hinaus und entwirft Leitbilder für ein Leben in einer Welt, in der begrenzte Ressourcen gerechter verteilt werden. Die acht von den Autoren identifizierten qualitativen Leitbilder einer zukunftsfähigen Gesellschaft ergänzen die quantitativen Umweltziele der Studie, wie beispielsweise die anzustrebende CO_2-Reduktion und Müllvermeidung. Eines der gewählten Leitbilder soll im folgenden kurz geschildert werden. Die Autoren beschreiben darin die Abkehr von der grenzenlosen Mobilität des «Schneller, Höher und Weiter» und haben dafür das Bild vom «rechten Maß für Raum und Zeit» kreiert.

Der Fortschrittstraum von der grenzenlosen Mobilität bei immer höherer Geschwindigkeit ist mit dem Leitbild Klimaschutz nicht vereinbar. Doch die unbegrenzte Mobilität hat bei vielen Menschen ihren Glanz schon verloren. Ihre Negativfolgen werden mehr und mehr sichtbar. Luftverschmutzung und Lärm beeinträchtigen das Leben in unseren Städten, neue Straßen zerschneiden die Landschaft und die letzten Naturparadiese der Welt gleichen sich durch den Ferntourismus immer mehr.

Auch wenn sich die moderne Utopie der unbegrenzten Mobilität als Sackgasse erwiesen hat, geht das Umdenken langsam vonstatten. Der maßvolle Naturverbrauch, den ein nachhaltiges Entwicklungsmodell verlangt, fordert den Abschied von der Wachstumsideologie der Moderne.

Umweltbildung vor der Neubestimmung

Die Verankerung neuer politischer und sozialer Leitbilder im öffentlichen Bewußtsein ist eine kulturelle Aufgabe. Diese Herausforderung muß durch eine Neubestimmung der Bildungspolitik aufgenommen werden. So schreibt Ernst Ulrich von Weizsäcker in seinem Buch «Erdpolitik»: «Wenn wir jetzt auf das Jahrhundert der Umwelt zugehen und ein neues Wohlstandsmodell entwickeln wollen, dann müssen wir auch unsere Kultur weiterentwickeln und das Bildungswesen der neuen Aufgabe anpassen.»

Sowohl die Klimarahmenkonvention als auch die Agenda 21, das Aktionsprogramm von Rio für das 21. Jahrhundert, fordern deswegen Reformen in der schulischen, beruflichen und universitären Aus- und Fortbildung. Die Agenda 21 formuliert: «Bildung ist die unerläßliche Voraussetzung für die Förderung der nachhaltigen Entwicklung und die Verbesserung der Fähigkeit der Menschen, sich mit Umwelt- und Entwicklungsfragen auseinanderzusetzen.» Während die Bildungspolitik in den Ländern der Dritten Welt vorerst vor der Aufgabe steht, Kindern, Jugendlichen und Erwachsenen den Zugang zu ausreichend ausgestatteten Schulen und Universitäten zu ermöglichen, stehen die westlichen Länder vor der Aufgabe, die bisherigen Lehrinhalte um die neuen Themen der Umwelt- und Entwicklungsproblematik zu ergänzen.

Zwei Beispiele für neue bildungspolitische Konzepte, die vor allem auf lokaler und regionaler Ebene die Entfaltung der sozialen Komponente der umweltpolitischen Planung unterstützen können, sind die sogenannten «Zukunftswerkstätten» und «Planungszellen».

Die Methode der Zukunftswerkstatt stammt aus dem Umfeld der Bürger- und Selbsthilfebewegung der Sechziger und Siebziger Jahre. Sie wurde von dem österreichischen Zukunftsforscher Robert Jungk entwickelt. Zukunftswerkstätten sind eine Seminarform, in der Bürger ihre Alltagsprobleme, beispielsweise ein Problem der kommunalen Verkehrspolitik, gemeinsam zu lösen versuchen. Alle politisch Beteiligten, also beispielsweise Bürgerinitiativen, Geschäftsleute und Kommunalpolitiker werden an einen Tisch gebracht. In einer ersten «Kritikphase» wird das Problem herausgearbeitet. In der folgenden «Phantasiephase» wird versucht, in Form von Rollenspielen und künstlerischer Darstellungsweise vorhandene Denk- und Argumentationsmuster zu durchbrechen und Lösungsvorschläge zu sammeln. Die dritte Phase, als «Realisierungsphase» bezeichnet, dient dazu, Lösungen für das gemeinsame Problem auszuhandeln.

Das Netzwerk Klimaschutz Niedersachsen, ein Zusammenschluß der niedersächsischen Umweltorganisationen, hat inzwischen in mehreren Kommunen des Landes klimapolitische Zukunftswerkstätten veranstaltet. So fand im Dezember 1994 eine Zukunftswerkstatt in der Stadt Lüneburg statt. Lüneburg war im Jahre 1992 dem an anderer Stelle beschriebenen Klimabündnis der europäischen Städte beigetreten. Zahlreiche in der Folge in Angriff genommene Klimaschutzmaßnahmen im Verkehr, beim Energieverbrauch und in öffentlichen Gebäuden stießen allerdings auf das Desinteresse und teilweise auch auf den Widerstand von Bürgern und Interessengruppen der Stadt. Mit einer Zukunftswerkstatt wurde versucht, die Identifikation der Bürgerschaft mit der Mitgliedschaft im Klimabündnis zu stärken und Interessenskonflikte abzubauen. Als Ergebnis der Zukunftswerkstatt wurde eine Koordinationsgruppe von Mitarbeitern der Lüneburger Verwaltung, des Stadtrates, der Wirtschaft, der städtischen Volkshochschule, sowie von Umweltverbänden und Bürgerinitiativen der Stadt eingerichtet, die zukünftig Vorlagen für den Stadtrat und gemeinsame Aktionen, beispielsweise eine jährliche Klimaschutzwoche, vorbereiten wird.

Über den konsultativen Charakter der Zukunftswerkstätten hinaus geht die ursprünglich an der Universität Wuppertal entwickelte Idee der Planungszelle. Die Planungszelle setzt sich aus einer Gruppe von Bürgern zusammen, die nach einem Zufallsverfahren, beispielsweise per Losentscheid, ausgewählt werden, um ein bestimmtes kommunalpolitisches Problem zu lösen. Es wird sichergestellt, daß die Mitglieder der Planungszelle von ihren Arbeitgebern für einen bestimmten Zeitraum freigestellt werden. Sie werden in ihrer Arbeit beraten von Fachleuten, deren Aufgabe es ist, den Bürgern Informationen über das Problem und mögliche Lösungen zur Verfügung zu stellen. Am Ende der Diskussionen in der Planungszelle steht ein sogenanntes «Laiengutachten». Im Prinzip ist das Verfahren vergleichbar mit den Schöffengerichten des US-amerikanischen Rechtssystems. Planungszellen sind eine Form der direkten Demokratie, die über die in einigen deutschen Bundesländern praktizierten Bürger- und Volksentscheide hinausgeht. Potentiell eignet sich der praktische Sachverstand, den die Bürger in Laiengutachten formulieren, beispielsweise für Entscheidungen der Stadt- und Verkehrsplanung. Die niedersächsische Landesstiftung «Mitarbeit» hat zusammen mit den Hannoverschen Nahverkehrsbetrieben modellhaft eine Planungszelle zum Thema Verbesserung der öffentlichen Verkehrsmittel initiiert. Das Verfahren fand bei allen Beteiligten positiven Anklang. Ein Mitarbeiter der Stiftung Mitarbeit zitiert die Aussage eines Bürgers: «Ich bin jetzt 72 Jahre alt und es ist das erste Mal, daß ich von einer öffentlichen Institution nach meiner Meinung gefragt worden bin». (Zitiert nach Adrian Reinert in der Tagungsdokumentation «Umweltbildung vor der Neubestimmung» der Stiftung Leben und Umwelt) Planungszellen wurden in den bekannten Pilotprojekten dazu eingerichtet, Empfehlungen abzugeben, nicht um Entscheidungen der Verwaltung und der gewählten Bürgervertretungen zu ersetzen. Das Verfahren ist organisatorisch und finanziell recht aufwendig. Ob aus Planungszellen in der politischen Praxis wirklich sachgerechte und breit getragene Lösungen hervorgehen, muß sich noch zeigen.

Ein Blick herab vom Himmel

In Zukunftswerkstätten und Planungszellen werden klimapolitische Entscheidungen ganz unten in unserem politischen System – auf regionaler, kommunaler und oft auf Stadtteilebene getroffen. Dort – «vor Ort» – lernen Bürger vielleicht am besten, die Folgen ihres Handelns einzuschätzen, zu begreifen und konkrete Veränderungen in Gang zu setzen. Viele Umweltschützer setzen deswegen darauf, daß globales Bewußtsein, beispielsweise über die Bedrohung des Klimasystems, lokales Handeln auslösen wird. Dieses Buch plädiert dafür, auf allen Ebenen mit dem Handeln zu beginnen: Auf der lokalen, der nationalen, der europäischen und der globalen Ebene.

Es endet deswegen mit einem Blick vom Himmel herab auf unseren bedrohten Planeten. Der russische Astronaut Wladimir Schalatow notierte nach einem Raumflug folgende Sätze:

«Wir blicken zum Himmel auf, und er scheint unendlich zu sein. Wir atmen, ohne uns dessen bewußt zu sein, als sei es selbstverständlich. Ohne nachzudenken reden wir immer wieder vom endlosen Luftmeer. Aber dann setzt Du dich in ein Raumschiff, wirst von der Erde losgerissen, und binnen zehn Minuten stößt Du durch die Luftschicht, hinter der das Nichts ist! Leere, Kälte, Dunkelheit. Der unermeßliche Ozean des Himmels, der uns das Atmen ermöglicht und vor abgründiger Weite und Tod schützt, hat sich als ein ganz zartes Häutchen erwiesen. Wie verhängnisvoll ist es, diese zarte Schutzhülle des Lebens auch nur im geringsten zu schädigen!»

Literatur

Ernst Ulrich von Weizsäcker: Erdpolitik, Wissenschaftliche Buchgesellschaft, Darmstadt 1989.

H. Neitzel et. al.: Das Umweltverhalten der Verbraucher, UBA Texte 75/94, Umweltbundesamt, Berlin 1994.

Stiftung Leben & Umwelt: Umweltbildung vor der Neubestimmung, Hude 1995.

BUND und MISEREOR (Hrsg.): Zukunftsfähiges Deutschland, Ein Beitrag zu einer global nachhaltigen Entwicklung, Birkhäuser, Basel 1996.